迟有度　董一方 ── 著

The Grain Trade Game between
the United States and the Soviet Union
1945-1991

饥饿的
巨 人
Hungry
Giant

美苏**粮食贸易**博弈

1945~1991

社会科学文献出版社
SOCIAL SCIENCES ACADEMIC PRESS (CHINA)

前　言

　　农业是人类最早的产业，也是最基本的产业。人类从始至终都特别关心农业，因为农业本质上是生产粮食，而粮食是人类生存的基础。

　　人类历史的早期阶段可以被理解为两种生产的平衡，即农业生产与人口生产的平衡。农业生产出来的粮食是为了更多的人去吃，然后就会有更多的人生产更多粮食。这两种生产也会产生一个根本性的矛盾，即马尔萨斯陷阱：由于农业的生产增长是线性的，而人口的增长是指数型的，人口的增长就会比农业生产的增长快很多，这时就会出现人口的增长与农业的发展不相匹配的情况。

　　人口增长过多，就会导致人均粮食下降，甚至会带来饥荒。而人均粮食增长通常是一个缓慢的过程，但是当其发生下降的时候，人口会出现急速下降。这种急速下降往往就会带来整个社会的不稳定，而从另一个角度来说，社会的不稳定本身又会加速人口的下降。这是任何一个社会都不希望看到的情况，但从历史上看，又往往无法避免。

　　古代中国几千年的历史与马尔萨斯的设想颇有契合之处：一个不断从人口和粮食持续增长的平安社会，到人口增长与农业发展不相匹配之后造成混乱，而后平安被打破的动乱社会的循环过程。

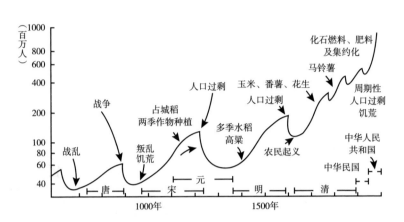

图 0-1 中国历史上的人口增长示意图

资料来源：R. H. Whittaker & G. E. Likens, "The Biosphere and Man," in Helmut Lieth & R. H. Whittaker, eds., *Primary Productivity of the Biosphere*, Berlin, Heidelberg: Springer, 1975, pp. 305 – 328。

如上图所示，隋唐时期中国开始了一个平稳的时代，紧接着就是安史之乱，随之进入了一个动乱、人口下降的时代。而接下去随着社会的稳定，宋朝又经历了一个很长的人口增长时代。特别是占城稻的引入，使得粮食的产量进一步增长。但是南宋末期又一次发生了较大规模的动乱，导致了人口的下降。到明代，社会开始稳定，而后农业生产随之增长，人口增长也一并开始。到了明末，社会进入人口过剩的状态。紧接着又是新一轮的社会不稳定。当然，随着番薯、玉米、马铃薯的引入，整个社会的粮食生产量在提升，总人口也在增长。

所以长期以来，农业社会最大的危机就是饥荒。中国这样有着五千年绵长历史的农业社会，对粮食安全有着习惯性的关注。关注的核心就是人能不能吃饱，吃不饱就会带来社会的动乱。

人类进入工业化社会后，随着生产力的快速发展，特别是农机和种子技术的发展，很多传统的农业国可以实现农产品产量的快速增长。这种技术革新带来的增长并不依赖人口的增长，社会上少部分的人生产粮食给大多数人消耗，而工业化和城市化往往会造成人口增长速度的放缓，这使得人均粮食消耗的增加成为可能。欧美发达国家不仅拥有可供民众吃饱的粮食，还生产了大量富余的粮食作为饲料饲养牲畜以提供肉食给民众消耗，甚至还有很大一部分粮食可供出口。

21 世纪粮食市场全球化后，大规模进口粮食来满足本国消耗成为可能，即世界上一些地区和少部分的人生产粮食来供给全世界。世界上很多国家其实已经不靠自身的粮食生产来满足其人口的粮食需求。

沙特就是例证，因为它有输出能源获得的大量外汇而本身又缺乏可耕地，它所需的粮食主要来源于国外。更具代表性的是埃及，这个古代文明的核心之一，长久以来都是农业发达的地区。但是它的人口激增在现代社会，尤其是国际粮食贸易市场形成之后才成为可能。因为埃及不仅依靠国内的生产，同时也依赖进口其他国家的粮食。现在埃及人口实际上超过了自身耕地生产粮食所能供养的限度，所以它也是一个高度依赖粮食进口的国家。

还有一些本来农业资源非常充裕的地方也依赖粮食进口，如拉美一些国家，因为这些国家的农业不是以生产粮食为核心的，而是主要生产世界贸易特别需要的一些高价值的经济作物，包括咖啡、茶叶、水果等。热带国家的粮食供应原本应当不成问题，但是产权结构、种植结构的变化，使得这些国家也对进口粮食高度依赖。那这会不会造成一些粮食安全的问题呢？人们的直觉是这些国家只要用土地去生产粮食就可以满足自己的需求，只不过出于贸易方面的考虑才生产其他农作物。

然而事实往往就是反直觉的一个过程，比如在冷战时期智利成立了一个左翼的阿连德政府。智利本身是一个物产非常丰富的国家，中国现在进口的车厘子很多就产自智利。同时智利又是一个资源非常丰富的国家，拥有各种矿产资源，如铜矿、钾矿、磷矿等的储量在世界排名前列。但是阿连德上台以后，急于政策转向，将矿产国有化，实际上就得罪了矿产公司背后的美国股东。一向把拉美视为后花园的美国立即对其实行贸易禁运，特别是粮食严格禁运。这个时候智利即使物产再丰富，也不可能瞬间把粮食生产出来。阿连德一上台就面对美国的粮食威胁，当时苏联、罗马尼亚准备去支援智利，但是时间上根本来不及。最后粮食短缺和美国人策动的政变致使阿连德政府垮台，这时苏联人的粮食运输船还在路上。美国这一举措的切入点就是：让你的人民吃不饱，不战而屈人之兵。类似的事情还在重演，比如委内瑞拉的查韦斯政权面对的粮食供应危机等，民众对整个社会最直接的感知就是在吃的问题上。所以现在饥荒或者是人为制造的饥荒仍然是一个重大的问题。而且这种"饥荒"往往是由一个国家在全球贸易下的选择导致的。因此，毋庸置疑，粮食安全的保证是至关重要的。

那么是不是粮食安全了，就能够带来整个社会的安定？这是一个值得深入思考的问题。在粮食稳定的基础之上，随着人民生活水平的日益提升，人们对食物的需求不仅仅是吃饱，更是要吃好。"吃好"往往首先是在吃饱基础上的饮食总量的增加，其次是蛋白质在饮食中的比例的增加，即多吃肉蛋奶。又因为现代社会的蛋白质往往是由淀粉转化而来的，即肉蛋奶也是由种植业生产的饲料转化而来的，而这个转化效率往往是十几克到几十克淀粉含量的饲料才能产生几克的肉蛋奶。所以，"吃好"这个事往往伴随着基础农作物相关消耗的成倍增加。人类在吃饱之上增加淀粉消耗到"吃撑"对应的基础农作物供给变化可能不大，但是消耗成倍基础农作物的淀粉增加又会对社会带来什么样的变化？

我们可以回头看苏联。在很长的一段时间里，因为受到外界的压力，苏联第一位的任务都是保卫国家安全。苏联长期受到外界对其社会安全的压力，所以从其建立开始，一直通过计划经济的方式去尽量满足粮食的基础供给需求。当然这里面出现过一些问题，比如说20世纪二三十年代的乌克兰饥荒。在20世纪前半叶，苏联通过提升生产力和集约经营的方式，使得社会粮食分配和相关的粮食供给保持了基本稳定的状态。随着二战的发展，苏联的影响范围推进到了中东欧，在那里苏联人看到了更高的生活水平。

二战后苏联成为世界两强之一，与美国处于冷战状态，在核武器的恐怖平衡威胁下，苏美热战的可能性大大降低。除了直接发生战争，美苏两国的对抗是全方位的。正是在这个背景下，历史上著名的"厨房辩论"发生了，当时苏联的领袖赫鲁晓夫和美国副总统尼克松在美国展览的厨房样板间里发生了争论。美国人想表达美国人民过得比苏联人民好，那么厨房这个食物荟萃之地就是最好的场景了。民众的各种物质需求最直接且最集中的体现就是在饮食层面，各种各样的肉制品、奶制品和甜点就是最直接的炫耀。赫鲁晓夫则明确表示苏联将来一定会比美国做得更好。

赫鲁晓夫并不是说说而已，他非常关注苏联的农业发展，尤其是苏联人民的饮食水平。这是在冷战和平竞赛情况下，两种国家制度何者更具优越性的重要表现，甚至比当时如火如荼的军备竞赛和航天竞赛更要核心。赫鲁晓夫后来选择多种玉米，多开垦处女地，从苏联自身的路径去寻求苏联人民在饮食上的幸福感。苏联有非常广阔的土地，即赫鲁晓夫推广的所谓处女地。开发东部地区的土地，确实也带来更多的粮食产出，使得苏联在使人民温饱的基础上还提升了肉蛋奶的供应水平。但是，东部地区都是气候变动很大的高寒地区，这有一个巨大的隐患。苏联在大规模的农业投入后提升了苏联人民的饮食水平，但气候等造成的农业生产的波动会对苏联人民已经提升的饮食水平造成影响。而且我们知道农业生产具有波动性，哪怕百分之几的变化，对整个食物供应链的压力也是非常大的。因为饮食的需求是非常刚性的，哪怕是解决温饱之后更高的饮食需求同样也是刚性的，肉蛋奶等的供给会使人民对粮食的需求更加迫切。

赫鲁晓夫在农业上的不断努力，为他在苏联的领导地位打下了坚实的基础。但是 1963 年，苏联遭遇了极端的天气，粮食生产受到了极大的影响。赫鲁晓夫在 1964 年下台了，但是无论如何，赫鲁晓夫还是改善了苏联的生产状况。所以我们看到这一时期，苏联儿童的营养状况改善，少年儿童的身高在上升，整体的饮食结构也在改善。传言赫鲁晓夫宣布苏联人民已经普遍吃上了土豆加牛肉，已经进入"共产主义"了。当时的描述未免有些夸大其词，"土豆加牛肉"实际上是赫鲁晓夫出访匈牙利的时候，针对社会主义不同阶段的奋斗目标所做的一个比喻，就是为了让人民群众吃上更优质的食品，获得更好的饮食方面的满足。确实在某种意义上土豆加牛肉比之前的黑面包在营养摄入上要更加丰富。

苏联人民已经提升起来的饮食需求并不会消退，所以赫鲁晓夫的继任者勃列日涅夫仍然在农业生产中进行大量投入，但是这个时候勃列日涅夫手里有了另外一个好武器。20 世纪 70 年代石油危机发生，中东战争导致的石油禁运，使得苏联这个油气资源丰富的国家通过售卖当时价格处在高位的石油换取了大量美元，同样，这一利器把高油价深深地插入西方国家的工业链条。当时西方国家都要进口石油，高价的石油导致其社会的通胀压力很大，1973 年的石油危机直接引发了西方世界持续数年的大规模经济危机。在某种意义上这是苏联的好时候，苏联用卖石油的收入去买粮食就可以把其短板补上。苏联是以非常聪明的方式去买粮食——美国要出口粮食，而且美国还对自己的农民进行出口补贴，美国的粮食因此在国际市场上拥有了价格优势，苏联就去市场上买进美国的低价粮食。1972 年苏联让美国人来参观自己的农田，暗示美国人苏联当年粮食产量特别高。苏联放出这个消息以后，全世界的粮价都下降了，但实际上当年苏联的粮食大规模减产。然后，苏联用石油换来大量外汇把粮食买回去，大量囤积粮食，苏联的玉米进口量甚至占美国玉米总产量的1/5。这是一个非常巨大的数字，巨大到当世界最终知道苏联已经买了这么多粮食之后，国际粮价和美国国内粮价都急速飞升，甚至导致美国的市场恐慌和整体性的通货膨胀。反观苏联，其靠买来的粮食基本解决了国内的粮食供给不足问题。苏美粮食贸易这次交锋实际反映了20世纪70年代苏美冷战中攻防优劣的转换，本质上是基于自身国力的长短板的进攻和防御。这时的苏联手握石油这样一个重要资源，通过挑动中东局势抬高油价，结合贸易手段补粮食短板，而美国则受制于内外部环境，不但经济受石油危机拖累，连自己的长板粮食生产也被苏联人变成了国内经济的累赘。

如何在如此不利的环境下去应对不断的战术性偷袭呢？历史上目光敏锐的一些战略家，能够穿透表面的迷雾，看到大国竞争的核心。美国尼克松政府外交政策的主导者基辛格博士，作为一个深谙大国博弈的战略家，提出新策略——控制国际关系中最重要的几种资源流动，以达到以己之长攻彼之短的效果。笔者觉得这个策略可以叫作"基辛格的阳谋"，因为其中的逻辑是基辛格自己明白讲出来的，比如他讲"谁控制了石油，谁就控制了所有国家"。现代工业化国家的经济命脉是紧紧依赖于工业的血液——石油，控制了石油就控制了国家能源安全和经济安全。他的下一句话是"谁控制了粮食，谁就控制了人类"。一个国家、一个政权是否稳定，核心体现是人民是否支持，人民的幸福感就是政权的稳定剂，饮食需求被满足则是人民幸福感的最基础来源。然后还有第三种重要的因素叫技术，技术是20世纪经济增长的核心驱动，控制技术出口就可以压制对方的经济增长。

那面对这三个关键因素，美国应该怎么做？这是一个重大且复杂的课题。基辛格描述了两种方式：一种是理想主义的（Theological）方式，世界分为价值观不同的敌我两个阵营，阻断一切和敌对阵营的连接最为直接；另一种是务实主义的（Pragmatic）方式，通过贸易来增进两国人民联系，进而缓和两国关系。① 这看起来是一个很简单的选择，比如美国的粮食优势巨大，那是不是可以采取粮食禁运呢？其实美国历史上也采取过这样的措施，但效果不佳，为什么呢？因为粮食和石油本质上都是大宗商品，大宗商品是很难被追踪和记录的，且有着长期而广泛的商业网络在支持其全球贸易。苏联当时去买美国的粮食，也是通过欧洲和美国的中间商去完成交易的。粮食从美国来的还是从欧洲来的，其实很难被标记。石油也是类似的情况，即使现在强势的美国对伊朗进行石油禁运，也仍然没有阻挡伊朗通过各种手段出口石油，美国人拿在公海上从伊朗小艇卸油的第三国油船没有办法。

也许只有科技的流通是能够在一定程度上被封锁的。冷战时期美国加强了对苏联的科技禁运。但这种禁运不仅要针对美国国内，还要控制整个西方联盟，否则就会出现日本东芝向苏联出口高精密机床这样的事情。我们看到美国在团结盟友对苏技术封锁上软硬兼施：拉拢爱立信或其他欧洲企业，把美国国内需求开放给它们去做，通过让利换取它们不向苏联出口新技术的承诺；一旦封锁圈出现裂痕则重拳出击，如严厉惩罚向苏联出口机床的东芝。因为高新技术本质上是可以被追踪的，到底是谁输出的是可以被溯源确认的，所以美国人就能就势实施针对性举措。

但石油和粮食这种大宗商品不能够完全地被追踪。那针对这样的情况怎么办？这就体现了大国战略的作用。基辛格的策略就是在石油层面和产油国达成联盟，以使得世界油价下降，让苏联的石油武器失去作用。美国先要分化整个因阿以冲突而团结起来的阿拉伯阵营。当时埃及是阿拉伯国家的领袖而且具有偏左派色彩，而埃及政府长期以

---

① R. H. Whittaker & G. E. Likens, " The Biosphere and Man," in Helmut Lieth & R. H. Whittaker, eds., *Primary Productivity of the Biosphere*, Springer, 1975, pp. 305 - 308.

来面对粮食短缺的问题。这个时候美国通过粮食援助并辅以军事援助的手段，最终促成了以色列和埃及的和解。以色列一旦和埃及和解，中东的阿拉伯国家就变得群龙无首了。美国大力支持沙特这样的阿拉伯君主制国家，以坚决支持其统治的方式来换取海湾国家主动给石油降价，世界石油的价格就下降了。中东形势的变化带来的不仅是石油价格的下降，苏联当时出口的两大物资除了石油就是武器，全世界最有钱的苏联武器买家也不需要更多的武器了，于是苏联的武器出口也下降了。苏联的两个挣钱法宝没有了，苏联人的钱袋子就不可能像之前一样取之不尽了。

　　解决了短板再来看怎么发挥长板，美国的长板是粮食生产，可世界粮价长期都徘徊在一个非常低的水平。随着二战后农业机械化和农业技术的发展，美国的粮食产量一直在快速增长，造成了美国农民的粮食产量越高，价格越低，收入越少的被动局面，为了维护农民的利益，美国粮食出口补贴甚至成为美国财政的包袱，而这种补贴也压低了世界粮食价格。美国人内心是希望苏联这个大客户来进口美国多余的粮食的，而苏联也需要美国这样一个稳定的粮食来源来满足自身生产难以满足的苏联人民日益增长的生活需求。两个最大的对手，一个是世界上最大的农产品出口国，一个是世界上最大的农产品进口国，粮食的定价权决定着这个至关重要的资源的控制权掌握在谁手上。苏联人通过巧妙的贸易手段和封闭的信息壁垒一次次以低价在两国粮食贸易中占据上风，也让美国农业在生产上的长板反而成了贸易中的短板。如何在这场争夺中反败为胜，是美国战略层思考的核心问题。

　　尼克松政府的班底跟以往不太相同，战略层任命负责国际关系的基辛格为国务卿，而基辛格非常关注国际粮食策略，甚至开始主导本来属于美国农业部的对内对外的农业政策管理。这场反击战先从信息领域开始。1972年"粮食大劫案"的被欺骗经历令美国人难以释怀。知己知彼才是在贸易领域获得先机的关键，但铁幕后面的苏联农产品的生产和消耗信息很难被获知，美国很难通过常规的信息收集或地面侦察等手段探知苏联的粮食产量。地面不行就从天上，美国构建了基于新的空间技术手段的粮食监控网络，通过最新的大范围普查卫星去监控苏联的粮食产量。通过数年的科学研究和对比实验，美国基本具备了对苏联粮食产量的监控能力，苏联人的伪装褪去后，美国的战术就有了着力点。

有了信息，在具体的战术上美国并没有采用简单的禁运方式，因为禁运其实最终伤害的是美国自身。在缺乏国际禁运手段的情况下，其他国家仍然可以出口粮食，比如说阿根廷仍然可以向苏联出口粮食，阿根廷还可以再从美国进口粮食填补其粮食缺口。如果美国实行禁运只会让自己的粮食出口受限，压低美国粮价，导致美国农民利益受到损失，最后往往还需要美国政府来兜底补贴。基辛格主导的方式是跟苏联签订长期的粮食贸易协议。签订的协议要求苏联每年至少要进口美国一定数量的粮食，这样保证了美国的粮食出口额度的稳定，且逐步让苏联形成对美国粮食的依赖。苏联方面是非常愿意接受这个条件的，因为其本身的粮食生产赶不上饮食需求增长的结构性缺陷不能靠自身来解决。苏联人也知道这种进口粮食依赖性使得苏联不得不花费外汇找美国来进口粮食，且协议只约定了数量但没有规定粮食的价格，所以价格实际上是波动的。这些隐患在 20 世纪 70 年代石油高价时期财大气粗的苏联看来并不是大问题。

基辛格的粮食贸易协议被美苏双方迅速通过谈判的方式确定下来。正如基辛格自己描述的，他更愿意兼用"理想主义"的和"务实主义"的方式来对付苏联。1977 年后卡特总统时期主导外交战略的布热津斯基则更愿意采用"理想主义"的方式从价值观角度出发来强硬对待苏联，在粮食贸易领域也祭出了禁运的招数，但效果不彰。1981 年后以强硬著称的里根政府却在粮食贸易方面回到基辛格的路线上，取消了粮食禁运，并与苏联签订了长期粮食贸易协议。

这时国际形势也发生了变化，从 20 世纪 70 年代开始，随着美国对外关系策略和贸易策略的调整，苏联的两大外汇来源石油和武器的出口都受到了遏制，而同时期国际粮价则不断提升。苏联到了 20 世纪 80 年代末甚至不得不通过贩卖黄金来换取进口所需的外汇。在另一个重要的战略领域即经济增长的动力——高新科技领域，美国通过截然不同的科技禁运手段，遏制了苏联通过技术引进实现的数十年经济高增长的趋势，在 20 世纪七八十年代让苏联的经济增长率低于 2%。而 20 世纪 70 年代基辛格就预言，80 年代的时候，一定要让苏联的经济增长率低于人口增长率，而现实的发展也恰是如此。

问题回到苏联这一边，事实上苏联直到最后也没出现饿死人的情况。根据农业社会的经验，社会不出现饿死人的情况就不会出现巨大动荡。苏联这个例子则表明当饮食结构得到了改善之后，饥饿之外的匮乏也成为社会动荡的诱因。这也应验了中国那句古话：由俭入奢易，由奢入俭难。长期发展带来了物质的丰富，一旦形成了新的饮食结构和生活标准，高水平需求得不到满足造成的匮乏仍然会让人民的满意度下降。

世界各国都会把最好的食物提供给自己的婴幼儿和青少年。苏联 20 世纪五六十年代成长起来的那批人的饮食结构已经发生了重大变化，他们在幼年时不再像父母辈那样天天面对的主要是黑面包，父母辈把赫鲁晓夫时期多产出的肉蛋奶优先给了孩子们。而到了 20 世纪 80 年代，这代人成人后面对的是什么情况？是买奶酪买肉都要去排队，是经常空空如也的货架。这时候苏联人民的要求不是吃得饱，而是像以前那样吃得好。一旦民众觉得实际生活水平下降了，就会对这个社会、这个体制、这个政权产生不信任。生活水平提升后民众面对的经常性匮乏让其感觉不到幸福和满足，而这种幸福感、满足感最核心、最容易被触及的就是饮食之欲的满足。

中国这几十年来人民的饮食水平提高很快，带来了人民群众的巨大幸福感和满足感。这种饮食水平的提高反过来也给国家的粮食安全提出了新的课题，社会不仅仅需要关注粮食安全，还要关注在受外界可能限制的情况下，如何调动各方面的力量保持饮食结构已有的水平。这实际上意味着新时代的粮食安全未来需要关注两个底线的状态：一个是粮食安全底线，另外一个是新时代美好生活水平的农产品保障底线。中国共产党领导下的中国几十年的快速发展让世界范围内最大的群体实现了从温饱到小康的跨越，人民群众的饮食水平得到普遍提高。居安思危，中国人民已经成为世界上消耗农产品最多的群体，限于土地资源，中国已经是最大的农产品进口国，面对人民日益增长的美好生活需求，如何调动国内和国外两种资源守住中国的粮食安全底线和美好生活水平的农产品保障底线会成为一个重大问题。中国的"十四五"规划首次把粮食安全、能源安全和供应链安全作为安全保障指标，相信在党和政府领导下，中国人民会构建出具有中国特色的粮食安全策略，人民群众在饮食层面会获得更高的满足感和幸福感，国家更加富强，国家的凝聚力更强！

目　录

第一章　苏联的阴谋："粮食大劫案"

　　1972 年的收获季节，苏联完成了粮食收割，真实产量也随之公布——这是一个不折不扣的歉收年。按照美国一贯的"粮食战略"，此时正是漫天要价的时候，苏联要想补上这么大的粮食缺口，必然得付出巨大的代价。然而让美国公众特别是美国农民出乎意料的是，此时如坐针毡的不是勃列日涅夫，而是华盛顿白宫里的尼克松。

　　苏联在产量公布以前，"瞒天过海"，佯装丰收，以非常低的价格巧妙地秘密买走了美国 1/3 的粮食，美国因此少赚了 30 亿美元。讽刺的是苏联的粮食进口交易还拿到了美国政府为了补助农民而设立的出口补贴。作为全球粮食体系中心的美国，这一次栽了一个大跟头。

　　这还不是最糟的，最糟的是由于苏联买走了美国的大量粮食，美国的粮食库存严重下降，当年小麦的价格翻倍上涨，连带玉米和大豆的价格也翻倍了。因为出口给苏联太多粮食，美国出现了史无前例的粮食短缺现象。粮价暴涨，引发了美国群众的极大不满。一时间，人心惶惶。这让当时一心扑在未来的总统选举、美苏缓和的进展以及关于水门事件的调查的尼克松更加焦头烂额。为了解决国内粮价上涨幅度过大的问题，美国甚至不得不发布了大豆出口禁令。

苏联的这场"粮食大劫案"带来的影响还不止如此，美国的猪肉、牛肉的价格也上涨了 36% 以上，同时带动世界各国粮食价格上涨了 50%。① 世界很多国家纷纷出现缺粮的现象，以至联合国随后都召开了专门的会议来研讨粮食短缺的问题。

"粮食大劫案"，苏联大获全胜。这一切，是怎么发生的呢？

第一节　"抢劫"之前：强大的苏联面临粮食危机

　　惨痛的经验教训使苏联人比世界上其他国家人民更懂得粮食领域里的政治现实性。

早在赫鲁晓夫执政时期，其虽然针对斯大林模式的弊端进行了一系列农业改革，但苏联仍出现了粮食匮乏的局面。1963 年的统计数据表明，苏联的粮食产量居然还不到二战前的一半。② 雪上加霜的是，从 20 世纪 60 年代起，苏联开始仿效美国以肉类、牛奶和黄油等高蛋白食品为主导的饮食方式。尽管当时的苏联领导人信誓旦旦——到 1965 年以后，苏联的肉类、牛奶和黄油的产量将赶超美国，但实际情况却大相径庭。无奈之下，苏联被迫第一次从加拿大等西方国家进口大量粮食，普通民众更是私下里称西方粮食为"头等货物"。据说莫斯科人还编了一则辛辣的笑话："赫鲁晓夫同志表演了一个奇迹，他在哈萨克斯坦种小麦，而在加拿大收割。"③ 勃列日涅夫上台

---

① 〔美〕丹·摩根：《粮食巨人——一件比石油更强大的武器——国际粮食贸易》，张存节译，农业出版社，1983，第 109～110 页。
② 梁水源：《丰收造假，苏联玩了美国一把》，《文史博览》2017 年第 11 期。
③ 〔美〕詹姆斯·特拉格：《金黄色的麦浪》，北京对外贸易学院三系编译组译，中国财政经济出版社，1975。

后则大力推行"新经济体制",并雄心勃勃地要在苏联人的餐桌上摆上越来越多的猪肉和家禽肉。在1971年3月召开的第二十四次党代会上,勃列日涅夫以需要通过提高工人士气来提高生产率为由,将消费品的增长目标定得比工业品还要高。1971~1975年计划的指令草案宣布"提高人民的物质和文化生活水平"是"首要任务",尤其是肉类消费量的增加,将成为这一宏伟战略的核心。1971年2月,政府通过了一项里程碑式的法令,进一步发展"工业化"畜牧业生产,以取代更传统的集体农庄做法。该法令预计,在1971~1975年计划期间,这种扩大经营将需要动物饲料总供应量再增加40%。因为苏联粮食生产者不可能通过扩大自己的生产来满足这一要求,其明确的含义是苏联领导层愿意开始定期从国外进口饲料粮食。苏联农业就这样随着饮食结构的变化开始发生深刻的转变,而苏联政府不得不将目光转向了其西方粮食公司朋友,以及这些朋友背后的"美国粮仓"。

另一方面,1971年,随着布雷顿森林体系的摇摇欲坠,大量贸易逆差和美元低位的情况使尼克松和美国政府感到了压力。1971年6月11日,尼克松政府宣布,终止对苏联贸易必须取得出口证的规定,并取消肯尼迪关于向苏联人销售粮食在运输方式上的限制条款。此前,美国政府为了应对海运工人的压力要求出口给苏联的粮食要由美国人来运输。

如果说双方对粮食贸易的限制逐渐放松,那么1972年苏联的粮食危机则大大加快了这一进程。20世纪70年代初,苏联在粮食问题上已经捉襟见肘。1971年,苏联保证向东欧国家、古巴、朝鲜、北越和埃及提供800万吨左右的粮食援助,为此苏联政府感到左右为难:要么履行自己对这些国家的承诺,要么执行旨在改善苏联人民粮食供应情况的第九个五年计划纲领。粮食供应的巨大缺口不仅变成苏联对外扩张政治势力的障碍,而且稍有不慎还会导致国内的混乱。人民要求达到与工业和军力发展相称的生活水平,这使苏联领导人承担的压力越来越大。① 1972 年，世界上许多国家遭遇旱灾，而苏联所受到的打击尤为严重。当年 7 月，除了在赫鲁晓夫指导下从 1954 年开始开垦的处女地——亚洲的哈萨克草原，苏联的农场普遍缺雨，旱风劲吹，把农田变成了沙丘，小麦"奄奄一息"，苏联农业出现了歉收，面临规模空前的粮食危机。而在这之前，苏联政府开始采取行动。

第二节　舆论伪装：苏联的麦穗也会骗人

> 苏联佯装丰收，美国粮价下跌。

曾任美国农业部部长的厄尔·布茨（Earl L. Butz）在 1974 年 11 月 11 日出版的《时代》上称："粮食是一种手段，它在美国外交谈判中是一种武器。"② 因此，面对美国的"粮食战略"，苏联若想以最小的代价有所收获，一场"暗战"不可避免。

1972 年夏天，当听到一些关于苏联粮食减产的消息后，美国政府决定先派官员实地考察，以便对国内农业生产与出口政策进行调整。出人意料的是，当美国的考察人员抵达苏联粮食主产区的黑海沿岸时，看到的竟是一望无际的金黄色。面对滚滚的麦浪，所有人都认为，这意味着一次难得的丰收年景。于是，美国考察人员便向农业部门发出秘密电报，内称："苏联粮食丰收。"③

收到报告后，将信将疑的美国政府高层仍不放心，因为根据天气

---

① 〔美〕丹·摩根：《粮食巨人——一件比石油更强大的武器——国际粮食贸易》，张存节译，农业出版社，1983，第 10~11 页。

② 《该做什么：代价不菲的选择》（What to Do: Costly Choices），《时代》（Times）1974 年 11 月 11 日，第 6 页。

③ 赵涛、刘挥：《世界贸易战简史》，华文出版社，2019，第 134~136 页。

状况推测，苏联不太可能会大丰收。但是就连刚刚发射上天的人类最早的军事人造卫星传来的图片资料也表明苏联的小麦长势良好。为了让美国政府最终吃下"定心丸"，苏联方面还大规模地开动了宣传机器，举国上下宣传今年的粮食很有可能迎来特大丰收。苏联还邀请了大量西方国家包括美国的记者，去苏联的农田里参观。结果那些记者发现农田里的麦子长势都很好，一片金黄。美国人无论如何也不会想到，苏联的麦穗也会骗人。原来，由于种子及气候等原因，苏联的麦子虽然看起来长势良好，但在金黄色的麦穗里，大部分颗粒是中空的，含水量、含油量都极差。①

当这些记者把"苏联即将发生特大丰收"的消息进行发布之后，美国农业界一片恐慌，粮食价格顿时暴跌。而苏联政府一方面实行严密的信息封锁，对外宣称 1972 年可能是苏联近 20 年来最丰收的一年，一面迅速派出代表团前往美国，准备不动声色地抢购美国粮食。

第三节　政治伪装

苏联官员在技术层面上接受了一笔 7.5 亿美元的三年期美国贷款，与此同时，他们开始用现金直接从美国公司购买谷物。

1972 年 4 月，在莫斯科的会议上，勃列日涅夫告诉美国农业部部长厄尔·布茨："苏联政府已经公开了将人民饮食中的蛋白质成分增加 25% 的意图，而这个目标是国内生产无法实现的。"② 急于开发美国剩余粮食市场的布茨声称，他保证勃列日涅夫利用美国的粮食供应建立苏联牲畜群的过程是"绝对安全的"。

---

① 梁水源：《丰收造假，苏联玩了美国一把》，《文史博览》2017 年第 11 期。
② 〔美〕詹姆斯·特拉格：《金黄色的麦浪》，北京对外贸易学院三系编译组译，中国财政经济出版社，1975，第 12～13 页。

与此同时，美国和苏联之间的外交紧张局势也在显著缓和，外交政策的考量无疑是苏联在 20 世纪 70 年代开始从西方大量进口粮食的决定性因素之一。

在苏美两国最高领导人出席 1972 年 5 月的莫斯科首脑峰会后几周，苏联最大的一次早期购买美国粮食的行动正巧发生，与美苏缓和的许多其他早期迹象同时发生，因此似乎可以得出这样的结论，即这些粮食销售是由外交在另一端推动的。事实上，购买粮食从来都不是莫斯科首脑峰会上敲定的正式外交妥协方案的一部分。双方在莫斯科就战略武器、贸易磋商、污染控制、医药、科学、技术和公共卫生，以及军舰在公海上的行为等议题达成了双边协议，但从未就粮食达成协议。

亨利·基辛格和其他人后来发现，当时苏联不愿意就粮食销售达成长期协议，这其实是一种表里不一的行为。实际上在首脑峰会后几周，苏联便开始大规模购买美国粮食，峰会刻意营造的友好氛围成为一种后续确保廉价购买粮食的政治伪装。而表面上看，苏联国内饲料使用要求的时间表，以及其夏季粮食作物正在遭受的损害，都很好地解释了其此后大量购买的动机。随着粮食作物损害变得明显，苏联官员在技术层面上接受了一笔 7.5 亿美元的三年期美国贷款，而此前他们拒绝了这笔贷款。更重要的是，他们开始用现金直接从美国公司购买粮食。

第四节　暗度陈仓：偷偷买入

"这是世界历史上最大的一次交易，并且，对我们来说，无疑是最重要的。"

——美国农业部部长布茨关于卖粮食给苏联的谈话

几大粮食公司卖出的粮食占了整个美国粮食产量的 1/4。

1972年6月初，在伏尔加盆地的高空，一个巨大的高压气旋系统开始形成，当时苏联集体农庄里的小麦正长到关键的时刻。随着时间的推移，高压气旋系统顺时针旋转，不断从哈萨克沙漠抽取干燥的空气，吹过里海，进入伏尔加盆地，吹散了本来就不多的水气。

伏尔加地区的农庄通常在6月会有1.5英寸（1英寸约合25.4毫米）的降雨量，但这一次整个月的降雨量只有0.5英寸。6月底，伏尔加河流域的一些小麦已经开始枯萎，这是由极端天气造成的，苏联大约有5%的农田正面临绝收的危险。①

与此同时，在1972年7月4日，一位名叫尼古拉·德洛斯的身材修长、头发花白的苏联人在纽约市的丽晶酒店②套房里接待了一位名叫米歇尔·弗里堡的彬彬有礼的美国商人。这两个人并非初次相识：他们中的一位是苏联粮食贸易公司的主席，另一位是大陆粮食公司的总裁。两人10年前就见过面，那是1962年苏联第一次从美国购买粮食时，如今他们再次会面。在与尼古拉·德洛斯10年前的会面中，弗里堡想出了一个巧妙且合法的方法，利用美国政府的农业出口补贴政策，让苏联人拿到他们想购买的粮食的低廉海运价格。因为之前美国要求对苏粮食贸易必须由美国人来承担海运，可昂贵的美国海运价格将使总价格增加，苏联人并不想买单。加入了美国政府对粮食出口的补贴后，美国海运业就可以承揽这项大宗商品运输，而总价格又不会太高，尽管这个补贴的原意是帮助美国农民出口过剩的粮食。此后的几年里，他们一直保持着联系：当苏联人有自己的粮食要出口时，大陆粮食公司购买这些粮食再转售给他人。1971年，当苏联人

---

① 〔美〕詹姆斯·特拉格：《金黄色的麦浪》，北京对外贸易学院三系编译组译，中国财政经济出版社，1975，第147页。

② 〔美〕丹·摩根：《粮食巨人——一件比石油更强大的武器——国际粮食贸易》，张存节译，农业出版社，1983，第102页。此书中译为"摄政饭店"，笔者查阅英文版原著，为"Regent Hotel"，此处采用更为人熟知的名称"丽晶酒店"，后文同此译法。

想购买美国的玉米、大麦和燕麦时，弗里堡又一次设计了一系列交易。

但是现在，美国商人和苏联"商人"正在做一件"更大"的事情。几天来，他们的下属一直在试探对方的反应，初步讨论可能进行的新交易。当大陆粮食公司方面了解到苏联人的想法后，该公司的通信中心联系了身在欧洲的弗里堡，他立即搭乘当日第一架飞机回国，在纽约丽晶酒店与尼古拉·德洛斯背后的真正"老板"贝鲁索夫会面。从7月4日凌晨开始，他们在纽约断断续续地讨价还价了36个小时，然后在百老汇2号的大陆广场，他们用伏特加碰杯祝酒，敲定了大陆粮食公司向苏联出售价值约4.6亿美元粮食的协议。弗里堡认为，这笔交易是迄今为止私人商人谈判过的最大单笔交易。

这只是开始。在接下来的五个星期里，贝鲁索夫不停地买，买，买。这些购买不仅通过大陆粮食公司，同时也经由其他五家美国出口公司进行。

贝鲁索夫和美国粮食交易商之间的交易是在美国政府官员，特别是美国农业部官员表现出惊人的漠不关心的情况下发生的。美国政府未能采取措施来平息由与苏联的粮食交易造成的经济混乱。更糟糕的是，美国纳税人不得不支付3亿美元不必要的粮食出口补贴，以换取向苏联和其他国家出售过多粮食的特权。正如美国财政部部长乔治·舒尔茨后来在谈到这次粮食交易时所说的那样，美国被"烧了"。而这并不是粮食交易惯常的样子。

一　美国农业部默许下的私下交易

在白宫，美国总统很早之前就对低农产品价格的政治后果有过刻骨铭心的记忆。早在1960年，伊利诺伊州州长威廉·斯特拉顿（William Stratton）在共和党全国代表大会举行期间的一个深夜，就私下里对尼克松说："你可以对外交事务畅所欲言，但真正重要的是芝加哥和圣路易斯的猪肉价格。"仿佛要印证威廉·斯特拉顿的话，那一年，芝加哥和圣路易斯的生猪价格在选举日很低，约翰·肯尼迪以 19000 票的优势击败尼克松，入主白宫。这是尼克松不能忘却的经历。

如今，1972 年的夏天，向苏联出售剩余粮食的前景对尼克松来说是相当具有吸引力的。从粮食生产者协会到布鲁金斯学会甚至到尼克松竞选时的对手乔治·麦戈文，每个人都支持提高美国农产品出口水平。一次成功的粮食销售无疑将给尼克松一个机会——所有的一切都在一出戏里——与农民们一起"得利"，扩大国际收支平衡，巩固最近逐步建立的美苏外交的缓和局面。

在 1972 年大选前的 12 个月，尼克松找来了印第安纳州的厄尔·布茨，任命他为农业部部长，并授权他采取一切必要措施提高农产品价格，减少过剩。同样重要的是，他又启动了一系列旨在鼓励向苏联出售美国粮食的高层外交接触，最近一轮谈判发生在他 1972 年 5 月访问莫斯科期间，当时他与勃列日涅夫讨论了信贷条件。

在这样的背景下，1972 年 6 月 28 日，当贝鲁索夫和他的苏联粮食交易团队走下莫斯科至纽约的喷气式飞机时，他们毫无疑问得到了体面的接待。然而，他们面对的是一场颇有挑战性的谈判，因为作为买方的他们谈判筹码明显很少。美国政府和私人粮食交易商都很清楚，勃列日涅夫已经把自己锁进了一个"吞噬粮食"的计划——为满足消费者的需求而饲养更多的牲畜。美国人也有理由相信苏联粮仓面临尴尬的境况，那里的坏天气已经让苏联新的小麦作物受到损害。

鉴于台面上摆明的情况以及苏联试图掩盖的真实情况，苏联买家必须在美国市场意识到他们准备下的订单数量之庞大前迅速行动。其也的确是这么做的。与此同时，苏联人不得不立即着手租用数百艘货船以将他们即将谈妥的"财宝"运回苏联的黑海港口。他们实际的采购，还必须与外贸部门的高层仍在与美国政府协商的信贷协议保持进展同步，那是对美国的政治麻痹。

这次交易，苏联并不会通过政府渠道达成简单的协议，这并非苏联的初衷，但是客观上却为苏联大规模买入粮食打开了方便之门。除美国外，其他粮食出口大国如加拿大和澳大利亚，拥有政府粮食贸易垄断权，政府从农民手中购买粮食，然后直接卖给外国买家。事实上，苏联外贸部副部长弗拉基米尔·阿尔希莫夫（Vladimir Alkhimov）在1972年春天访问华盛顿时，曾询问美国农业部谈判代表，他们是否能找到一种方法，安排苏联的油气资源直接与美国粮食进行交换，或者苏联从美国政府盈余中直接购买粮食。但在美国，苏联人被告知，国际粮食贸易将继续由政府补贴的粮食企业进行，企业可以自由出售其能出售的所有粮食，因为总是有盈余。这就是当时的系统运作方式，也是亨利·基辛格在1972年1月告诉农业部的处理任何向苏联出售粮食的事宜的方式：美国政府将提供融资，但实际销售将留给私人出口商。

6月29日，贝鲁索夫和他的团队在华盛顿麦迪逊酒店的一间套房里安顿好并开始工作。那天下午，电话从贝鲁索夫的套房打到了纽约的大陆粮食公司、明尼阿波利斯郊外的嘉吉公司、孟菲斯的库克公司和纽约的邦吉公司。

贝鲁索夫并没有花很长时间，就决定把他的问题交给大陆粮食公司和它年近60岁的主席——米歇尔·弗里堡。

米歇尔·弗里堡是美国最富有的资本家之一，他的生意遍布全球。秋天，他住在他在纽约的房子，里面有路易十五家具和莫迪利亚尼的画作。冬天的周末，他会开车去卡茨基尔北部的私人滑雪俱乐部。春天，他去康涅狄格的乡间别墅。6月，他通常去巴黎的公寓。他在阿尔卑斯山或里维埃拉度过炎热的几个月。

他是富豪，但不是花花公子。米歇尔·弗里堡是一个善于经营自己生意的人，1944 年他父亲去世后，31 岁的他继承了大陆粮食公司的控制权，自此他就一直亲自管理着这家公司。弗里堡家族自 1813 年以来一直是国际粮食交易商，但在米歇尔的领导下，家族财富经历了五代人以来的最大增长，大陆粮食公司成为美国最大的家族企业，年销售额达 30 亿美元。

然而，如果没有第三方的直接参与，贝鲁索夫和弗里堡也不可能达成协议，这个"第三方"就是卡罗尔·布伦塔弗——41 岁的美国农业部助理部长。

卡罗尔·布伦塔弗并不大胆果断，相反，他书生气十足，且有着少年童子军般的正派。他在俄亥俄州的家庭农场长大，加入了 4 小时俱乐部，成为一名空军飞行员，后来撰写了关于俄亥俄州羔羊营销结构的博士学位论文。布伦塔弗曾担任国家粮食和饲料协会的研究主任，然后是库克公司的副研究主任。在 1969 年尼克松上任后不久，布伦塔弗被招募为美国国务院副行政长官，负责农业稳定和保护服务，管理国内作物和种子。在农业部门，布伦塔弗因管理农业补贴颇有成效和守口如瓶而闻名。1972 年 6 月，当负责国际事务的农业部助理部长的职位空出来的时候，很自然地，布茨部长选择提拔卡罗尔·布伦塔弗。参议院一致支持他，甚至没有就他的入选资格举行听证会讨论。

大约在 6 月 28 日，布茨告诉布伦塔弗，苏联外贸部副部长米哈伊尔·库兹明已经抵达华盛顿，将就一项信贷协议进行谈判，该协议将有助于美国再次向苏联出售粮食。在农业部的 10 万名雇员中，布茨说他将这个秘密限制在三个人身上：他自己、布伦塔弗和副总法律顾问克劳德·科菲曼。

在两国政府间的谈判中，卡罗尔·布伦塔弗第一次察觉到除了信贷谈判，还有一些事情正在进行。

1972 年 7 月 3 日是一个星期一。布伦塔弗在与苏联外贸部副部长库兹明的又一次艰苦会面中开始了早晨后的工作。在午餐前，他又会见了大陆粮食公司的三名高管。大陆粮食公司高管称，会议于上午11：30后不久在农业行政大楼的布伦瑟夫餐厅开始。由于布伦塔弗看起来很匆忙，大陆粮食公司的高级副总裁伯纳德·斯坦威（Bernard Steinweg）开门见山地说：现在在纽约的一个苏联粮食采购团队提出了一个惊人的提议。他给了布伦塔弗具体的细节：在小麦方面，苏联人想要400万吨，包括365万吨烘制面包的小麦和35万吨软小麦，这相当于100天内2.1亿美国人用来烤面包和制作其他食物的小麦数量。此外，斯坦威说，苏联人希望采购450万吨玉米。[①]

粮食行业的任何人听到这样的数字，都可以拿起纸和笔计算出苏联人所说的至少是3.5亿美元的订单，远远超过美国粮食出口史上的任何订单。仅仅是把它运到港口就需要超过10万辆箱式汽车。

这三位大陆粮食公司的高管当天之所以访问农业部，是因为他们需要知道，在向苏联人报价之前，美国政府是否会继续使用出口补贴将世界小麦价格保持在每吨60美元左右。

斯坦威记得布伦塔弗在一张废纸上做了一些粗略的计算，然后给了他一些关于每种小麦的"目标价格"[②]的初步数据。斯坦威表示，对于冬小麦，布伦塔弗提出的目标价格实际上在每吨59.50～60.60美元。斯坦威回忆说，在他们谈话的最后，布伦塔弗说他在做出承诺之前必须考虑目标价格，他会在当天晚些时候打电话回来。

在农业部内部，出口补贴政策并没有因卡罗尔·布伦塔弗的上任而有丝毫变化。当他掌权时，他延续了他的前任在1971年10月制定的非正式政策，即最大化美国小麦出口的最佳方式是将对外国买家的小麦价格稳定在每吨60美元左右。

---

① 〔美〕丹·摩根：《粮食巨人——一件比石油更强大的武器——国际粮食贸易》，张存节译，农业出版社，1983，第102页。

② "目标价格"是美国政府将使用政府出口补贴来维持较低的世界价格水平的术语。

小麦价格冻结的制衡因素是出口补贴政策。自 1949 年以来，农业部一直在支付出口补贴，财政部为此累计支出 40 亿美元。这一做法是由国会设计的，目的是让美国农民通过提高国内价格获得"公平回报"，同时以符合国际竞争的价格向国外出售他们的作物。根据该政策，政府向出口商支付国内价格和冻结的世界价格之间的差额。所以当美国国内粮食价格高于这个目标价格时美国政府提供出口补贴，相当于国内高价收粮并低价卖粮给国外。这一做法的初衷是对美国农民进行保护，也给其他小麦种植国带来温和的挤压。美国人在这样的价格面前还是有竞争能力的。如果超过这样的平均价格，美国人的出口份额和竞争力就会落在加拿大、法国、阿根廷和澳大利亚等主要出口国的后面，甚至还会落在像墨西哥和瑞典这样不太重要的出口国后面。由于没有其他国家能够一直以更低的价格出口小麦，美国农业部实际上已经决定了小麦的世界价格。

显然，布伦塔弗看不出有任何理由深入探究世界小麦价格是否应该保持在每吨 60 美元的水平，以及应该保持多久。他本来可以在那天午餐见到布茨部长时提出这个问题，但他没有。他也没有在下午早些时候与管理和预算部农业补贴专家的会议上提出这个问题。相反，他凭直觉自己做出了决定，却不知道所有的事实。例如，他不知道自己在农业部的下属刚刚收到美国驻莫斯科农业专员的电报，该电报准确预测苏联的小麦产量将大大低于早先的预测。

后来的某个时候——可能是在同一天下午出现在他的电话记录中的一个电话里——布伦塔弗给了斯坦威关于控制冬小麦价格的答复或者说承诺，即政府将继续保持硬冬麦的世界价格在每吨 60 美元左右。这也正是公司想要听到的。当晚晚些时候，当弗里堡下飞机时，他得知了布伦塔弗的承诺，并准备第二天在丽晶酒店与贝鲁索夫会面。

从贝鲁索夫的角度来看，他与弗里堡的交易似乎令人惊讶地具有吸引力，尤其是在小麦方面。在 400 万吨的巨大订单上，他得到了一个不变的每吨安全价格，即使弗里堡在进入美国市场购买 400 万吨小麦时不得不抬高国内价格。弗里堡说，如果没有布伦塔弗之前对出口补贴的承诺，他和任何其他出口商都不可能对如此大的订单报出固定价格。

此外，弗里堡能够以每吨 60 美元的世界价格提供小麦的巨大折扣。一位政府消息人士称，他的实际售价为每吨 58.90 美元——低于布伦塔弗的"目标价格"区间的下限。

尽管弗里堡不愿透露他是如何做到这一点的，但他显然是通过玩补贴交易游戏做到的。精明的出口商可以利用当时政府现行补贴条例中的回旋余地，通过期货和现货的相关交易最大限度地提高其销售收益，例如，他可以为他计划在未来出售的小麦收取补贴，打赌补贴的金额会下降，或者他可以推迟接受销售补贴，打赌补贴会增加。

在玉米方面，由于政府没有玉米出口补贴，弗里堡不能向苏联人报低于世界市场价格的价格，而玉米是大陆粮食公司向苏联出售的另一半粮食。尽管弗里堡拒绝透露他的定价体系的任何细节，但外界了解到，他告诉贝鲁索夫，随着大陆粮食公司试图为苏联购买 450 万吨玉米，国内玉米价格将不可避免地上涨。因此，据说弗里堡给苏联人的价格是每吨 50 美元，等于或略高于市场价格。弗里堡说："我们采取了预防措施，以尽量减少我们的风险。"

对苏联人来说，这笔交易的另一部分可能是最重要的：弗里堡同意，他自己的海洋租赁公司——恒星租赁经纪公司将作为苏联政府的代理人，租赁苏联政府将从美国购买的粮食运回苏联所需的任何外国货运船只，即保证如此大的交易不会受到海运交付的影响。

斯坦威说，7 月 6 日上午，他与布伦塔弗通了电话，通知他大陆粮食公司的销售已经"完成"。

二　美国政府预期外的庞大交易

当布伦塔弗听到关于私人购买粮食谈判的报道时，他实际上在华盛顿参与美苏政府间关于信贷的讨论。

6 月底，苏联政府直接向白宫发出消息，表示愿意接受尼克松在 5 月 28 日的峰会上为勃列日涅夫提出的信贷安排。尽管原则上达成了协议，但双方进行了整整 8 天的谈判才敲定了这份长达两页的协议的细节。苏联外贸部副部长库兹明首先坚持认为，美国应该承担苏联获得信用证的任何银行费用；美国商务部部长彼得·彼得森拒绝了。随后库兹明希望在协议有效期内固定部分权益，但布茨拒绝了。尽管苏联人认为他们得到了一笔好交易，但至少他们没有表现出来。

信贷协议于 7 月 8 日大张旗鼓地签署和宣布。早上，亨利·基辛格在圣克莱门特向白宫记者团简要介绍了信贷协议的大纲。下午，布茨和彼得森在华盛顿白宫举行了更详细的简报会。

"这是迄今为止我们所知道的世界历史上最大的粮食交易。"布茨说。但他没有表示一些粮食已经售出。

根据协议条款，苏联与美国私营出口公司签订合同，在未来三年从美国购买价值至少 7.5 亿美元的美国粮食，包括第一年至少 2 亿美元的美国粮食。苏联人可以选择玉米、小麦、高粱、黑麦、大麦和燕麦品种。协议没有规定任何商品的最大吨位，因为美国代表团没有想到苏联人会买太多。

作为交换，美国人同意允许苏联粮食贸易公司赊购粮食，利用现有的农业部出口促进计划，该计划对其他粮食购买国开放。根据该计划，苏联将能够从交货后一年开始，每年分三次支付每批粮食的货款。只要累计债务不超过 5 亿美元的信贷上限，苏联可以用信贷购买其想要的粮食。

在白宫的新闻发布会上，布茨表示，苏联购买的大部分将是小麦和玉米，事实证明这是真的。但他在简报中传达了另外三个印象，结果是误导。首先，他低估了苏联人的胃口。尽管他提出了自己的观点，即苏联人将在三年内购买超过 7.5 亿美元的粮食，但他表示，他

"确信"他们不会在第一年就超过这个数字。其次，布茨低估了苏联的购买行为对美国食品价格的影响，称苏联的购买行为"不会对面包价格产生任何影响"，而且仅会对牲畜价格产生"一种难以察觉的影响，如果有任何影响的话"。最后，他向记者保证"不涉及对苏联贸易的补贴"，从而给人一种美国出售粮食无其他成本的错误印象。

对于在新闻发布会上站在布茨身后的布伦塔弗来说，这些话一定有些超现实。就在不久前，在他与大陆粮食公司高管的第一次会面后，他从其他渠道得到了一些消息，这些消息表明苏联人已经在购买比农业部部长的声明所显示的要多得多的小麦，而且其打算购买更多的小麦，而且很快。

如果弗里堡和苏联人不能对他们的会议保密，他们就不能秘密进行交易。其他粮食出口公司已经察觉到了这一迹象，它们越来越紧张。例如，库克公司的执行副总裁威拉德·R. 斯帕克斯说，7月3日，他打电话给布伦塔弗，询问一个令人不安的市场变化。他问他的前雇员，为什么大陆粮食公司会突然想在期货市场上购买这么多小麦和玉米？这是否意味着苏联已经与大陆粮食公司达成了协议，如果是，金额是多少？斯帕克斯说布伦塔弗没有给他任何信息。

几天后，嘉吉公司发现了另一条令人不安的线索：大陆粮食公司突然开始租赁大量船只。就在那天早上，在部长的新闻发布会之前，布伦塔弗在他的办公室会见了路易达孚公司的一名官员，这是另一家总部设在纽约和巴黎的大型粮食出口公司。路易达孚公司的副总裁帕特里克·加德纳单独会见了布伦塔弗，并告诉他苏联人有兴趣购买"大量"小麦。

加德纳后来回忆："我问他是否可以说，如果国内市场价格上升，美国将继续其增加补贴的政策，如果价格下降，则减少补贴。"布伦塔弗回答说，政府的政策是以与世界价格有竞争力的价格向国外出售小麦，其现在打算遵循同样的政策，努力推动美国的小麦销售；

因此，其无意背离过去两年维持世界价格的政策。

两天后，路易达孚向苏联粮食贸易公司出售了 57 万吨硬质冬小麦。

而嘉吉公司副总裁梅尔文·米德特斯则表示，尽管嘉吉在粮食出口总量上与大陆粮食公司不相上下，但它在 1963 年和 1971 年围绕苏联订单的角逐中被大陆粮食公司甩在了后面。在 7 月的前 9 天，嘉吉公司的高层人员都在紧张地考虑，这次苏联粮食贸易公司是否会将他们完全排除在竞标之外。最后，在 7 月 10 日上午，苏联买家要求当天下午在他们入住的纽约丽晶酒店套房与嘉吉的代表会面。

在夜幕降临之前，苏联人与嘉吉公司副总裁 W. B. 桑德斯达成口头协议，以每吨 59.50 美元的价格购买 100 万吨硬质冬小麦。

嘉吉公司像路易达孚公司和大陆粮食公司一样，在没有和卡罗尔·布伦塔弗谈过的情况下，无法对小麦报价。和对其他公司的说法一样，布伦塔弗向嘉吉保证，政府没有计划改变其维持小麦世界价格的政策。嘉吉公司的联系人告诉布伦塔弗，销售量"很大"，但没有给出确切的数量。

在接下来的 10 天里，贝鲁索夫一直忙于购买小麦。大陆粮食公司主席弗里堡已经把他的度假计划取消，又卖了 100 万吨小麦给苏联人。另外 60 万吨来自库克公司，20 万吨来自一个较小的出口商——加纳克。①

在三周内，苏联粮食贸易公司购买了价值 7.05 亿美元的美国粮食——几乎是其在未来三年必须购买的数量。虽然美国农业部没有人知道确切的数字，但事实是，卡罗尔·布伦塔弗在大约 6 亿美元的销售额达成之前就被咨询过。而布伦塔弗说，随着夏天的过去，他不确

---

① 〔美〕丹·摩根：《粮食巨人——一件比石油更强大的武器——国际粮食贸易》，张存节译，农业出版社，1983，第 103 页。

定苏联人是在购买小麦还是只是在投标。

苏联似乎终于满足了。7月21日，贝鲁索夫及其粮食交易团队的小组成员动身经阿姆斯特丹回莫斯科去了。他们现在需要等待7月25日苏联的收成报告和新的指示。他们已经订购了1185万吨粮食，差不多相当于美国全年出口总量的1/3。

苏联的代表们并没有休息很长时间。最后的产量估计报告表明，苏联的收成情况更糟了，伏尔加盆地整个7月都没有下1毫米的雨。因此，7月27日，华盛顿收到一份苏联方面要求发签证的紧急申请书。7月29日，贝鲁索夫又回到了美国。他毫不耽搁，立即投入一系列无节制的新的采购活动中。8月9日，他又向大陆粮食公司买了175万吨玉米、10万吨大麦和10万吨高粱，向路易达孚公司买了150万吨小麦，向库克公司买了30万吨小麦，并向加纳克公司买了35万吨小麦。①

因为苏联与这几家公司都是单独沟通的，所以大家以为这是同一笔生意，直到最后签订完了合同，一汇总才发现，在8月的头几天，来自大陆粮食、路易达孚、加纳克、邦吉、嘉吉和库克的团队为苏联购买了大约4.35亿美元的粮食——大约一半是小麦，其余是大豆、玉米、大麦和高粱。在两次购买中，其以11.4亿美元购买了1200万吨小麦和700万吨其他粮食，其卖出的粮食占了整个美国当年粮食产量的1/4。

华盛顿大型政府机构的组织"奥秘"之一是，重大决策最终往往由次要人物做出。因此，尼克松总统和他的主要顾问们花了几个月的时间努力说服苏联每年赊购几亿美元的美国粮食，最终在1972年夏天获得成功；而"点头同意"粮食公司出售粮食给苏联的正是农

---

① 〔美〕詹姆斯·特拉格：《金黄色的麦浪》，北京对外贸易学院三系编译组译，中国财政经济出版社，1975，第54页。

业部助理部长布伦塔弗。尽管在这一过程中，布伦塔弗可能并没有真正清晰地意识到，苏联从出口公司购买的粮食比任何人预期的数量都多，而且大部分是以特别低的价格购买的。这一决定最终促成了"大劫案"，并最终成为美国经济的一个棘手问题。

第五节　美国震惊：国内粮价暴涨

苏联在"大劫案"中大获全胜，但是依靠对手来供应粮食，这始终是一件危险的事。

在这一系列交易达成之后，出现了一段奇异的寂静时期。1972这一年，莫斯科的夏季特别干热。在临近的农村，一些泥炭起了火，升起的烟雾有时飘到克里姆林宫的上空。那些和苏联签订了合同的粮食公司，开始购进美国大平原的粮食——开始是平平静静地购买，接着当"抢劫粮食"的消息传播开来时，他们更是加速了购买的进程。

美国被搜刮得一干二净，铁路交通出现了异常的阻塞现象，数千列火车满载着粮食朝新奥尔良和休斯敦港口开去，最终的目的地是苏联。①

在过去的 25 年里，所有农业部部长都面临的问题是，美国农民种植的粮食远远超过了他们的销售能力。为了保持农民的收入，政府每年支付数十亿美元补贴闲置的 3000 万 ~ 5000 万英亩（1 英亩约合 4047 平方米）生产性土地。即便如此，农作物一直十分丰富，以至于政府不得不储存数千万吨的盈余。农业部部长布茨被尼克松总统任命去处理粮食过剩问题，布茨认为，农产品支持价应保持足够低的水

---

① 〔美〕丹·摩根：《粮食巨人——一件比石油更强大的武器——国际粮食贸易》，张存节译，农业出版社，1983，第 107 ~ 108 页。

平，以遏制农民的生产超出消费者的购买力，而且应该尽量促进出口。

1972 年，在参议院批准后，布茨立即采取行动，额外取消了 500 万英亩的小麦生产用地。县代理人被告知要向种子已经理在地下的冬小麦种植者解释，如果他们现在犁出一部分播种的田地，政府将为他们本应收获的小麦支付费用。春小麦种植者被给予特殊的激励来减少他们计划的种植面积。前一年，总共有 6000 万英亩的农田停止生产。

即便如此，在贝鲁索夫购买粮食的时候，美国谷物库存接近历史最高水平——2300 万吨小麦和 5000 万吨饲料谷物。

布茨非常担心粮食过剩，以至于在他 7 月 8 日宣布"世界历史上"最大的粮食交易一周后，他告诉农民，1973 年还有 500 万英亩种植小麦的土地将获得补贴。

当 1972 年 7 月 8 日宣布与苏联的信贷安排时，堪萨斯市贸易委员会的交易员们看了看美国的粮食盈余估计，认为再出口几亿美元的粮食不会造成供应紧张。但在 8 月 2 日，他们从一份贸易出版物上最终得知了第一批苏联采购粮食的规模。第二天，路透社发布了一条看涨的消息："知情人士透露，目前在纽约的苏联贸易代表正在订购更多数量的美国小麦和饲料谷物。本周早些时候苏联官员出人意料的回访仍被保密。"[1]

堪萨斯市的国内小麦价格在过去一个月里几乎保持稳定，此时已从 8 月 3 日的每蒲式耳 2.90 美元上涨至 8 月 10 日的每蒲式耳 3.70 美元。这是长达一年的谷物价格螺旋上升的开始，同时，小麦价格将从每吨不到 60 美元飙升至 180 美元。

对苏联的销售本身不足以造成粮食短缺，但这在所有其他粮食购买国都产生了冲击效应，尤其是当时与美国同为粮食出口国的加拿大

---

① 路透社，1972 年 8 月 3 日。

和澳大利亚都非常缺乏可出口的小麦。欧洲国家和日本这些传统的谷物买家在美国农业部仍将世界价格保持在每吨 60 美元的低水平时，曾接受一批订单。然后，在晚些时候，当小麦、玉米或大豆库存急剧下降的时候，他们闻风继续购买以获得订单。

自然变化加大了世界各地对美国原材料的需求。在太平洋，秘鲁寒流的变化影响了秘鲁的凤尾鱼捕获量，这增加了对另一种蛋白质来源——大豆的需求。在印度，早秋季风降雨对优质的水稻和高粱作物来说太少了，在缅甸、泰国和非洲部分地区，农作物收成情况令人失望。

然后在 1973 年初，当美国粮食库存几乎耗尽时，美元再次贬值，这是在 15 个月内的第二次贬值。以日元计算，小麦价格突然下跌 14%，日本小麦订单激增。

对美国消费者来说，他们十分恼怒。由于美国国内库存严重下降，当年小麦的价格翻倍上涨，连带玉米和大豆的价格也翻倍了。紧接着，美国的猪肉、牛肉的价格也上涨了 36% 以上，各种食品价格飞涨。

美国消费者物价指数在 1972 年 12 月以前只上升了 3.4%，但从 1973 年 2 月开始，上升率就提高到了这个数字的 2～3 倍。大家不久就感到尼克松总统已失去了对美国经济的控制。

3 月，尼克松为了对家庭主妇的示威做出反应，强行规定了肉的最高价格。1973 年 6 月 27 日，美国政府自二战以来首次直接干涉了粮食贸易。被大豆价格上涨弄得焦头烂额的政府，不得不发布了大豆出口禁令。

紧接着，是全世界范围内的粮食短缺和价格上涨，涨幅达到 50%。

"粮食大劫案"，可以说是美苏争霸进程中的一个重大转折。1972 年的这一次大采购充分展现了苏联人的"国际贸易头脑"，在美苏粮食博弈中占据了主导权。

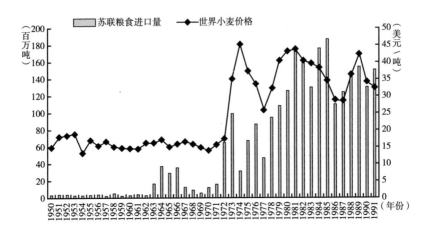

图1-1　1950~1991年苏联粮食进口量和世界小麦价格

资料来源：苏联对外贸易统计年鉴，FAOSTAT，IMF。

　　然而，出乎多数人意料的是，这一转折最终并未朝着苏联全胜的方向发展，苏联虽然躲过了美国的"要挟"，但是自身的粮食危机并没有真正得到解决。依靠对手来供应粮食，这本身就是一件危险的事。反观美国，其逐渐从愤怒中冷静下来，重新审视自己过往的粮食政策，凭借着一系列反制的"阳谋"夺回了粮食博弈的主导权，从而也加速了苏联的瓦解。成也粮食，败也粮食。而成败转化的主导因素除却美国的"先天"优势，核心的要素是人，这位举足轻重的人物就是后文将会详述的亨利·基辛格。

第二章 "大劫案"前的苏联：为什么 非进口粮食不可

苏联拥有世界上最大的领土面积，耕地面积约为 2.25 亿公顷。[①] 苏联的很多耕地处于寒冷地区，无霜期短，虽然降水较多、土地肥沃，但还是很难有高效的农业产出。偏南部地区的耕地如乌克兰东部和南部以及中亚地区则相对干旱，土壤也很贫瘠。而且苏联的耕地受变化多端的气候影响很大，严重的春寒和干旱时有发生，苏联的年度气温变化幅度是美国的 3 倍之多。这些导致苏联的粮食产量非常不稳定。

在两次世界大战之间的年代里，苏联长期处于自给自足和艰苦朴素的状态。而在 1932 年、1933 年和 1934 年，当无数乌克兰人饿死的时候，大批富农被杀或流放西伯利亚，粮食生产一直满足不了需求。

第二次世界大战后，一系列事件逐渐迫使苏联领导人将国家大部分资源用于农业。尽管人民不再饥饿，但苏联的农业几乎没有什么起色，食品问题始终存在，如人民的食品结构单一。

与落后的粮食生产形成鲜明对比的是苏联在美苏军备竞赛中日益强大的军事实力。1957 年 10 月 4 日，一道火花冲出地平线——一枚由 R-7 洲际弹道导弹改装而成的运载火箭在苏联拜科努尔航天发射

---

① 王峻文：《粮食问题将制约苏联经济的发展》，《世界农业》1982 年第 12 期。

场成功升空，将史上第一颗人造卫星"斯普特尼克一号"送入了地球同步轨道。斯普特尼克一号成功发射既是人类探索太空的第一个高光时刻，也给美国造成了巨大的军事威胁和信心打击。出于对社会制度、发展模式的高度自信，苏联提出要和美国搞一场"和平竞赛"，也就是说，在严峻的战略对峙下，既然谁都无法在军事上压倒对方、压垮对方，那就来一场"和平竞赛"。

"和平竞赛"的第一步，双方商定在对方的首都办展览。苏联人办了炫耀其航天技术的展览，美国人看了很害怕；而美国人到苏联办了个美国家庭的厨房展览，非常现代化。

第一节　"厨房辩论"：和平竞赛比拼什么？

"厨房辩论"后，赫鲁晓夫宣称，人均肉类和牛奶产量一定要超过美国，它将成为苏联"超过美国"的象征。

1959 年 7 月 24 日，美国副总统尼克松在莫斯科索科尔尼基公园为美国国家博览会（American National Exhibition）揭幕，以此作为对苏联官员访问纽约的"回拜"。展馆内到处都是现代的、自动化的休闲娱乐设备，用以展示美国人心目中每个国民能拥有的一切。

当天，著名的"厨房辩论"正是发生在一个美式别墅样板间的光洁漂亮、设备新颖的厨房展台前。尼克松说这是一所典型的美国住宅，几乎所有美国工人都能住得起这样的或类似的房屋。赫鲁晓夫昂起头来表示蔑视。

赫鲁晓夫："你以为苏联人会被这个展览惊得目瞪口呆。可是事实是所有新建的苏联住宅都将有这种设备。在美国要得到这所房屋要有钱才行，而在我们这里，你只要生为苏联的公民就行了。如果美国公民没有钱，那就只有权在人行道睡觉。而你们却说我们是共产主义的奴隶！"

图2-1　1959年7月24日，美国副总统理查德·尼克松和苏联领导人赫鲁晓夫（中间靠左）在莫斯科索科尔尼基公园的美国展览馆厨房前进行讨论

图片来源：美联社。

尼克松："……我们并不认为这个展览会使苏联人民惊讶，但是它会使他们感兴趣，就像你们的展览会使我们感兴趣一样。对我们来说，多样化，选择权，我们有上千个不同的营造商的事实，这些就是生活的情趣。我们不愿由一个政府官员在最上头做出决定说，我们只要一种式样的房屋。这就是差别——"

赫鲁晓夫："就政治差别而言，我们永远不会一致。如果我同意你说的，我就会受到米高扬的引诱。他喜欢辣味汤，而我不喜欢。但是这并不表明我们意见分歧。"

尼克松："谈谈我们洗衣机各有什么优点，岂不比谈论我们的火箭各有什么威力更好？你想要的不也就是这种竞赛吗？"

赫鲁晓夫（把他的大拇指顶在尼克松的前胸上）："对，我们所要的就是那种竞赛，但是你们的将军说他们强大得很，能把我们摧毁掉。我们也能拿出点东西给你们看看，让你知道苏联人的精神。我们是强大的，我们能打败你们。就是在洗碗机这方面，我们也能打败你们！"①

图 2 - 2   "厨房辩论"现场美国展示的厨房

图片来源：Elaine Tyler May, *Homeward Bound：American Families in the Cold War Era*, New York：Basic Books, 1988, p. 17。

这场辩论之所以被称作"厨房辩论"，不仅仅是因为这次辩论发生在厨房，更是因为尼克松巧妙地把辩论的焦点转移到了诸如洗衣机之类的家用电器上，而不是武器上，从而避免了在辩论中被迫承认美国在军事方面相对于苏联的明显劣势。

尽管赫鲁晓夫一再声称苏联人民只在意物品是否实用，对奢侈豪华的东西不感兴趣，但他显然还是被厨房里节省劳力的五花八门的展品吓了一跳，甚至询问有没有一种机器"能够把吃的塞进嘴巴并让

---

① 以上关于"厨房辩论"的对话记录文本存档于美国中央情报局图书馆，在此引用的为人民网中文翻译版本。

图 2 – 3 当时苏联普通主妇的厨房

图片来源：Vladimir Gulbin/D. A. Drozdetsky's archive（https：//Russiainphoto. ru）。

人咽下去"。

在这次博览会上，对赫鲁晓夫和苏联人造成冲击的不仅仅是厨房里的"工业品"，更是从厨房里端出的种类繁多的食品。厨房正是这样一个特殊的地方，工业品和农业品在这里可以被合二为一地展示。

美国国务院邀请了美国通用磨坊食品公司、百事可乐公司和其他加工食品公司参展，它们向展会运送了7吨食品，包括蛋糕和布朗尼混合食品、包装谷类食品和其他加工食品。这简直可以说是把一家美国超市搬到了莫斯科的博览会上。通用磨坊食品公司贝蒂·克罗克厨房产品顾问主管玛丽·李·杜林发动了一场战后关键的"食品战役"。《纽约时报》将此次展览描述为"对设计的丰富性和独创性的一次慷慨的见证"。[1] 通用磨坊食品公司派了一个9人小组去博览会展示美国的现代方便食品。该团队每天工作10个小时，用盒装混合

---

① 《纽约时报》1959 年 7 月 25 日。

物制作 40 多块蛋糕（不仅仅是蛋糕，还有杏仁饼和比萨饼）。他们为小团体做烹饪示范，每天两次为大型活动做示范，这些活动在整个展览期间通过闭路电视播出。然而，游客只能看不能尝：苏联官员已经禁止其免费赠送样品。取而代之的是，所有准备好的食物都送到博览会上的餐馆，然后卖给参观者。在这里，通用磨坊食品公司的团队成功地颠覆了苏联相对单一的以主食为主体的饮食方式，他们将食物切成两寸大小的块，然后转身让人们自助。正如杜林回忆的那样："偶尔会有一包或一盘布朗尼蛋糕不见了，这让我们非常高兴。"美国迅速意识到这一事件的宣传重要性。

消费现代方便食品是美国人表达爱国主义和民族认同感的一种方式，而美国战后新颖和丰富的食物成为尼克松口中资本主义制度优势的象征。这种"富足"在博览会的厨房中得到广泛的宣传，强调财富和舒适是战后美国生活的主要方面。这种繁荣和消费主义的愿景是美国在冷战期间最有力的宣传之一。

尼克松曾在《领袖们》一书中忆起这段往事。他是这样描述的：

　　我们参观美国展览会那天，从我们俩在电视演播展览室的表现中，我发现赫鲁晓夫……熟练地施展着表演才能。一位年轻的技术人员提出，要拍摄我们互相致意的镜头，以便在展览会展出期间播放给观众看。开始赫鲁晓夫有点迟疑不决，但当他看到一群苏联工人以后，顿时壮起了胆子，登上讲台对准摄影机讲话……

　　"美国已经存在多少年了？三百年？"他问我。我回答说，美国大约有一百八十年的历史。"那么，好吧，我们可以说，美国已存在一百八十年了，这就是它所达到的水平，"他说这句话时，举起胳膊朝整个展览大厅挥舞了一下，"我们存在了还不到四十二年，但再过七年，我们就达到美国同样的水平。"观众被他的大吹大擂吸引住了，他们喜形于色的表情似乎对赫鲁晓夫起了鼓舞作用。他接着说："当我们赶上你们、超过你们时，我们将向你们挥手致意。"①

"厨房辩论"后，赫鲁晓夫宣称，人均肉类和牛奶产量一定要超过美国，它将成为苏联"超过美国"的象征。尼克松回应道："如果真的超过美国，那就是从美国的农场和牧场进口的。"尼克松还含蓄地将美国优越性与展览中种类繁多的美国食品联系在一起。

第二节　懂农业的赫鲁晓夫：处女地、玉米书记、跟美国农民交朋友

赫鲁晓夫的上台和下野都与粮食休戚相关。

雄心勃勃的赫鲁晓夫此时面临的是一个什么样的局面呢？

一　斯大林时期的"面包崇拜"

很多苏联人小时候可能会因不尊重地对待面包而受到父母的惩罚或在公共场合受到责骂。有关面包的诗歌、歌曲和宣传海报不断出现——基于对面包的崇拜的价值体系于 20 世纪 40 年代在苏联进一步强化。这在一定程度上源于那个年代的苏联人对饥饿刻骨铭心的记忆。

事实上，直到 20 世纪初，俄罗斯一直是世界上最大的粮食出口国，其出口粮食占据了世界粮食出口总量的 45%（见表 2 - 1 和表 2 - 2）。尽管这建立在残酷的压榨农奴的基础上，俄罗斯底层民众常常面对饥饿的威胁。

---

① 〔美〕理查德·尼克松：《领袖们》，施燕华等译，海南出版社，2008，第 168 页。

图 2 - 4　20 世纪 40 年代苏联的节约粮食海报

图片来源：Legion Media。

表 2 - 1　1891～1913 年俄罗斯的年平均粮食产量

单位：百万吨

年份	产量	年份	产量
1891～1900	47.7	1911～1913	74.6
1901～1910	55.6		

资料来源：〔苏〕利亚先科《俄罗斯国民经济史》，国家出版社莫斯科、列宁格勒版，1930。

表 2 - 2　1896～1913 年部分国家粮食年平均出口量

单位：百万吨

年份	1896～1900	1901～1905	1906～1910	1911～1913
俄罗斯	5.21	6.81	7.54	6.76
美　国	2.88	2.45	1.77	1.70
加拿大	0.35	0.71	1.24	2.76
阿根廷	0.98	1.68	2.19	2.58

资料来源：俄罗斯的数据见〔苏〕利亚先科《俄罗斯国民经济史》，国家出版社莫斯科、列宁格勒版，1930；其余国家的数据见〔英〕B.R. 米切尔《国际历史统计：欧洲1750—1993》，麦克米伦参考书股份有限公司伦敦版，1998。

而两次世界大战加剧了这一局面。20 世纪 60 年代这一代苏联人的祖父母都记得他们从小经历的饥饿日子。1922 年，最有效的商业农业地产要么被分割，要么被破坏，种植谷物的土地总面积急剧减少，只有战前水平的 64%。这部分是因为内部破坏，部分是因为新的苏联政权发现其贸易机会受到困难的国外销售形势的限制，苏联的食品出口暂时停止。面对国内的粮食危机，列宁甚至一度批准了美国"饥荒救济"粮食援助的输入和分配。在列宁新经济政策的宽松指导下，小农获得了一个机会，艰难地重建国家的农村经济。饥荒问题最终被解决，到 1928 年，粮食产量已恢复到战前水平。直到 20 世纪 50 年代初，苏联一直实行食物配给制。在战争时期，苏联公民按人头来获得面包卡。饥饿问题十分严重，特别是在封锁期间的列宁格勒（今圣彼得堡），面包几乎成了生存的代名词。土豆就从未获得过这种地位，白菜也没有。吃面包意味着你生活在富裕的土地上。

然而，复苏是短暂的。为了实现工业化，斯大林时期苏联形成了高度集中的指令性计划经济体制和片面发展重工业的经济结构。斯大林通过压迫农业来哺育工业，即所谓的剪刀差模式。

斯大林的这一模式的基本战略决策是，把人民的经济、政治、文化要求放在第二位，只给予低标准的满足，以便最大限度地集中人力和物力资源，把国家高速建成社会主义强国。

按照这一模式，斯大林开始搞强制性的集体农庄和国营农场，将土地、生产工具和牲畜公有化，结果是农民宁愿杀掉牲畜，也不愿意将其无偿地交给集体农庄。

斯大林将农业作为他追求快速工业化的资源基础。他在 1929 年克服了内部的反对意见，发起了一项强制农村集体化的政策，以加速从农村提取资源。使用强制手段，不仅是为了获得粮食，也是为了没收农民的财产。许多最有技术和最富裕的农民在这个过程中被"连根拔起或消灭"。为了寻求政治控制和经济资源，斯大林将独立的富农阶层视为对农村最终"社会主义改造"的威胁。随着私人财产被强制和系统地清算，集体农庄农民的比例迅速上升，从 1928 年的 1.7% 上升到 1930 年的 23.6%，最后到 1937 年达到 93%。[①]

从 1928 年到 1933 年的集体农庄推行期，苏联的耕牛从 3070 万头下降到 1960 万头，羊从上亿只剧减到 5000 万只，马从 3350 万匹降到 1660 万匹，农民的积极性受到严重挫伤。[②]

强迫集体化的早期影响之一是谷物产量下降，接着是 1932 年至 1933 年冬季的一场可怕的农村饥荒，这场饥荒夺去了几百万新集体化的苏联农民的生命。然而，斯大林并没有阻止继续从农村获取资源。

雪上加霜的是，在这一时期，苏联在育种领域也遭受了一场灾难。科学政治化的始作俑者李森科本人学识浅薄、无甚建树，却是苏联科学院、列宁全苏科学院和乌克兰科学院的三院院士，深得斯大林的信任，他以首席科学家的"淫威"独霸苏联科学界三四十年。李森科反对孟德尔的经典遗传学，而这是苏联科技史上的一场灾难，将苏联的分子生物学和遗传学引向了长期停滞的局面。李森科主义没有实现苏联人"面包会有的"的理想，反而使苏联的分子生物学和遗传工程学发展落后，最直接的后果则是苏联在育种领域的长期落后。[③]

到 20 世纪 50 年代，问题暴露了出来。虽然工业发展很快，工业总产值从 1913 年到 1950 年增加了 12 倍，但是农业却徘徊不前，总产量只提高了 40%。相对于人口增长，人民生活水平提升不快，某些方面甚至有所降低。[④]

斯大林模式的弊端日益暴露；农业集体化的弊端日益暴露；国民

① M. Livi-Bacci, "On the Human Costs of Collectivization in the Soviet Union," *Population and Development Review*, Vol. 19, No. 4, 1993, pp. 743 – 766.

② 姚永明：《中俄（苏）马克思主义本土化比较研究》，扬州大学博士学位论文，2015。

③ 沈栖：《解读"李森科事件"》，《联谊报》2009 年 3 月 28 日。

④ 〔苏〕萨姆索诺夫主编《苏联简史》第二卷上册，三联书店，1976，第 357 页。

图 2-5 反对孟德尔的李森科

图片来源：Wikimedia Commons。

经济比例失调，影响人民生活水平提高。一位俄罗斯学者说，1953 年的苏联确实已经处于社会大爆炸的前夕。人们不仅要在恐惧中煎熬，还要忍受物质生活的匮乏。1953 年，全苏人均粮食产量仅为 432 公斤，低于 1913 年的 540 公斤。城市中，副食品供应不足，多数消费品质量低劣。农村情况更差，有的农庄的工分只有几戈比。以食品为例，让人难以置信的是，社会主义搞了 30 多年，直到 1952 年，苏联人均消费的主要食品（牛奶及乳制品、鱼类和水产品）才接近 1913 年的水平，有些方面（面粉、大米、肉类及油脂）甚至还降低了。①

　　统计资料显示，按 1926～1927 年不变价格计算，1950 年与 1945

---

　　① 沈志华：《以苏为鉴：毛泽东对苏共二十大的最初反应和思考》，《暨南史学》2004 年第 12 期。

年相比，尽管消费资料产品的增长率（169%）要大大高于生产资料产品（57%），但是在工业总产值（2400 亿卢布）中，生产资料产品（1620 亿卢布）仍占 67.5%，而消费资料产品（780 亿卢布）仅占 32.5%。[①]

至于农业，问题就更严重了，斯大林去世前后苏联的主要生产指标几乎都低于十月革命前。如谷物总产量（按 1939 年以后疆界计算），1913 年为 8600 万吨，1953 年为 8250 万吨，1946～1950 年平均为 6480 万吨。谷物单位面积产量也是如此，1913 年为 8.2 公担/公顷，1953 年为 7.8 公担/公顷，1946～1950 年平均为 6.7 公担/公顷。谷物出口量差得就更远了，1913 年出口 910 万吨，到 1953 年只有 310 万吨。与美国农业相比，也能看出同样的问题。1949～1953 年苏联平均谷物产量为 8090 万吨，仅为美国同期产量（13350 万吨）的 60.6% 左右。[②]

二 赫鲁晓夫的处女地运动

临近 1953 年斯大林去世之时，苏联农业的衰落已变得显而易见。苏联领导人对此也心知肚明。赫鲁晓夫如何概括当时所形成的局面？看一下引用的数字："1940 年储备粮食 22.25 亿普特（普特即俄担，系俄国实行公制前的重量单位，1 普特等于 16.38 公斤），1953 年却只有 18.5 亿普特，亦即减少 3.75 亿普特。同时由于国民经济的整体增长、城市人口大大增加和实际工资的提高，食品消费也逐年增加……用于出口的粮食，无论食品用粮还是谷物饲料，需求量都在增长，可是由于粮食不足，不得不将 1954 年的出口数量限定为 1.9 亿普特（312 万吨），其实本来确定的出口需求量是

---

① 沈志华：《以苏为鉴：毛泽东对苏共二十大的最初反应和思考》，《暨南史学》2004 年第 12 期。

② 沈志华：《以苏为鉴：毛泽东对苏共二十大的最初反应和思考》，《暨南史学》2004 年第 12 期。

2.93 亿普特（480 万吨）。"[1]

当时国家领导层中所争论的并不是应不应当增加用于农业发展的资金，大家都同意有此必要，分歧的核心是这些资金优先用到哪里。他们讨论了两种方案：将补充资金用于传统的农业地区，或者开始实施大规模开垦荒地的计划。结果后一种方案最终被认可，优先执行。

大规模开垦荒地的计划作为解决粮食问题、为国家筹集所需粮食的方法，首次被予以讨论是在 20 世纪 20 年代末期。当时这一计划得到斯大林的支持。这一方案吸引他的是可以利用工业化过程中运用过的那些方法：集中资金、组织大规模的生产、在农业中建立给予优惠的国营农场部门。专家们表示怀疑并提醒说，大规模开荒会使得收成更加不稳定和难以预料，对此斯大林则认为无关紧要。

后来垦荒土地上的粮食持续性产量和国家收购量的剧烈波动使苏联付出了高昂的代价。但在初始阶段，垦荒对提高国家监督下的粮食储备量发挥了作用。第一个五年计划末，国营农场所出售的粮食在国家储备总量中的份额已占到将近 10%。[2]

在斯大林去世后不久的一次演讲中，赫鲁晓夫宣布："没有丰富的谷物、肉类、牛奶、黄油、蔬菜和其他农产品，共产主义社会就无法建立。"[3] 这种期望的富足促使赫鲁晓夫在 1953 年 8 月发起了一系列引人注目的农业政策改革，增加资本投资，提高农产品价格。

处女地运动，是赫鲁晓夫为解决苏联农业问题、改善粮食短缺状况的核心计划。20 世纪 50 年代初赫鲁晓夫倡议大规模开垦荒地，这也符合苏联经济发展的传统。1953 年 9 月，由赫鲁晓夫、其两名助

---

① 1954 年 1 月 22 日尼·谢·赫鲁晓夫向苏共中央主席团提交的报告。见〔苏〕尼·谢·赫鲁晓夫《苏联的共产主义建设和农业的发展》讲话和文献5卷本第1卷，国家政治书籍出版局莫斯科版，1962，第 85～86 页。这些出口主要面向东欧盟国。

② 〔俄〕E. T. 盖达尔：《帝国的消亡——当代俄罗斯的教训》，王尊贤译，社会科学文献出版社，2008，第 114～115 页。

③ 《赫鲁晓夫的农业失败》，《泰晤士报》1964 年 9 月 20 日。

手、两名《真理报》编辑以及一位农业专家组成的中央委员会小组召开会议，确定了农业危机在苏联的严重程度。

此前早些时候，马林科夫推行了一系列改革措施来解决苏联的农业问题，其中包括提高政府收购谷物的价格、降低税收以及加强农村自留地管理等内容，马林科夫本人因此备受赞誉。而后赫鲁晓夫为夺回声望，提出了实行更高的谷物采购价格等政策，这引起了马林科夫的不满。

赫鲁晓夫的改革计划不但强化了马林科夫一开始的改革措施，还提出到1956年新开拓1300万公顷土地用于耕作。这部分土地包括伏尔加河右岸、北高加索地区、西伯利亚西部以及哈萨克北部。哈萨克共产党第一书记由于不希望哈萨克人的土地受到苏联的控制，有意向赫鲁晓夫淡化了哈萨克处女地的潜在产量问题。

对于处女地运动，莫洛托夫、马林科夫、卡冈诺维奇和其他苏共领导者均持反对态度。许多人认为，不管是从在半干旱地区发展农业的农业经济风险角度还是大规模的后勤支持角度来看，处女地运动都不可行。哈萨克的官员们一再提醒当地的雨量非常不稳定。马林科夫倾向于采取措施提高已耕作土地的生产力，但赫鲁晓夫却坚持通过开垦大量新的土地来在短时间内大幅提高作物产量。

1954年，赫鲁晓夫正式发起处女地运动。有人表示："只要我们能提高农作物产量，就能给人们提供更多的食物，使得他们为共产主义者的身份而感到高兴，并且也不必购买国外的谷物做饲料，从而节约成本。"这听起来仿佛很不错。

在小麦种植分布图上，赫鲁晓夫将手指向了中亚的哈萨克地区并表示："所有的土地都放牧牛，但并未种植小麦。"因此，处女地运动的重点在于开垦利用哈萨克北部以及阿尔泰地区未利用的半干旱土地。

赫鲁晓夫希望为苏联增加大约3000万公顷耕地。在此之前，随着小麦和玉米播种面积的增加，苏联土地耕种面积从1亿公顷增加到了1.28亿公顷。据称，在处女地运动开始的第一年，苏联新增了约

1900 万公顷耕地，1955 年又新增了 1400 万公顷。[1]

1956 年 8 月 16 日，苏联政府通过了一项决议，在政府的组织调动下，超过 150 万人奔赴哈萨克、伏尔加河、西伯利亚以及乌拉尔草原等地区，进行垦荒工作。

赫鲁晓夫并没有向已经在集体农庄工作的农民提供奖励，而是将垦荒活动称为"苏联青年的社会主义冒险"，以此来招募志愿者到处女地进行开垦工作。1954 年夏天，约有 30 万名共青团志愿者前往处女地。

在 1954 年处女地被大面积开垦并获得丰收之后，赫鲁晓夫将其最初的新开垦 1300 万公顷耕地的目标提高到了 2800 万～3000 万公顷。1954～1958 年处女地运动期间，苏联共为处女地项目投入了3070 万卢布，并采购了价值 488 亿卢布的谷物。从 1954 年到 1960年，苏联的耕地面积新增了 4600 万公顷，而其中有 90% 的增长都归功于处女地运动。[2]

在做出一种优先选择（开垦荒地以增加国家掌握的粮食储备）的时候，可以对优先地区实行大规模的基本建设投资。进行这项工作就要在荒地上建立国营农场，向那些在农场里干活的人提供有别于集体农庄庄员的种种特权，这些特权是工人才能享受到的。这还可以实现对农村流向城市的一部分劳动力资源的再分配，用以实现开垦荒地的计划，而这种流动却是由工人和农民的社会经济地位不平等带来的。

这样做产生了苏联领导人所希望的结果，粮食产量增加了。已开

[1]　Frank A. Durgin, Jr., "The Virgin Lands Programme 1954 - 1960," *Soviet Studies*, Vol. 13, No. 3, 1962, pp. 255 - 280.

[2]　Michaela Pohl, "The 'Planet of One Hundred Language'," in B. Breyfogle, Abby Schrader and Willard Sunderland, eds., *Peopling the Russian Periphery: Borderland Colonization in Eurasian History*, Routledge, 2008, pp. 238 - 256.

图 2-6　1957 年赫鲁晓夫时期农业大开发时代海报

图片来源：M. Frühauf, T. Meinel & G. Schmidt, "The Virgin Lands Campaign (1954 - 1963) Until the Breakdown of the Former Soviet Union (FSU)：With Special Focus on Western Siberia," in M. Frühauf et al., eds., *KVLVNDA： Climate Smart Agriculture*, Springer, 2020, pp. 101 - 108。

垦的地方成了巨大的产粮区，依靠它们国家可以弥补传统农业地区日益减少的粮食供应量。1958 年赫鲁晓夫正是利用这些来证明其农业政策的正确性。①

　　总而言之，处女地运动成功地在短期内提高了谷物产量并缓解了粮食短缺的问题。这场运动的规模之大以及最初取得的成功使其足以被称为历史性的壮举。然而，大部分荒地属于高风险农作物地带，与美国的中西部和中国的黑土地有很大不同：虽然冬季都很寒冷，但在关键的夏季降水上，远离海洋的欧亚大陆腹地显得过于变幻莫测，而其对降水的依赖程度更甚于俄罗斯和乌克兰传统的耕作地区。谷物的

---

① 〔俄〕E. T. 盖达尔：《帝国的消亡——当代俄罗斯的教训》，王尊贤译，社会科学文献出版社，2008，第 116 页。

产量逐年大幅度波动，此后再也没能超过 1956 年创纪录的谷物产量。1958 年后垦荒地上的收成便停止增长；同时，1959 年后，谷物单产的逐步下降也宣告了处女地运动的失败。赫鲁晓夫提出的到 1956 年谷物产量超越美国的雄心壮志终究还是没有实现。

然而日益城市化的社会对农产品的需求的加速增长，使得苏联农业在开荒之后仍处于一个长期的无休无止的追赶进程。

尽管做出了种种努力，国家的粮食储备在 1953～1960 年仍然一直在减少，消耗的数量超过国家采购到的数量。这对于苏联领导人而言是一个令人不安的征兆。

看来，对于保障居民粮食供应日益增长的困难，一个合乎自然的应对办法就是利用日益增强的工业实力增加对农业经济部门的投资。自 20 世纪 50 年代末至 60 年代初，正是这一方针占据了主要地位。[1]

三 玉米书记和他的美国农民朋友

自从结识了美国农民罗斯韦尔·加斯特（Roswell Garst），赫鲁晓夫仿佛找到了一个真正的知音。与加斯特在一起，他不仅可以谈论自己的农业热情，还可以谈论政治。

一切始于玉米。赫鲁晓夫为美国农业方面的成就，尤其是美国杂交玉米的发展和美国某些农民令人震惊的成功所吸引。在 20 世纪 50 年代中期，赫鲁晓夫决定将玉米播种到整个苏联。按照他的计划，玉米将成为"第二面包"，并有望解决苏联农业的两个问题：缺乏谷物和缺乏牲畜饲料。

赫鲁晓夫甚至亲力亲为地推广玉米。在乌克兰地方工作的时候赫鲁晓夫就以通过学习美国种植模式推广高产玉米闻名，号称"玉米

---

[1] 〔俄〕E. T. 盖达尔：《帝国的消亡——当代俄罗斯的教训》，王尊贤译，社会科学文献出版社，2008，第117页。

书记"。成为中央领导人后他把玉米推广到不同地区，尤其是以前不种玉米的东部地区。在赫鲁晓夫执政时期，苏联的玉米种植面积增长了10倍之多。

赫鲁晓夫认为，玉米是美国的主要粮食作物，畜牧业的迅速发展带来对玉米的更大需求进而推动了玉米产量的进一步增加。他在温暖的"黑土"（即肥沃的土地）乌克兰长大，以及与饥荒的艰苦斗争的经历（赫鲁晓夫是乌克兰共产党中央委员会第一书记，实际上是该地区的负责人），使他通过"玫瑰色镜片"将玉米这一农作物视为发展苏联农业的"灵丹妙药"。

赫鲁晓夫发起的"玉米热"席卷了整个国家。该作物在电视上得到了赞扬，在报纸上也有报道，甚至出现在儿童漫画中。以前曾种植过燕麦、黑麦和小麦的广大地区改种玉米。但是，收成却并不尽如人意。

赫鲁晓夫向美国玉米专家求助，以填补苏联专业知识的空白。这位苏联领导人感叹道："他们的种植比我们成功得多，这就是看不到人们排队买肉的原因。"

1955年，一个苏联代表团访问了艾奥瓦州玉米带，认真研究了当地农场的耕作方法，以期获得美国成功的秘诀。行程结束时，一群农民被邀请访问苏联。

赫鲁晓夫的儿子谢尔盖·赫鲁晓夫在他的书《尼基塔·赫鲁晓夫》中写道："来自艾奥瓦州的农民受到邀请后就拒绝了，寒冷、遥远、充满敌意的苏联对他们没有吸引力。"此外，由于美国国务院禁止与苏联进行贸易，参观不涉及任何商业利益。

但是有一位农民例外。大农场主罗斯韦尔·加斯特不但在苏联代表团考察期间游说他们去参观了他的大农场，用其农场的机器、杀虫剂、除草剂、肥料、灌溉方式以及其他工业耕作原料、工具和方法给他们留下了深刻的印象，后来还成了赫鲁晓夫的座上宾。

1955 年，罗斯韦尔·加斯特和妻子一起去了苏联。除了种田，加斯特还是玉米选育的专家，他在艾奥瓦州各地交易种子，卖了4500 吨玉米种子给苏联。对于苏联而言，他是天赐之人。

加斯特参观了在莫斯科举行的全苏农业展览会（举行地是今天的全俄展览中心），并在全国各地旅行，参观并研究了集体农庄。这位直率的农民在参观中公开表达了苏联农业缺乏效率的看法。

媒体之旅结束后，他受邀前往克里米亚与赫鲁晓夫见面。正是在那里，两人建立了长期的友谊。谢尔盖·赫鲁晓夫写道："我的父亲和加斯特彼此相爱——他们是两个珍惜土壤的灵魂，能够花几个小时讨论玉米、大豆和其他豆类。"

在他们的交往中，加斯特直率地发表了自己的想法。他说："苏联的农业落后于日益增长的苏联人口的需求 15 年，而美国农民的需求则比其国家的需求领先 15 年。"

加斯特对赫鲁晓夫几乎完全无视农业领域的最新发展感到惊讶："您怎么对我们的农业知之甚少？赫鲁晓夫先生，您似乎生活在一块岩石下。我要告诉您的所有信息都会定期发布在我们的农业公告中，您可以轻松购买或订阅。"

从 1955 年开始，艾奥瓦州推动苏联领导人采用最新的工业化农业。加斯特热衷于传播这些想法，因此提供了自己的知识和相关技术。他一次又一次地来到苏联，一直是推动使用最新技术的先驱，并提供有关种植玉米、饲养牲畜和其他农业活动的实践知识。加斯特还与东欧的民众分享了他的知识，从 1955 年秋天开始在匈牙利和罗马尼亚停留。加斯特正如赫鲁晓夫所希望的那样，在苏联和东欧传播他所钟爱的农业技术，包括那些种植玉米的方法。

最后，赫鲁晓夫同意从加斯特那里购买杂交玉米种子，并以黄金购买。唯一的障碍是美国禁止与苏联进行贸易。美国国务院深深反对与苏联建立贸易关系和进行农业技术转让。但是，固执的农民不会放弃。加斯特甚至联系了《纽约时报》，该报写道：美国人总是主观想象问题出在苏联，而实际上是美国在抑制贸易。

罗斯韦尔·加斯特总共访问苏联、匈牙利和保加利亚 60 多次。加斯特走过了苏联大片土地。如果他看到集体农民做错了事，他总是会直接批评集体农民。赫鲁晓夫含蓄地说："美国资本家比集体农民更关心我们的收成。"

1959 年 9 月 23 日，赫鲁晓夫在轰动世界的美国之行中，去戴维营与艾森豪威尔见面之前，在无数围观者和一群记者好奇的眼神中特别去了艾奥瓦州加斯特的大农场做客并讨论玉米种植问题。赫鲁晓夫与同样健谈的加斯特开玩笑，仔细参观了杂交玉米大亨的农场，从田野到饲养场。在多年后的回忆录中，他对加斯特及其专业知识表示钦佩。他说："我实际上对他有双重看法。作为资本家，他是我的阶级敌人之一。作为一个我认识的人，我是他的客人，我非常尊重他，并因为他的知识和渴望与我们分享他的经验的无私行为而珍视他。"加斯特和赫鲁晓夫手拿玉米棒子的视频画面和照片一时间传遍美国。

在艾奥瓦州，赫鲁晓夫参观了约翰迪尔公司（Deere & Company）的一家工厂，在那里他观察了著名的绿色机器从装配线下线的过程。在那里，他发言表示，就食品而言，向苏联和美国民众保证，他的口号"赶上并超越美国"是苏联和平意愿的证据。他承诺说，这比"氢弹和所有类型武器的集结要好得多。要有玉米和肉，但绝对不要氢武器！"他与加斯特的谈话涉及与农业有关的一系列话题，但奇怪的是，加斯特首先表明了粮食安全对维持和平的贡献。这位美国企业家宣布了他的意愿："将美国的所有新东西都教给苏联。让苏联与中国、印度和其他国家分享，这样世界上就不会有饥饿的人，也就不会有战争，而且因此，世界上存在着和平以及各国人民之间的友谊。"苏联当局发表了加斯特的话。

尽管进行了这些努力，玉米运动最终还是失败了。艾奥瓦州温暖的种子没有在寒冷的西伯利亚生根，玉米不能代替传统的黑麦和小麦。强力推行玉米种植的结果是：玉米并不适合在苏联推广，产量不高，其经济效益比其他饲料作物要差，而且扩大的玉米种植面积挤掉了冬小麦种植的面积，影响了谷物的增产，这导致赫鲁晓夫的畜牧业发展计划严重受挫。

处女地运动与强制扩大玉米种植面积，都是赫鲁晓夫在苏联推行现代化"美国式"农业道路的体现。1964年赫鲁晓夫下台后，苏联的玉米田成了休耕地。尽管如此，赫鲁晓夫和加斯特仍然保持着亲密的友谊直到他们生命的尽头，他们定期在各种假日互相祝贺。加斯特的孙女利兹甚至打趣说，赫鲁晓夫给祖父写的信远远多于给总统艾森豪威尔的信。

四 赫鲁晓夫的农业败局

在执政期间，赫鲁晓夫还将注意力放到集体农庄采用工业方法的质的新进步上。计划的改革以及合并计划使集体农庄具有越来越大的工业实践能力，这导致赫鲁晓夫于1958年决定取消多边贸易体制，并迫使集体购买机器。为实现这一目标，赫鲁晓夫再次询问美国和西欧的最新实践和技术。

值得一提的是，赫鲁晓夫还在许多集体农庄和国营农场因地制宜地建立了各种形式的承包责任制，主要有三种形式：承包到队的综合机械化生产队，承包到组的机械化小组，承包到家的农机手家庭。这一措施改变了原有的经济结构，调动了劳动者的生产积极性，可以说为未来中国的农村改革提供了借鉴模式。1955年以前，国家下达的生产计划指标多达280项，详尽规定各种农作物的播种面积、播种时间、技术措施、收割期限、产量等，限制了广大农庄干部和庄员的主动性和积极性。1955年起，国家放宽对农牧业的生产管理，只下达国家收购各类农畜产品的数量指标，农庄有权自行安排生产。①

他同时提出"使集体农庄庄员从物质利益上关心公有经济发展"的原则，规定从 1958 年 7 月起取消集体农庄向国家义务交售粮食、油料、土豆、蔬菜、肉、蛋、羊毛的制度，实行统一的农产品收购办法。这些规定的实质是，部分承认市场对经济的调节作用。但是，这些规定没有得到认真贯彻，国家仍不时干预农庄的生产安排；在实际的操作过程中，"承包制"执行成了"工分制"，农民的积极性并没有如赫鲁晓夫期望的那样得以调动。

图 2-7　1954 年，苏联一家乳制品装瓶店

图片来源：塔斯社。

1957 年 5 月，赫鲁晓夫突然提出，苏联的人均牛奶和黄油的产量将在 1958 年赶上美国，人均肉类产量将在 1960~1961 年赶上美

---

① 《赫鲁晓夫改革：光荣与混乱并行》，凤凰网，2009 年 8 月 18 日，https://news. ifeng. com/history/special/sulian1977/200908/0818_ 7734_ 1307451. shtml。

国。从美苏两国农业资源和实力的现实角度看，这无疑是一个颇欠考虑的目标。在牛奶和黄油产量方面，苏美相差不多。但在肉类产量方面，苏美有很大的差距。1957 年，苏联的肉类产量只有 570 万吨，而美国是 1600 万吨；人均肉类产量，苏联是 36 公斤，美国是 97 公斤。要达到赫鲁晓夫提出的目标，就要使苏联的肉类产量在三四年内增加近两倍。这对于缺乏饲料和大型畜牧设备的苏联来说，是很难办到的。1958 年的畜牧业发展情况很不理想，它的产量只增加了 5%，而不是赫鲁晓夫要求的 60% ~ 70%。但是，这并没有使赫鲁晓夫头脑清醒过来。他不断对地方施加压力，要求各州采取果断措施，提高肉类产量。

在这种情况下，梁赞州的党委第一书记拉季奥诺夫在个人野心的驱使下，大胆保证梁赞州在 1959 年一年内将使肉类产量增加一倍，出售给国家的肉类数量增加两倍。赫鲁晓夫没有分析这一保证是否有现实可能性就大加赞赏，号召其他州向梁赞州学习。1959 年底，拉季奥诺夫以种种弄虚作假的手段，宣告"胜利完成"指标，并因此获得列宁勋章和社会主义劳动英雄称号。但是，没过多久，骗局就被揭穿。拉季奥诺夫自杀身亡。①

1963 年大范围的干旱来临了，加上在新土地上过度耕种导致土壤脆弱，苏联的粮食产量突然减少了 20%。哈萨克的很多地区减产超过了一半。1963 年的人均粮食产量比俄国 1913 年时还要低（分别为 483 公斤和 540 公斤）。② 收成的不稳定加剧了正在增长的风险：在不顺利的条件下大城市的粮食供应面临威胁。此外，可供开垦的土地本身也有限。

---

① 以上关于赫鲁晓夫农业败局的描述，主要参考了《赫鲁晓夫改革：光荣与混乱并行》，凤凰网，2009 年 8 月 18 日，https：//news.ifeng.com/history/special/sulian1977/200908/0818_ 7734_ 1307451. shtml。

② 《赫鲁晓夫的农业失败》，《泰晤士报》1964 年 9 月 20 日。

饲料粮食生产以及畜牧业生产受到的打击尤其严重。赫鲁晓夫在很大程度上是凭自己的直觉行事的，他希望通过种植玉米来解决饲料粮食问题，玉米因其高能量转换价值而备受推崇，因为它不需要加工就可以被完全消化。1953 年至 1962 年，苏联种植玉米的面积扩大了10 倍。不幸的是，由于雨量不足和生长季节短，苏联很难适应玉米生产，这一点在 1963 年的失败中得到了明显的体现。

赫鲁晓夫雄心勃勃的粮食出口政策也因 1963 年的生产挫折而严重受挫。苏联的粮食出口从 830 万吨下降到 470 万吨①，如果没有来自东欧盟国的巨大压力，这些粮食出口可能会被完全取消。赫鲁晓夫出于外交原因，感到有义务继续保持最低出口量，但又不想进一步减少苏联的牲畜存栏量，或过多削减国内面包供应，因此被迫采取非常措施。1963 年，他向世界市场寻求前所未有的 1000 万吨粮食，最后从加拿大等国进口粮食。由此诞生了本书第一章提到的一个著名的苏联笑话：赫鲁晓夫表演了一个魔术，在哈萨克种粮食，在加拿大收获。

在进口和部分配给的帮助下，苏联国内面包供应在 1963 年收成受挫后保持在足够的水平。但是到了 1964 年，国内肉类产量下降了20%，抵消了自 1958 年以来取得的所有成果，并打破了赫鲁晓夫关于人均肉类产量将很快超过美国的吹嘘。斯大林时期，这种短缺因为外部环境的压力和对未来的期许被群众默默忍受了下来，而在非斯大林时期的苏联，处于世界两极之一的苏联人却满腹怨言。他们已经有几代人为了建设美好的未来而放弃当下的生活待遇，现在他们对牺牲和许愿都已经感到厌倦了。②赫鲁晓夫也不得不承认哈萨克十年计划失败。这些戏剧性的农业政策挫折对赫鲁晓夫在 1964 年 10 月的下台

① 《赫鲁晓夫的农业失败》，《泰晤士报》1964 年 9 月 20 日。
② 〔美〕詹姆斯·特拉格：《金黄色的麦浪》，北京对外贸易学院三系编译组译，中国财政经济出版社，1975，第 15 页。

起了不小的作用。可以说，赫鲁晓夫的上台和下野都与粮食休戚相关。

第三节 勃列日涅夫的持续投入：白色黄金、咸海之死与原子水库

勃列日涅夫对农业的投入是持续而大胆的，甚至不惜制造原子水库，但是解决粮食问题从来不是信奉"大力出奇迹"就可以的。

一 持续的农业投入

赫鲁晓夫的继任者不得不寻找一种新的粮食战略。1965 年采取的新粮食战略既谨慎又大胆：它是谨慎的，因为它拒绝苏联农业部门的规划或管理程序的任何根本性改变；然而，它大胆地向农业部门慷慨承诺了稀缺的财政资源。

从一开始，勃列日涅夫就毫不掩饰自己的意图。在赫鲁晓夫离开五个月后举行的具有里程碑意义的中央委员会全体会议上，勃列日涅夫直接批评赫鲁晓夫没有为农业分配足够的投资资源。然后，他坚持在即将到来的第八个五年计划期间（1966~1970），农业总资本投资增加 50% 以上。与赫鲁晓夫的最后一个计划相比，向农场交付的肥料、机械和设备增加了一倍。这也不是农业支出的"一次性"增长。在勃列日涅夫时期的 18 年中，农业在新的固定投资中所占的份额持续增长，从第七个五年计划（1961~1965）的 19.6% 增长到第八个五年计划（1966~1970）的 23.2% 再到第九个五年计划（1971~1975）的 26.2%。据计算，1970 年至 1977 年苏联农业直接投资总额是美国新固定农业投资价值的 6 倍。总体经济增长放缓最终导致整个苏联经济在 20 世纪 70 年代末出现新投资的紧缩，但即便如此，勃列

日涅夫仍拒绝减少农业投资份额。农业人口在总人口中所占比例扩大。①

在 20 世纪 60～70 年代，苏联农场继续适应全球趋势。外国观察家注意到该系统的巨额资本投资，勃列日涅夫时期的政策投资于先进技术，但这些努力未能获得理想的回报，只是适度地提高了粮食平均收成。每年的最高单产从 1955 年至 1960 年的每公顷 1.11 吨（在斯大林时期本身已经有所改善）增加到 1976 年至 1980 年的每公顷 1.85 吨。天气恶劣的年份，单年最高单产从每公顷 0.84 吨增加到 1.42 吨。同一时期，1980 年集体农庄和国营农场的施肥量比 1965 年高出几倍。与美国相比，机器的数量仍在减少。因此，在灌溉和土地改良方面的资本投资也是如此，在 1970 年至 1975 年增长了 9.5%，在 1976 年和 1980 年之间增长了 7.3%。②

二 处女地上的白色黄金梦

勃列日涅夫时期，赫鲁晓夫农业大跃进的后果还延续了很久，咸海的消失就是白色黄金梦造成的结果。赫鲁晓夫的处女地运动，采取了开垦西伯利亚和中亚土地的政策，20 世纪 50 年代伏尔加地区和乌拉尔地区耕地面积实现了翻番。苏联还启动了中亚咸海流域的灌溉工程，大量抽取阿姆河和锡尔河的河水来灌溉中亚各共和国贫瘠的土地，开发了 8860 万公顷的新耕地发展以棉花为核心的种植业，美其名曰"白色黄金梦"。

数千年来，灌溉农业一直是中亚的基本经济活动，但对棉花的重视相对较晚。自中亚人民融入俄罗斯帝国、莫斯科实施中央经济控制

① A. Warman, *Corn and Capitalism: How a Botanical Bastard Grew to Global Dominance*, University of North Carolina Press, 2003.

② A. T. Hale-Dorrell, *Corn Crusade: Khrushchev's Farming Revolution in the Post-Stalin Soviet Union*, Oxford University Press, 2018, p. 45.

以及中亚与俄罗斯中部的铁路连接以来，灌溉农业一直主导着农业生产。而1750年至1850年，布哈拉绿洲的灌溉面积中约有54%的土地播种粮食作物，只有25%播种棉花。

到20世纪60年代初，乌兹别克约有一半的播种面积种植的是棉花，其余则为粮食、蔬菜和饲料作物。到1990年，乌兹别克约2/3的农田种植了棉花。1983年至1986年，饲料作物尤其是粮食作物的比例逐渐上升，这可能表明人们对粮食生产感到担忧，因为棉花占据了其他作物的播种面积。

在苏联，没有哪个地方比中亚地区的气候更适合种植棉花。乌兹别克在棉花生产中占主导地位，其棉花产量在苏联的棉花总产量中占60%以上。1984年以后，致力于棉花种植的地区产量一直保持稳定下降，总产量从1981年的峰值下降，单产从1980年的峰值下降，后者的下降显而易见。当时，河床干燥意味着有更多的土地可供使用。这些新土地可能未做报告，而农民则确保将其播种棉花：显然，每英亩的单产将更高，从而为农民获取更高的回报。

乌兹别克购买了中亚种植的大部分棉花，并将其输出到莫斯科附近的纺织厂。棉花每英亩带来14000～16000卢布收入，每年为国家和地方经济贡献约20亿卢布。此外，在1987年，棉花投资的货币收益远高于其他作物。

20世纪70年代和20世纪80年代初期，在咸海盆地进一步扩大灌溉的一个关键因素是勃列日涅夫承诺管理西伯利亚的其他水源。西伯利亚河流改道工程将在20世纪末之前使咸海盆地的灌溉土地增加50%。这又是一个新的"宏伟"项目，不仅可以治理咸海，而且更重要的是，农业生产将有新的增长。

该项目取得了一些初步的成功，该地区的棉花产量到1977年增至566万吨。但是，这个有缺陷的项目的实施方式甚至缺陷更大。棉花是一种高耗水作物，需要高达$9000m^3$/公顷的灌溉量，而其实际灌

图 2－8　乌兹别克在棉花生产中占主导地位

图片来源：Zelma/RIA Novosti。

溉量要远远高于这个已经很高的水平。灌溉沟渠的渗漏量超过了预期。过度灌溉和不受控制的渗漏加速了土壤咸化过程，并加速了咸海水位的下降。它还使现有的排水系统不堪重负，将径流转移到许多人工湖中，其中一些只不过是沙漠中传统干旱的洼地。

然而，中亚人民对将如此多的土地用于棉花种植，而在人口不断增加的情况下减少粮食供应表示关注。塔什干市场的粮食供应，特别是肉类的供应量一直在下降，这是因为播种棉花（而不是牲畜的饲料作物）的土地面积不断增加。尽管如此，由于气候非常有利于棉花的生长，有人认为应扩大棉花出口。因此，吉尔吉斯的草场仍以牺牲牲畜饲料的生产为代价转变为棉田。这种趋势必须扭转，优先考虑的是减少播种棉花的土地数量。此外，提高用水效率、扩大农作物轮作以及防治侵蚀和盐碱化也应成为任何改进计划的一部分。

棉花生产中使用的化肥和杀虫剂使这个地方变成了地球上污染最

严重的地方之一。到 1994 年，该地区的水资源中有多达 15 万吨的有毒化学物质。咸海湖水减少使生态和环境恶化，导致当地气候条件发生变化：夏天温度上升，气候干燥，冬天严寒。此外，研究还表明，在 20 世纪 50 年代，当地土壤肥沃，适宜种鹰嘴豆。然而，在大规模灌溉之后，土地变得生产力低下。[①]

三 白色黄金的代价：咸海之死

20 世纪 50 年代末，咸海的面积在苏联湖泊中位列第二，仅次于里海，并且是世界第四大湖，次于北美的苏必利尔湖和非洲的维多利亚湖。这个没有出海口的盐湖，被喀喇昆仑沙漠（黑沙）和齐尔库姆沙漠（红沙）以及乌斯特高原环绕，由于其规模和意义，古代人们就将其视为大海。中亚的两条主要河流——阿姆河（2540 公里）和锡尔河（3019 公里）补给了咸海。阿姆河是该地区流域面积最大的河流，始于兴都库什山脉，流经吉尔吉斯斯坦、塔吉克斯坦、乌兹别克斯坦（与阿富汗边界）、土库曼斯坦，然后进入咸海。

两条中亚河流之间的肥沃耕地是一个古老的定居区，已有大约 3500 年人类定居的历史，历史上又被称作"中亚两河流域"。考古发现表明，数千年来阿姆河和锡尔河的灌溉系统为数百万公顷的土地提供了水源。

1960 年，咸海的海拔为 53.4 米，面积为 66000 平方公里，盐度约为 10 克/升。咸海中大约 90% 的水来自阿姆河与锡尔河，在 1960 年之前，阿姆河平均每年贡献约 73 立方公里的水，而锡尔河则平均每年贡献约 37 立方公里。1960 年至 20 世纪 80 年代，咸海面积减少了 1/2 以上，盐度增加了 3 倍以上。[②]

---

① P. P. Micklin, "Desiccation of the Aral Sea: A Water Management Disaster in the Soviet Union," *Science*, Vol. 241, Issue 4870, 1988, pp. 1170 – 1176.

② B. Gaybullaev, S. C. Chen & D. Gaybulaev, "Changes in Water Volume of the Aral Sea after 1960," *Applied Water Science*, Vol. 2, No. 4, 2012, pp. 285 – 291.

　　赫鲁晓夫提出的处女地运动包括修建 1300 公里的卡拉库姆运河，该运河横穿中亚最大的沙漠卡拉库姆沙漠，把锡尔河的水引到土库曼斯坦。其在 1956 年至 1986 年分流了阿姆河大部分的水，到后期这条运河的水流量甚至超过了锡尔河上游的全部流量。锡尔河流入咸海的水量从 1960 年的 21 立方公里下降到 1980 年的 0，20 世纪 70 年代末锡尔河直接断流了。运河直接流过松散的沙子，在这一过程中造成的总损失估计为土库曼斯坦灌溉用水的 1/3。

　　这两条河流的总流量从 1959 年的约 6000 万立方米到 20 世纪 60 年代的平均 42.9 万立方米再到 20 世纪 80 年代的平均 16.1 万立方米。从两条河中引的水被指定用于扩大棉花产量，从 1965 年到 1988 年，用水量增加了两倍，以满足不断增长的农业和人口的需求。这样一来，灌溉土地从 1950 年的 290 万公顷增加到 20 世纪 80 年代末的 720 万公顷。

　　然而到流入咸海的水几乎全部被分流之时，过度使用农用化学品（是美国平均水平的 10 倍以上），加上工业和市政污染，严重降低了水质。湿地已成为沙漠，生物多样性遭到破坏，风从裸露的海床上吹出盐分和杀虫剂，这导致周围地区的荒漠化。干涸的湖底面积超过 33000 平方公里，湖岸线已退缩 60～80 公里。受到污染的干湖床是盐分的来源，从其表面产生的沙尘暴携带约 7500 万吨的含盐沙尘席卷整个区域，对数千公里外的土壤造成破坏。咸海的大规模干涸还降低了冬季的变暖作用和夏季的冷却作用。陆海边界温度的反差增大导致风速变快，沙尘暴发生频率和强度增加。裸露的三角洲形成沙丘，风蚀过程加剧了荒漠化。每年，含盐沙尘会破坏多达 15000 公顷的牧场，土壤生产力急剧下降。由于过度矿化以及肥料和杀虫剂的污染，咸海里也没有鱼，它在生物学上已经死亡。①

---

① P. P. Micklin, "Desiccation of the Aral Sea: A Water Management Disaster in the Soviet Union," *Science*, Vol. 241, Issue 4870, 1988, pp. 1170 – 1176.

分配系统的效率低下以及当地极大的蒸发量导致中亚棉花农场用水效率很低，宝贵的水被浪费掉了。美国棉田每公顷需要810000立方米的水，而中亚的平均用水量几乎是这一水平的两倍。原因之一是该地区土壤严重盐碱化，需要人们对刚灌溉的田地进行密集的淋洗，并对几乎所有灌溉土地进行定期淋洗。上游田地灌溉或淋洗所用的水提高了土壤盐碱度，并使许多土地变得贫瘠。

到2009年，咸海东南方的湖面消失，西南方的湖面在原南咸海的西部边缘退缩成一条细线。在随后的几年中，偶尔流过的水流使东南方的湖面有时得到少量补充。美国国家航空航天局在2014年8月拍摄的卫星图像显示，咸海东南部在现代历史上首次完全枯竭，现在，这里被称为阿拉尔库姆沙漠。

四　第一枚"和平原子弹"：原子水库

对于发展农业，勃列日涅夫不可谓不"殚精竭虑"，但他除了增加投入没有太多好的办法。为了灌溉，他甚至不惜引爆了第一枚"和平原子弹"。

额尔齐斯河从中国的阿勒泰地区流入苏联后，有一条重要支流查干（Chagan），苏联在这里进行了"国民经济核爆炸计划"（苏联对和平利用核武器的称呼）的124次核爆炸中第一次也是最大的一次核爆炸，该爆炸是旨在产生土方运动的和平核爆炸（PNE）。1965年1月15日，爆炸使1030万吨土壤最高升至950米的高度，形成了一个直径430米、深度100米的"漏斗"，重达数千吨的碎石阻塞了河床。[①]

维克托·N.米哈伊洛夫院士在他的书《我是鹰》中写道：

[①]　"'Atomic Lake' | from the history of nuclear tests at Semipalatinsk Test Site（STS），" National Nuclear Center of the Republic of Kazakhstan，November 27，2020，www.nnc.kz/en/news/show/261.

"漏斗"的直径约为 500 米，深度为 100 米，地面的堆高达 40 米。这是我们为形成淡水储存能力而进行的第一次和平核爆炸。爆炸发生在查干河河道，这里通常在夏天干热。人们认为，在春季，当积雪融化时，"漏斗"将充满水，足够在干旱的夏季为附近所有国营农场的作物浇水。事情就这样发生了：春天的时候，"漏斗"里充满了水，在护墙的前面形成了一个深 1～2 米的大湖，一个约 2 平方公里的大湖。[①]

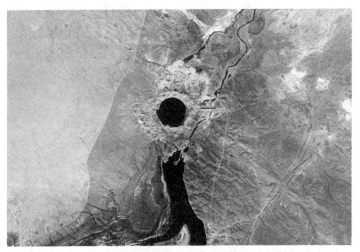

图 2－9　核弹炸出来的查干湖（整个湖区还包括其下方因为壅塞河道而形成的水域）

图片来源：Google Earth。

但人们仍然担忧核辐射问题，苏联核能部部长斯拉夫斯基给出一个满分答卷：他毫不犹豫地跳入新修建的水库游泳。这一下让冷嘲热讽的美国专家目瞪口呆，在核爆炸 10 天之后，它的核辐射值就已经降到了每小时 1 伦琴，随着时间的推移，更是下降到了一个

① V. N. Mikhaylov, *Ya Yastreb：Memoirs of Atomic Energy Minister Mikhaylov*, Kron-Press, 1993, p. 85.

安全的数值。水库很快被投入使用，为附近工业区和农场提供源源不断的水源。

然而好景不长，爆炸发生后的第二年，苏联人在这个水库里放养了很多鱼，结果绝大多数的鱼都死了。最终这个实验失败，这个水库被封闭了。

时至今日，哈萨克斯坦仍将查干列入特别受核试验影响的地区。湖周围的辐射水平在 2000 年达到 2～3 毫升/小时，在某些地方高达 8 毫升/小时（主要由放射性同位素钴 60、铯 137、euro 152 和 euro 154 产生）。20 世纪 90 年代末，湖水受到放射性污染，估计为 300 微微居里/升（α 粒子的总放射性最高允许的水污染水平为 15 微微居里/升）。①

第四节 饮食结构改善：餐桌上的肉奶要赶超美国

> 共产主义就是一盘做好的"土豆加牛肉"。
>
> ——赫鲁晓夫

长期以来，美国人享受着丰富的饮食，在战后几年中，工业农场生产力的提高使食品价格下跌，这使美国消费者进一步受益。相比之下，1953 年，苏联经济为大多数人提供了足够的卡路里摄入量，但传统饮食仍然单调。苏联人对战时食物的匮乏和 1946～1947 年的致命饥荒仍记忆犹新。人口的迅速增长，特别是城市人口的迅速增长，进一步导致粮食的供应和分配不平衡。斯大林之后的领导人开始担心人们对食品、住房和其他必需品的担忧会引起社会动乱。

---

① W. J. Tipton, In Situ Radiation Measurements at the Former Soviet Nuclear Test Site (No. DOE/NV/11718 - 005), EG and G Energy Measurements, 1996.

一　赫鲁晓夫时期：逐渐丰富的食物供应

在冷战期间，赫鲁晓夫提出与资本主义对手"和平共处"和"和平竞争"的双重学说，而苏联在 1957 年发射人造卫星，并在几年内维持了远高于美国的经济水平，从而在宣传上取得了优势。社会主义和资本主义经济体制之间的长期斗争，使赫鲁晓夫为将工业方法应用于苏联农场而做出的努力具有更高的意义。

苏联领导人试图扩大粮食生产。通过让公民轻松获取肉、牛奶、鸡蛋和其他速食食品来提高每个公民的生活水平，从而为充满活力的经济带来好处。为此，赫鲁晓夫提议通过提高所有农作物的产量并开展一个新的玉米种植项目来做到这一点，期望以营养丰富的饲料养殖牲畜来进一步丰富苏联人民的餐桌。

虽然赫鲁晓夫时期一直在勒紧裤腰带搞建设，但这一时期是苏联人均消费提升最快的时期，"有足够的粮食，衣食无忧"，这在之后让很多苏联人怀念。

为了实现他所承诺的丰富多样的粮食供应，赫鲁晓夫需要进行一场农业革命。赫鲁晓夫喜欢产量高的玉米，虽然玉米不易直接给人食用，但牲畜食用后的能量转化率高。玉米确实是非常好的饲料，能够显著提升苏联畜牧业及肉类供给的水平。提高苏联人民的肉类供给水平是赫鲁晓夫的最大政绩，1956 年赫鲁晓夫甚至许诺苏联的肉类产量要在 5 年内超过美国。此外，赫鲁晓夫也提高了农产品的收购价格，斯大林时期谷物收购价格甚至低于成本。相较斯大林时期，赫鲁晓夫提升了苏联的饮食水平，苏联粮食产量在 20 世纪 50 年代提升了40％，尽管这种提升并不稳定。

1957 年赫鲁晓夫对访问苏联的中国代表团说：每个劳动者都能吃上"土豆加牛肉"，我看我们就达到共产主义了。赫鲁晓夫说的"土豆加牛肉"是匈牙利一道传统菜——古拉什汤。游牧时期的匈牙

图 2 - 10 20 世纪 60 年代，苏联城市居民的生活水平自二战以来有了实质性的大幅提高

图片来源：Valentin Khukhlaev。

利人用羊胃当锅，把土豆、洋葱等蔬菜和牛肉放在一起烧煮成汤，因为古时候肉类非常宝贵，肉汤能让更多的人享受肉的美味。其实真正的"土豆加牛肉"共产主义指的是匈牙利十月事件后卡达尔领导匈牙利共产党时执行的政策，包括允许小商贩自主经营、推进农业集约化、注重提高人民的饮食水平等。

到了 20 世纪 60 年代，赫鲁晓夫访问匈牙利的时候又提到共产主义就是一盘做好的"土豆加牛肉"，一方面是示好匈牙利，另一方面也是对自己和匈牙利一样提高人民福利的吹捧。

1960 年，苏联的工业总产值年增长速度达 10.4% 以上，工业总产值相当于 1950 年苏联工业总产值的 3 倍，农业总产值年增长 6%，纺织工业、建材工业和食品工业的增长速度高于工业的总体增长速度。① 这是更多资金投入民生工业的结果。因为更多的资金投入住房建设、民生工业和农业，苏联城市居民的生活水平自二战以来有了实质性的大幅提高。1956～1965 年，共有 1.08 亿苏联人住进了新建的住宅楼。1955 年到 1965 年，砂糖产量增加到了之前的 322.8%，肉类产量增加到了之前的 207.8%，动植物油总产量增加到了之前的 235.6%，罐头产量增加到了之前的 220%。换句话说，赫鲁晓夫时期，苏联公民餐桌上的肉翻倍了，做菜加的油翻倍了，糖果类的小零食相比原来可以算是"敞开肚皮"吃了。1960 年，苏联的国民收入已相当于美国的 58%。

二　勃列日涅夫时期：苏联的黄金十年

到了勃列日涅夫时期，苏联进入了黄金十年。1966～1970 年，苏联国民收入的年均增长速度达到 7.2%，工业总产值年均递增 8.5%，农业总产值年均递增 3.9%。1967 年，勃列日涅夫甚至宣布苏联建成了"发达的社会主义"。② 在 1970 年，苏联的铁矿石、拖拉机、煤、石油的产量超过了美国。在工业自动化、原子能科学与技术、空间技术、电力建设技术等领域，苏联也取得了巨大进步，达到世界先进水平。

1966～1970 年，苏联在国民收入、劳动生产率和生活水平方面的迅速增长非常引人注目。普通城市居民普遍拥有了电视机、冰箱，部分富裕家庭开始拥有小汽车；但贫困现象也存在。1965 年，苏联最低生活预算为人均每月 40 卢布，而不及这一标准的贫困者人数占

---

① 《苏联问题译丛》编辑部编译《苏联问题译丛》第一辑，三联书店，1979，第 140 页。

② 周尚文、叶书宗、王斯德：《苏联兴亡史》，上海人民出版社，2002，第 706～737 页。

苏联总人口的 29.6% 。当然，这些人也是有公房、工作等生活保障的，但生活水准这种事不应该只看抽象的数字。①

在勃列日涅夫时期的中央政治局委员眼中，苏联人民的生活水平已十分接近西方国家的水平，因为在比较生活水平时，他们参考的是对苏联人民更有意义的数据，如蔬菜、牛奶、肉类的消费量，住房情况，教育水平，休闲娱乐以及文化发展程度。而对于西方来说，用西方的计算方法，苏联的人均收入应当比西方少 2/3，但这并不可靠。苏联在当时的生活水平是处于世界前列的。

这个时期的苏联，无论是在军事、太空、工业方面，还是在人民的生活水平方面，发展之快都让美国十分忌惮。这种"忌惮"可以说始于勃列日涅夫执政前的 1961 年，苏联宇航员尤里·加加林赶在美国水星计划成功之前成为太空第一人时，在与苏联的太空竞赛中美国正在失利的观点开始在美国人之间流行。美国急需一种能展现空间技术实力的尖端成就以排解苏联的强大带给美国人的不安和焦虑。为此，才有了随后著名的肯尼迪《我们决定登月》的演讲。大多数人可能只记得演讲的激情澎湃，却忽略了这样的内容："无论我们参加与否，太空探索终将继续。无论何时它都是一场伟大的冒险，没有任何一个期望领先世界的国家想在这场太空竞赛中止步。……我们的先辈使这个国家掀起了工业革命的第一波浪潮，掀起了现代发明的第一波浪潮，掀起了核能技术的第一波浪潮。而我们这一代绝不会甘愿在即将到来的太空时代的浪潮中倒下。我们要加入其中——我们要领先世界。……为了如今仰望太空、注视月球和遥看繁星的人们，我们发誓，我们决不允许太空被那些敌对国家所征服，我们会看到自由与和平的旗帜在飘扬。……在过去的 19 个月里至少有 45 颗卫星进入地球轨道，其中大约 40 颗标着'美利坚合众国制造'的标记，它们比苏

---

① 金挥等主编《苏联经济概论》，中国财政经济出版社，1985，第 373～374 页。

图 2 - 11   1971 年苏联人的"年夜饭"

图片来源：卫星社。

图 2 - 12   "面包自由"

图片来源：塔斯社。

图 2 - 13　著名的苏联白桦树汁罐头

图片来源：塔斯社。

图 2 - 14　苏联民众在市场买肉的场景

图片来源：Forte Pan。

联的卫星更加精密，能为世界人民提供更多的知识。"① 这字里行间的火药味，正是苏联的飞速发展在美国人心中产生深深影响的开始。

---

① 〔美〕约翰·肯尼迪：《我们决定登月》，在赖斯大学发表的演讲，1962 年 9 月 12 日。

而勃列日涅夫在任期间，苏联核武器的数量超过美国，使苏联历史性地成为军事上的超级强国。

第五节　粮食进口：饮食结构转变后的强需求

　　不断增长的粮食消费趋势最终将苏联转变成了世界上最大的单一粮食净进口国。

一　斯大林时期的粮食贸易：每一项粮食出口都是一种"牺牲"

　　西方学者曾经说过这样的话：如果说现代世界有哪个国家想要追求"食物权"，那就是约瑟夫·斯大林领导下的苏联。这一观点不无道理。

　　尽管国内急需粮食，但斯大林坚持粮食出口，这最初是为了赚取外汇，为快速的工业和军事现代化发展提供资金，后来是为了巩固对东欧的政治控制。苏联甚至比任何一个国家更早认识到粮食的力量。十月革命后不久，一位苏联外交官马克西姆·李维诺夫用自己的话表达了对粮食力量的现代假设。李维诺夫在 1921 年说："食物，是一种武器。"

　　斯大林的商业粮食出口政策在很大程度上只是 19 世纪俄国沙皇残酷的农业贸易政策的延续。在 19 世纪，俄国外汇收入的大约 1/3 来自粮食出口，农业出口有时占总出口的 75%。这种模式一直持续到第一次世界大战爆发。1913 年，俄国出口了其生产的全部粮食的 13%，相当于世界出口总量的 1/3，这使俄国成为世界上最大的单一粮食出口国。

　　尽管国内极度缺少粮食，但苏联仍保持了如此高的粮食出口量。然而对于苏联来说，每一项粮食出口都是一种"牺牲"。因为快速的工业化发展需要大量从西方进口的机器和先进技术，所以粮食出口因能赚取外汇而得以维持。1925 年至 1929 年，苏联主要粮食的年平均出口量仅为 120 万吨，1930 年增加到 540 万吨，1931 年保持在 440 万吨（见表 2-3），尽管国内出现了严重的短缺。斯大林主义者对这一时期国内饥荒救济的漠不关心可以用一位省级官员的话来概括："进口粮食会损害我们的声誉。让农民保留他们的粮食会鼓励他们继续少生产。"事实上，出口收入比声誉更重要。在被迫集体化的最初几年，苏联在海外的粮食销售收入占总出口收入的 20%。[①]

无论国内粮食政策的后果如何，斯大林都希望保持粮食出口，并推动农村地区立即集体化，无论短期生产成本或长期成本如何。

表 2-3　1904~1937 年五种主要粮食（小麦、
黑麦、大麦、燕麦、玉米）的出口情况

单位：百万吨

年份	出口	年份	出口
1904~1908（平均）	8.4	1930	5.4
1909~1913（平均）	10.9	1931	4.4
1925~1929（平均）	1.2	1932	1.4
1929	1.0	1933~1937（平均）	1.2

资料来源：〔美〕耶戈·沃林《从 7 月 1 日开始的作物年》，载《俄罗斯农业的一个世纪》，哈佛大学出版社，1970，第 232、344 页。

二　赫鲁晓夫时期的粮食贸易：因"阵营"出口，因"富足"进口

苏联当局对于东欧国家的骚乱，传统的应对方式不单是使用武

[①] R. L. Paarlberg, *Food Trade and Foreign Policy： India, the Soviet Union and the United States*, Cornell University Press, 2019.

力，还要扩大经济援助的规模。20 世纪 50 年代苏联以提供粮食的方式支持东欧社会主义国家。在苏联农业日益严重的危机影响之下，供应有所减少，但仍然一直持续至 20 世纪 60 年代初期（见表 2-4）。

表 2-4　1955～1963 年苏联对东欧社会主义国家的粮食出口量

单位：万吨

年份	出口量	年份	出口量
1955	164.2	1960	416.2
1956	99.5	1961	274.3
1957	467.7	1962	279.3
1958	292.6	1963	260.2
1959	443.9		

资料来源：《苏联的农业贸易》，美国农业部，1991。

提供这些粮食在政治上是有理由的。这是换取东欧社会主义国家稳定的一部分代价。典型的例子就是，1956 年波兰事件之后，尽管苏联向东欧出口的粮食在减少，但向波兰供应的粮食仍保持原有的水平。在 1963 年苏联遭遇严重的粮食供应危机之后，苏联领导人才决定停止以苏联的粮食出口支持东欧国家。[①]

1963 年 11 月 10 日的苏共中央主席团会议上，赫鲁晓夫谈到不得不向欧洲社会主义国家领导人发出的一封函件时说："我想，信应当这样写：亲爱的同志们，正如你们所知道的，今年苏联农业的形势十分严重，你们的国家也遭了灾……我们的储备粮已经没有剩余，苏联农业出现这样的不利条件，你们是有目共睹的。你们罗马尼亚的农业多年来不能自给，所以你们经常来找我们，我们也总是决定满足你们的请求——当时你们根据合同和超过合同规定向我们要粮，我们的

---

① 〔俄〕E.T. 盖达尔：《帝国的消亡——当代俄罗斯的教训》，王尊贤译，社会科学文献出版社，2008，第 126 页。

储备因而消耗殆尽，结果事情弄到了今年我们只好拿出最后的一些储备粮来援助你们，满足你们的请求。我们希望条件会好起来，那时候我们就能不仅恢复而且增加自己的储备。可是现在的情况却是，我们在国际粮食市场引发了投机活动。对我们而言，不仅粮食采购出现困难，运输也很棘手。大家都明白，我们再不能继续面对这种局面了，因而我们希望说出我们的想法，并且认为无论是我国的利益还是你们的利益都促使我们这样做。可能要 3～4 年，我们请求正确地理解我们，我们已无法承担任何提供粮食和棉花的义务。我们将从满足自身的需求和储备一定数量的备用粮出发，而这不仅是苏联的储备，同时也是你们的，希望在我们积累的过程中，最好能看到，那些粮食不能自给的国家立即到国际市场去购买粮食，以免重复我们今年遇到的局面。为此我们现在还要依靠其他部门拨出资金，用于提高化肥的产量，通过施肥增加粮食的收成，从而保证粮食的产量能够满足需要，创造储备备用粮的条件。不这样我们将无法生存。"[①]

事实上，赫鲁晓夫对这种粮食贸易政策有严重的疑虑，这种政策首先服务于外部目标，其次才是国内消费需求。他在 1953 年斯大林去世后掌权，使苏联国内的农业政策发生重大变化，以减轻这种出口政策的不利影响。

赫鲁晓夫的努力成功地将苏联农业带到了一个新的高度。起初生产增长缓慢，而且在赫鲁晓夫领导的最后几年里增长并未一直持续，但 1960 年农业总产值达到了比前五年高出 40% 以上的水平。正是在这种快速增长的中期，赫鲁晓夫决定让苏联农业再次致力于生产供出口和国内消费的粮食。

在 1961 年的第二十二次党代会上，赫鲁晓夫宣布苏联在不久的

---

① 《苏共中央主席团（1954～1964）》，会议记录草稿，速记记录，决议卷 1，第 2 版，第 778 页，俄罗斯国家现代历史档案馆 Ф. 3. Oл. 12. Л. 21～23。

将来将在国际粮食市场占据一席之地，这将"使帝国主义者意识到
我们的农业是如何发展的"。正如赫鲁晓夫所说的，他确实短暂地恢
复了苏联作为重要的粮食净出口国的地位。1962 年，苏联粮食出口
总量达到 830 万吨。作为直接销售，这些出口的粮食中用于跟西方国
家换取硬通货的较少，出口受到冷战紧张局势的严重制约。但是一个
外部目标还是实现了。苏联的粮食（主要是小麦和小麦粉）出口仍
是保持影响力和平衡社会主义阵营内部贸易流动的有用工具。20 世
纪 60 年代初，苏联 70% 以上的出口粮食流向了社会主义国家，为苏
联团结整个社会主义阵营打下了基础。

转折点发生在 1963 年的大旱灾年。赫鲁晓夫在国内追求更远大
的饮食目标的同时继续生产出口粮食的梦想在他执政的最后时期受到
了严重的打击。

由于粮食产量大幅下降，内部粮食需求第一次迫使领导层牺牲重
要的外部目标。为了弥补粮食进口的硬通货成本（估计为 8 亿美
元），中央政治局有必要授权从受严密保护的苏联黄金储备中拿出部
分进行创纪录的销售。当时黄金售价为每盎司 35 美元，这意味着苏
联黄金储备的流失将是巨大的。[1] 1963 年苏联大部分进口粮食必须从
西方购买，主要是从加拿大和澳大利亚购买，因为在社会主义世界只
有少量的粮食可供应。赫鲁晓夫甚至被迫求助美国，这是一件非常尴
尬的事。尽管苏联从美国购买小麦的最终数量被证明很少（主要是
由于美国的海上运输限制，这抬高了成本），但与美国的任何交易都
是令人厌恶的，因为西方的宣传者利用苏联的粮食购买来达到其宣传
目的。约翰·肯尼迪总统曾夸口说，与美国丰富的粮食相比，这次购
买将"向世界做广告"，因为没有什么比苏联农业的失败更能衬托美

---

① R. L. Paarlberg, *Food Trade and Foreign Policy：India，the Soviet Union and the United States*，Cornell University Press，2019，p. 72.

国农业的成功。肯尼迪可能认为向苏联出售美国粮食符合他在1962年古巴导弹危机后启动的缓和外交战略，但对在那次危机中受到羞辱的赫鲁晓夫来说，购买美国粮食是另一个伤害来源。

三 勃列日涅夫时期的粮食贸易：不得不与日俱增的进口

赫鲁晓夫的继任者勃列日涅夫决定将大量资源投入这个有制度缺陷的农业生产体系，这只是苏联粮食问题的部分解决方案。事实上，尽管投资规模越来越大，勃列日涅夫时期苏联农业总产量的年均增长率持续下降，从20世纪50年代的4.8%下降到60年代的3.0%，而在70年代仅为1.8%。

由于勃列日涅夫的努力，粮食总产量到1978年达到创纪录的2.37亿吨，这是勃列日涅夫执政以来的最好年份。然而这个生产收益的增长趋势无法以可接受的成本维持，因为每项新投资的边际回报仍然很低。总投资增长本身在勃列日涅夫任期即将结束时几乎停滞不前（从20世纪70年代中期的每年7%下降到1981年的1.5%），然后当苏联农业受到连续6年（1979~1984）坏天气的打击时，更大的生产收益没有实现。在1978年粮食产量突破2.37亿吨之后，苏联的粮食产量在1979年下降到1.79亿吨，1980年回升到1.89亿吨，1981年下降到只有1.6亿吨，在1982年也只恢复到1.8亿吨。

苏联农业增长的这种停滞，在勃列日涅夫时期的最后几年一直困扰着这个国家。而其他经济部门的生产总值增长率从1970年至1978年的平均近4%下降到1979年至1982年的不到2%。这种总体增长率的下降反过来又进一步挤压了农业投入的新资源。[1]

尽管存在这些严重的农业生产问题，勃列日涅夫最重要的国内农

---

[1] R. L. Paarlberg, *Food Trade and Foreign Policy: India, the Soviet Union and the United States*, Cornell University Press, 2019.

业政策实际上侧重于食品消费。正是不断增长的粮食消费趋势最终将苏联转变成世界上最大的单一粮食净进口国。

图 2－15　勃列日涅夫时期，人均肉类消费量大大增加

图片来源：Getty Images。

　　或许令人惊讶的是，勃列日涅夫在其执政的第一年选择进一步刺激国内饮食需求。尽管勃列日涅夫在 1966～1970 年第八个五年计划期间忙于扩大农业在新投资中的份额以提高粮食产量，他与此同时也在加大粮食消费力度。从短期来看，1963 年歉收后，苏联粮食产量立即出现可喜的复苏，这可能让他有勇气这么做。这种复苏足以让国内生产总值增长率暂时保持在 5% 以上；总的来说，苏联的消费目标在第八个五年计划中实现了。在第一个五年计划的历史中，人均肉类消费量增长了 16%。因此，勃列日涅夫开始支持和宣传一项雄心勃勃的科学确定的"苏联消费者肉类消费标准"，即每人每年 82 公斤。与普遍的消费模式相比，这一标准意味着人均肉类消费量将很快增加 40%。[①]

①　R. L. Paarlberg, *Food Trade and Foreign Policy: India, the Soviet Union and the United States*, Cornell University Press, 2019.

尽管苏联经济增长放缓，勃列日涅夫还是做出了一个大胆的决定，官方加倍努力来满足消费者对食品的需求。

从苏联饲料使用和贸易的模式来看，这一决定可能是在1971年之前的某个时候做出的。例如，为了应对1965年的收成下降，苏联采取了前所未有的努力来避免饲料粮食使用的减少，但相比赫鲁晓夫在1963年进行的痛苦的牲畜屠杀，勃列日涅夫没有在1965年减少饲料用粮的配给，而是在那一年大幅增加了饲料的使用，减少了国内粮食库存，并尽可能多地进口。这一行动的重要性在当时很少被外人注意到，因为维持国内需求所需的进口总量实际上少于赫鲁晓夫两年前的进口量。1965年后几年的好天气也掩盖了苏联不断增加饲料使用的新政策。1965年后，苏联的粮食产量再次超过国内饲料需求，苏联在1966～1970年暂时恢复粮食净出口。尽管恢复了出口，但有证据表明，苏联已经做出了不惜一切代价通过进口维持国内饲料使用的决定。例如，在1967年扩大小麦出口时，苏联也停止了对东欧的所有玉米出口，并开始进口饲料粮食。1969年，尽管苏联总体上仍是一个粮食净出口国，但它开始通过私人贸易与美国政府沟通，表明它对持续进口用作动物饲料的美国玉米的兴趣。

然而，直到1971年，苏联的实际贸易行为才发生了决定性改变。尽管苏联此前享受了两年的好天气，但它还是减少了粮食出口总量，增加了进口总量，总体上成为一个小的净进口国，以便继续向国内牲畜提供更多的饲料。到这时，苏联的年饲料用量是1963年的两倍，即使在好年景，也只能通过进口来维持。当然，在不景气的生产年份，这种新的内部饲料使用优先权会产生特殊的对外贸易效应。事实上，1972～1973年苏联的小麦进口量比1971～1972年增加了1150万吨。①

---

① D. E. Hathaway, H. S. Houthakker and J. A. Schnittker, "Food Prices and Inflation," *Brookings Papers on Economic Activity*, Vol. 1974, No. 1, 1974, pp. 63 –116.

1972 年，观察者被这一进口量惊呆了，匆忙得出结论，苏联农业一定遭受了前所未有的灾难。但其实苏联 1972 年的粮食缺口相当小——事实上，比 1963 年或 1965 年的缺口都要小。1965 年以来，发生了变化的是苏联动物饲料需求总量，以及苏联领导人的意见，即这些需求在国内粮食储备的审慎水平缓冲下，不应再被牺牲。对 1963 年、1965 年和 1972 年国内粮食生产量、饲料使用量、库存变化和净进口的比较表明了一个戏剧性演变，无论对外贸易的隐含成本如何，粮食政策都优先保证国内库存和饲料使用。

1972 年，苏联领导人曾向西方官员解释他们为何需要这么多的进口粮食。勃列日涅夫告诉美国农业部部长厄尔·布茨，"苏联政府已经公开了将人民饮食中的蛋白质成分增加 25% 的意图，而这个目标是国内生产无法实现的"。而 1972 年苏联从美国购买了大量的廉价粮食，从纯粹的外部经济角度来看，粮食进口突然对苏联领导人更有吸引力了。出于这两个原因，从西方进口更多的粮食可能暂时符合苏联的外部经济和外交目标。

即使在此之前，苏联对从西方购买粮食也没有表现出多少抑制。由于 1963 年美国实施的航运限制，苏联 2/3 的粮食采购是在加拿大进行的，其余大部分是在澳大利亚、法国和阿根廷进行的。在 20 世纪 60 年代，苏联进口的小麦和小麦粉中只有 5% 来自美国。1971 年后，当苏联确实开始从美国进口更大份额的粮食时，美国决定取消其航运限制，而且 1971 年的美元贬值降低了苏联的进口成本。

1972 年的"粮食大劫案"，苏联确实设法获得了一些显著的短期价格优势。苏联在一段时间内设法在市场上隐藏了其前所未有的购买总量，因此能够以每吨 60 美元的价格购买美国小麦。此外，即使在美国国内小麦价格在当年夏季晚些时候开始攀升之后，苏联支付的价格仍保持在固定的低水平，原因是美国农业部不小心继续实施了一项不再需要的出口补贴政策。从任何相对标准来看，苏联在 1972 年进口美国小麦都是划算的。

然而，从任何绝对标准来看，这笔购买对苏联的对外经济政策来说却是沉重的负担。在1972年，也就是大部分购买被记录为进口的那一年，粮食占苏联硬通货进口总值的大约1/5，其价值相当于苏联硬通货出口总额的30%。为了凑够从西方购买粮食所需的硬通货，1972年苏联不得不将其黄金销售额增加了3倍以上。1972年苏联大规模购买粮食，尽管这在美国被称为"粮食抢劫"，但对苏联主管对外经济政策的官员来说，这是一次非常不同的经历，因为他们长期以来习惯于在粮食贸易中赚取而不是损失外汇硬通货。

从西方购买粮食的弊端在1972年后变得更加复杂，首先是因为从此购买粮食的成本更高，其次是因为苏联与美国之间重大外交紧张的重新出现。至少到1975年，这两个因素都变得非常重要。

第三章 "大劫案"前的美国：粮食外交的三种武器

除了能装 90 架舰载机的核动力航母和印刷成本只有 5～20 美分一张的绿色钞票，美国控制全球的方式还有一种：粮食。

上溯到二战刚结束的时候，粮食短缺是全球普遍现象。当时法国每人每天只能领取两块面包，英国直到 1949 年还在实行面包、土豆和糖果的配给制度，而整个欧洲更是有数百万人饱受饥饿折磨。此时，附带政治条件的粮食援助，便成为美国的重要地缘政治手段。

在欧洲，美国把粮食以赊账的方式提供给法国和意大利，以免其倒向苏联。在南亚，巴基斯坦一遭旱灾美国立刻给予粮食援助，这听起来充满人道主义的光辉，但其主要目的是遏制苏联南下。而隔壁的印度就没那么幸运，因为它在当时反苏战略里的重要性要小得多。

1954～1956 年，粮食援助占了美国对外援助的一半以上。不过要想吃美国人的饭，就不能砸美国人的锅。在苏联解体前，东欧社会主义国家几乎一粒米都没捞着。而通过粮食援助这种手段，美国既稳定了其在东西半球的基本盘，也收获了一批"抱大腿的小弟"。①

----

① 奥特快：《粮食战争：霸权之柱背后的隐秘武器》，《世界文化》2020 年第 8 期。

当然，随着战后经济复苏，自己能吃饱饭的国家越来越多，美国的粮食武器也紧跟潮流，持续迭代更新。从冷战开始至今，粮食武器一共迭代了三次：援助、禁运，甚至有时候进口也能成为武器。

第一节　美国的粮食力量和绿色革命

丰富的粮食为美国提供了一个强大而和平的武器，不仅可以用来证明美国农业和食品生产的优越性，还可以与苏联努力满足人民基本需求的状况做对比。

一　美国农业：伪装成农业的资本主义工业？

在东亚，农业是典型的劳动密集型产业。但在美国，农业却更像是资本密集型甚至是能源密集型产业。

由于地广人稀，美国农业从 20 世纪初就致力于用机械替代人力，在 20 世纪 30 年代，美国已普及拖拉机耕地，到 1959 年，小麦、玉米等作物的耕、播、收割、脱粒、清洗已达 100% 的机械化。

战后，为提高农业产出，化工、转基因工程、卫星遥感与计算机技术纷纷应用于农业生产。2017 年，美国每个农场的平均面积为 178.5 公顷，比两个故宫还大，但这么大块地平均只要 1.4 人进行生产、管理和经营，效率之高冠绝全球。

美国的智能收割机可以根据天气和土壤状况对拍到的一颗麦粒做出分析，之后自动选择最合适的档位脱粒。

强大的农业生产力完全是靠钱砸出来的，在美国，农业投资比工业投资还多。每生产 1 美元农产品需 8 美元投资，而钢铁工业只需 0.5 美元。20 世纪 90 年代，农业投资在联邦政府预算中一度仅次于国防开支，居第二位。

与如此高的资本投入相伴的是巨大的能源消耗。在中国、印尼、缅甸等主要采用人力生产的国家，0.05～0.1卡的热量可以生产1卡热量的食物，而美国则需0.2～0.5卡。美国每人一年消费的食物，背后都是1吨石油的代价。如果全世界都这样搞农业生产，那么目前全球50%的石油都要被用来生产食物，石油储备将在15年内告罄。

高资本投入与高能源消耗，撑起了美国作为农业超级强国的地位。但这两者的存在都有一个大前提：高度集中的大农场生产模式。简单来说，同样10万元补贴，如果只有10个人分，每个人可以分到1万元，用这钱多少可以改进些农业技术；但如果有1万个人，每个人只能分到10元，糊口都困难，更不用谈改进技术。①

二　二战后成为第一流的粮食生产国

第二次世界大战结束的时候，美国成了第一流的粮食生产国，而美国人民并没有预料到这种形势。管理着战时粮食贸易、食品分配、定量配给和国内农业生产的农业部和战时粮食管理局低估了战后粮食的需要。那些领导人根据第一次世界大战后出现的生产过剩和价格下跌的情况，执行了一项"一扫而光"的政策。在战争的后几年里，美国政府展开了"燃油"行动，目的是把粮食当作车辆燃油一样来用，因此几乎把库存的小麦全部卖给了饲养牲畜的人。

但是，1939～1945年的战争全面摧毁了欧洲和亚洲的农业。法国、意大利和德国的农田被损害的程度比1914～1918年的战争造成的情况要严重得多，在被炸毁的城市里，无数挨饿的人到美国士兵那儿去乞讨。

这就需要美国的领导人和农民发挥创造性，才能应对这种非常困难的形势。政府很快就开始借资金给欧洲人，以使他们可以弄到东西给饥饿的民众吃，但不能就此而已，美国还应该产更多的粮食，以满

---

① 奥特快：《粮食战争：霸权之柱背后的隐秘武器》，《世界文化》2020年第8期。

足世界粮食需求。政府派出代表去农村，给农民发报酬和奖金，并对国内的面粉业实行定量分配制。

美国最终获得了成功：在1945～1949年，美国保障了世界小麦贸易一半的供应。在联合国和马歇尔计划的支持下，美国运往欧洲和亚洲的一船船粮食使中国、日本、西德、乌克兰、白俄罗斯、匈牙利、巴尔干半岛、朝鲜、菲律宾和爱琴海岛屿的千百万人的日子好过多了，同时也防止了奥地利、希腊及南斯拉夫的农村出现饥荒。

美国的粮食生产加强了它的政治权力，也促使西欧经济具有了一定的稳定性。而经济稳定的西欧时常被认为是防止苏联人领土扩张威胁和西方国家中共产党人获取政治利益的堡垒。美国的食品给同盟国带来了巨大的好处，造成了东西欧在经济和心理上的差异：东欧的艰苦朴素和西欧的充裕富足。

令人奇怪的是，美国变成无与伦比的农业超级大国的这段时期并不是其粮食贸易特别繁荣的时期。政府采取了双管齐下的办法进行粮食贸易：直接的办法是通过粮食管理局，间接的办法是通过对欧洲的财政援助。[①]

三 绿色革命带来前所未有的富足

1959年，《时代》杂志报道称，在过去的20年里，农业发生了比过去两个世纪更大的变化。

在20世纪50年代美国的经济和社会变革中，食物是美国进步的一个重要标志。到20世纪50年代中期，美国农民生产的食物量几乎翻了一番。1955年，一个普通农场工人生产的食物足以养活19个美国人，而1933～1935年为10个。玉米的亩产量从1931～1935年的

---

① 〔美〕丹·摩根：《粮食巨人——一件比石油更强大的武器——国际粮食贸易》，张存节译，农业出版社，1983，第45～46页。

22.8 蒲式耳（1 蒲式耳约合 27 公斤）增长到 1958 年的 51.7 蒲式耳；小麦产量增长也令人印象深刻，从 1931~1935 年的每英亩 13.1 蒲式耳上升到 1958 年的每英亩 27.3 蒲式耳。1958 年，美国生产了世界 17% 的小麦、52% 的玉米和 58% 的大豆。农业全要素生产率的年增长率从 1935 年前的百年稳定的 1% 左右上升到 20 世纪 40 年代至 20 世纪末的至少 2%。[①]

战后美国食品体系最重要的发展之一的"绿色革命"最初并不是政府行为的结果，而是一系列技术和方法发展的产物，发展的技术和方法提高了许多发展中国家的农业产量。尽管这些技术和方法后来成为政府食品安全战略的关键部分，但私人基金会是这些努力的最初推动者，其中最重要的是洛克菲勒基金会。第二次世界大战后，一些趋势——机械化、农村电气化、动植物育种的进步以及合成化学杀虫剂、化肥和药物的发展促使农业生产力迅速提高。从 20 世纪 40 年代初开始，洛克菲勒基金会的科学家开始开发高产作物的新品种，主要是小麦、水稻和玉米，他们希望这些作物能缓解缺乏足够粮食的贫穷国家的不安全和不稳定问题。到 20 世纪 60~70 年代，农业耕作技术方法得到了发展，使世界各地的作物产量显著增加。例如，在 1961 年至 1963 年，93 个发展中国家的小麦平均产量为每公顷 868 公斤，1969 年至 1971 年增至每公顷 1153 公斤，1979 年至 1981 年增至每公顷 1637 公斤；玉米产量从 1961~1963 年的每公顷 1818 公斤增加到 1979~1981 年的每公顷 2653 公斤。[②] 这些增长是通过挑选对化学肥料和灌溉水的使用有良好反应、对害虫有抵抗力并能适应机械收获的作物品种而实现的。

---

① P. Conkin, *A Revolution Down on the Farm：The Transformation of American Agriculture since 1929*, University Press of Kentucky, 2008.

② P. Conkin, *A Revolution Down on the Farm：The Transformation of American Agriculture Since 1929*, University Press of Kentucky, 2008.

对绿色革命的成功尤为关键的是小麦和水稻矮秆品种的培育，这些矮秆品种的茎干更强壮，能够支撑起沉重的谷穗。除了开发新的作物品种，绿色革命还包括扩大化学肥料和杀虫剂的使用；化石燃料驱动的水泵应用于灌溉，使得农民可以获得更深层的地下水供应；新机器使整地、种植、维护和收获庄稼变得更容易和更快。这些投入，从新种子到肥料，都需要资金和知识，而大型、高资本的农场能够负担得起这些发展的成本，并有专业知识来进行发展，所以其往往是绿色革命最大的受益者。

绿色革命背后的希望不仅仅是改善粮食供应情况，更是提高生产率和改善小农的生计。正如美国在农业政策上的许多努力一样，提高粮食产量比与解决与确保农民增收相关的一系列复杂问题更容易。洛克菲勒基金会在20世纪40年代的研究是在基金会支持改善人民福祉的信念指导下进行的。20世纪40年代，其他国家也在进行类似的研究，主要是西欧的工业化经济体和日本。非工业化国家没有能力开展这样的实验。工业化带来了机械化，减少了生产粮食所需的工人数量，并为迅速工业化的国家寻找提高粮食产量的方法创造了动力，以使不断增长的城市人口获得价格合理的食物。

这种前所未有的富足为美国人提供了一系列与使用食物能量相关的选择，这是很少国家能够做到的。领导人明白这是一种新颖而有力的武器。例如，前美国驻联合国大使亨利·卡伯特·洛奇在1962年对美国食品杂货制造商协会（General Manufacturers Association）发表讲话时说，如果他能选择一件事物来展示，以显示美国体系的优越性和效率，那就是"一个超市，里面装满了你们行业的产品"。洛奇接着说，他选择超市不仅仅是为了迎合大众，还出于一种政治考量，因为他曾在1960年陪同苏联领导人赫鲁晓夫访问美国。"我记得带赫鲁晓夫主席和他的一行人去旧金山的一个超级市场，他们脸上的表情令人难忘。"丰富的食物为美国提供了一个强大而和平的武器，不仅可以用来证明美国农业和食品生产的优越性，还可以与苏联努力满足人民基本需求的状况做出有力的对比。

此外，美国企业开始利用科学技术提高美国人的饮食和生活水平。在 20 世纪 50 年代，食品行业制造商、零售商和营销人员使用新技术来增加利润，不是通过找到让人们吃得更多的方法，而是通过刺激人们对新食品的渴望。与此同时，有关营养的科学研究使政治家们能够开辟一条战时"营养战线"，以改善军队和公民的健康状况。卡路里和维生素等概念的普及意味着健康食品和消费水平的普遍标准正在确立，这给了美国人一个比较的基础，以此来判断自己相对于世界其他地区的富裕程度。

20 世纪 50 年代，美国的食品需求和现实经历了巨大的转变，科技使得制造更"方便"的食品成为可能，比如浓缩冷冻橙汁，甚至是包装好的大规模生产的点心。与此同时，美国人在食物上花费更多，他们吃得更少，但从许多方面来看，吃得更好。1959 年，平均每个美国人比 1915 年平均每个美国人消费的 1600 磅（1 磅约合 0.9 斤）食物少吃了将近 100 磅。机械化的发展减少了美国人的劳动量，提高了其收入，以至于由体积大、淀粉含量高、成本低的食物组成的饮食结构可以被抛弃。然而，当美国人吃的食物越来越少（按重量计算）的时候，他们却消耗了越来越多曾经被认为是奢侈品的食物。与第二次世界大战前相比，美国人在 20 世纪 50 年代中期每人多吃了 30 磅肉，多吃了5% 的新鲜蔬菜、38% 的奶酪、39% 的鸡蛋、79% 的鸡肉和 36% 的水果罐头。[1]

四 "价格差异"：罐头价格上涨，农民收入下降

政客们从三个标准来看待战后食品繁荣的目标：稳定的农产品价

---

[1]　P. Conkin, *A Revolution Down on the Farm : The Transformation of American Agriculture since 1929*, University Press of Kentucky, 2008.

格、低廉的食品价格，以及在生产和需求之间保持平衡的食品供应。战后十年他们见证了这三个目标发展的确切结果：农产品价格低廉且种类丰富，美国家庭将更高比例的收入花在食品上，剩余部分（以及储存费用）稳步增长。

目标和现实之间的紧张关系成为一个核心的食品问题，令决策者、商业领袖和经济及营销专家困惑不已，他们正在努力应对美国富裕带来的影响。当时出现的一个关键挑战是"价格差异"，即美国罐头食品价格上涨，而农民收入下降——这一困境违背了传统逻辑，不利于持续确保农民增收。

到 1957 年，美国城市和郊区平均收入水平的家庭全年在食品上的花费比 1947 年增加了大约 500 美元，但是这些钱能够直接或间接流向农民的却减少了。弗吉尼亚州里士满联邦储备银行 1953 年的一份报告显示，尽管大多数美国人认为食品价格上涨意味着农民收入增加，但事实恰恰相反。南卡罗来纳州格林伍德的《指数日报》报道说："事实上，家庭主妇们在杂货店消费的每一美元中，农民所占的份额是战后的最低水平。"与 1946 年的 52 美分相比，每零售 1 美元食品农民可以得到 44 美分。到了 20 世纪 50 年代末，广告和市场营销被认为是食品价格上涨和农业回报下降的罪魁祸首，《大地之星》1958 年 2 月 4 日的一篇文章的标题明确指出："宣传人员攫取了一大笔食品开支。"尽管广告和营销行业的高管很容易成为攻击目标，但调查这一问题的专家和政客们了解到，"价格差异"是正在发生的更深层次变化的信号。

第二节 内外政策：对内补贴，对外援助

农业补贴政策不但保证了美国自身充足的粮食供应，也是确立美国粮食强国地位所必需的。

一 对农业反哺的两种措施：价格支持和直接补贴

一战后，美国农业的首要问题不是稀缺而是富足。战争期间，全球对食品的需求推高了食品价格，刺激了农业生产的增长。战后，美国农业生产的增长仍在继续；但是随着受战争影响的国家逐渐恢复农业生产，全球对美国粮食和棉花等纤维作物的需求减少了。因此，美国农民早在20世纪20年代就感受到了经济困难，这先于美国经济的其他部门。到20世纪20年代末，更大规模的经济挑战使农民面临的形势越来越严峻。例如，在20世纪20年代和30年代早期，许多农场都有三年或更短时间的抵押贷款。在大萧条开始的银行危机期间，银行寻求各种方法保持财务平衡，而其采取的一个简单方法是停止农业抵押贷款的展期或增发。根据1929年的农业营销法案，在总统赫伯特·胡佛的支持下，美国创立了联邦农业委员会。该委员会通过组织营销合作社来帮助稳定价格和促进美国农产品销售，但是由于只有5亿美元的资金和相对于随后的农业项目而言有限的授权，其无法处理农民面临的难题。委员会的失败，再加上人们普遍认为胡佛对大萧条早期美国人的困难处境不太同情，导致美国政治的重新调整，因为农民与工人、城市选民和自由派知识分子联合起来，支持富兰克林·罗斯福及其承诺保护美国人免受经济衰退影响的新政。

结果是，新政时期的政策试图解决美国一些较持久的经济问题，但制造了持续到20世纪50年代的紧张局势，并确立了艾森豪威尔在选举期间面临的政策现实。根据1933年的《农业调整法案》，中西部共和党人与新政民主党人一起建立了一个政府维持农产品价格的体系。最初的努力是在1933年，通过允许农民与联邦政府达成自愿协议来降低产量，农民以此换取福利金或补充收入。该法案还试图通过提高农民实现与其他经济部门工人平等的能力来增加农民收入。农业政策用来比较农民和其他美国工人的经济表现的标准被称为"农业文化平等"，这是经济学家和政策制定者为农民提供经济正义的措施。平价的计算是为了将农产品价格维持在预定价格的规定比例，最初是 1910 年至 1914 年 12 月平均农产品价格的 52% ~ 75%，这是多年的高价格和普遍的农村繁荣时期。引入平价作为一种措施，可以保证农民获得一定比例的固定农产品价格，而不受他们试图出售产品时市场价格的限制。早期的新政努力还包括 1933 年的《紧急农场抵押法案》和《农场信贷法案》，这两部法案确保农场获得足够的信贷。1938 年，美国农业信贷协会的修正案巩固了联邦政策的努力，通过在玉米、小麦、大米、棉花和烟草方面开展新的贷款项目来减少粮食盈余，这些项目只对接受生产控制的农民开放。该法案还允许农民在收获时使用农作物作为贷款抵押。

为了简化农业政策并使之现代化，当时的农业部部长查理·布兰南在 1949 年宣布了一项宏大的计划，布兰南说，如果该计划得以实施，将意味着农业政策的重大改革，因为"我们农业生产者的繁荣与我们国家的繁荣密切相关"[①]。运用与新政改革相似的逻辑，布兰南推断，如果农民有更多的可支配收入，那么他们会花更多的钱，这将有利于其他经济部门。然而，布兰南提出的实现方法与新政措施却截然不同。他想给农民提供联邦政府的直接补贴，而不是复杂的平价公式。布兰南希望建立一个基于十年平均水平的收入标准。布兰南的计划旨在确保农民的高收入和消费者的低食品价格，但这将导致联邦政府对农业的干预程度急剧加大。旧的政策，如贷款和作物储存，将被新的补贴所取代，新的补贴将严格控制农场产量，使用面积分配和市场配额的方法，这对美国纳税人来说代价很高。

---

① "The Food Weapon: 'Mightier Than Missiles'," *NACLA's Latin America and Empire Report*, Vol. 9, No. 7, 1975, pp. 12 – 17.

这个计划得到了杜鲁门的支持，但是国会和农业组织的反应不一。像全国农民联盟这样的团体支持它，但是许多其他组织如美国农场局联合会和全国农民合作社理事会都反对它。许多人认为这是将农民永久地与民主党联系在一起的一种努力，这成为全国范围内大辩论的一个话题。最终，国会投票决定通过 1949 年的《农业法》，该法在 1950 年延续了此前的 90% 的价格支持政策。尽管布兰南的计划失败了，但关于布兰南计划的辩论是关于战后美国食品体系的第一次重要辩论。

继任农业部部长本森确信，对价格支持的关注意味着政府没有制定政策来解决他认为关键的一个问题：一些农民比其他人富裕得多。政府的政策因援助分配不均而扩大了这一差距。本森描述了一个巨大的鸿沟，这个鸿沟"将一个由高技能操作者经营的高效、机械化的商业农场与一个由教育程度低、技能差、资金少的操作者经营的小型、设备差、土壤贫瘠的农场分隔开来"[1]。政府的政策倾向于让前者受益，而不是给"需要帮助但得不到太多帮助的家庭"提供帮助，在 20 世纪 50 年代早期，后者包括 150 万个生活在农场的家庭，他们每年的现金收入估计不到 1000 美元。

在接下来的 6 年里，从 1954 年到 1960 年，本森对农业政策进行了重大改革，经过多年的努力，他的成就之一是建立了一个更加灵活的价格支持系统。他还帮助制订了一项永久性的美国计划，将美国的粮食和其他食品供应到海外有需要的国家，以帮助减少国内的农业剩余，并支持美国在海外的外交活动。如前所述，本森在 20 世纪 50 年代未能消除农业剩余，但农业剩余的延续为美国提供充足的粮食供应海外，这是确立美国粮食强国地位所必需的。

---

① P. Conkin, *A Revolution Down on the Farm : The Transformation of American Agriculture since 1929*, University Press of Kentucky, 2008, p. 127.

二　美国农产品过剩引发的全球"进食方式"变革

美国政府急切地期待着一种变化，以便销售数量惊人的过剩农产品，为国库收钱。

但恢复20世纪20年代的自由贸易，即使对于那些始终相信"放任自由"旧格言的共和党人来说，也是不可想象的。"新政"把农业方面的决定权交给了政府。对国家的福利和经济、食品的价格水平、儿童的食品供应和商业的良好发展来说，农业是很根本的东西。不能把农业交给私营部门去随意处理。农业部于1950年变成了一个庞大的计划处，它通过贷款、收获保险、农艺顾问和关于小麦种植面积及农民小麦收益的农业计划，同美国农村的每个县都有接触。艾森豪威尔总统的农业部部长——共和党人伊齐拉·塔夫脱·本森把他的工作形容为"可怕的"，把农业计划说成是"可鄙的混乱"。但农业集团在政治上是强大的，本森也不能推翻"新政"。20世纪50年代总统的政策能否顺利实施往往取决于农业的利益相关者的支持程度。1948年，杜鲁门紧紧依靠农业集团当选为总统；1952年，艾森豪威尔也是因农业集团的投票而获得了多数优势。1950年，1/5的农民仍在农场生活。在1953年4月18日的《国家报》中，戈登·罗斯写道："中西部的北方麦农决定了1954年国会趋向共和党人还是趋向民主党人的方向。"①

政府被限制在这样一种局面中：农民始终生产着过剩的粮食，并因此得到报酬，而其他国家却不够富足，无法吸收这些过剩的粮食。我们从这种奇怪的情形的起源，看到了一些性质很不相同的事件。汽油代替了作为马匹饲料的燕麦，成了农业方面的主要燃料，为粮食生产解放了千百万公顷的土地。另外，由于使用了化肥和杂交种子，玉米的产量迅

---

① 《国家报》1953年4月18日。

速增加，平均产量由每公顷 50 蒲式耳①增加到了 75 蒲式耳，在 60 年代末期，增加到了每公顷 200 蒲式耳；但美国本土的需求只能消化一部分产量。廉价玉米随时都有，库存取之不尽，这促使美国成了一个吃牛排的国家。那些为美国人供给细嫩牛排的牛在屠宰前每头至少要消耗 1 吨玉米。② 它们是真正的"塞满玉米的牛皮包子"。在某种意义上，这是一种极大的粮食浪费。这些牛每增加 500 克的重量，就需要消耗 3.5 千克的粮食；而鸡和猪分别需要 1.5 千克和 2 千克的粮食。但是，美国有足够的粮食，允许建立这种食品循环，而且从经济方面考虑，也有必要尽量利用这些粮食来饲养牲畜。

美国战后的"奇迹大豆"也是美国人喜欢吃肉和禽类的原因。1920 年前，美国实际上不种大豆。农业部对此也从来不予以重视，因为大部分农民种植这种富氨植物，只是为了把它翻到地底下去作为肥料。但是，畜牧专家发现这种黄色豆子是一种真正的蛋白质浓缩物，它含有 40% 的蛋白质，两倍于牛肉或鱼，3 倍于蛋，11 倍于牛奶。把大豆和玉米混合起来加到牛、猪和家禽的饲料中，可以加快牲畜重量的增长，缩短饲养时间，降低饲养成本。美国真有福：它有理想的土地和日照条件种植这种对日照敏感的奇妙豆子。

根据农业部以及战略家们的意见，生产过剩问题的解决办法是显而易见的：必须使外国人也以美国人的方式来吃饭。一种使千百万吃米饭的亚洲人开始吃面包的全球经济，可以吸收美国用之不尽的小麦；一种使富国每年向美国买进几十亿美元的玉米和大豆去饲养它们的牲畜和家禽的饲料结构，可以帮助美国保持贸易的平衡。

考虑其他国家对美国的这种依赖会导致什么后果的人并不多。美国人一旦开始向外销售自己的粮食，就可以找出很多理由来解释这项政策：

---

① 容积单位，1 蒲式耳在英国相当于 36.3688 升，在美国相当于 35.238 升。

② 〔美〕丹·摩根：《粮食巨人——一件比石油更强大的武器——国际粮食贸易》，张存节译，农业出版社，1983，第 51 页。

面包是有营养的；多吃肉类食品可以使亚洲人长得更高大、更健壮；进口粮食可以解决发展中国家的通货膨胀，可以为工业化解放劳动力和资本；美国具有成为世界粮仓的"天然有利条件"。①

美国极力鼓励出口的政策在政治、外交、经济和社会等方面所造成的结果，不论是好还是坏，都具有重大意义。由于战争的影响，许多生活在不宜种植小麦的气候区的人民习惯吃面包了。为了保持这种习惯，他们不得不进口面粉或小麦。战胜者对战败者在文化和风俗习惯方面产生影响，是一种在整个历史长河里有迹可循的现象，但很少看到像美国人这样在胜利后造成的其他地区人民进食方式大规模改变的情况。当麦克阿瑟将军把小麦弄到他当时占领的日本的时候，面包几乎不为日本人所认识，在那个时候之前，日本人主要用小麦做面条。从日本被占领起，小麦就被用来做面包供民众食用，特别是供学校的孩子们食用。这种西方食品被日本人尝了一次以后就被欣赏了。②

美国人的进食方式在世界上的传播，显然并不只是因为美国的一些官员希望这样做。这样的事情曾经在 19 世纪欧洲工业革命时期发生过，所以要使亚洲和拉丁美洲人口过密的城市里的民众食用面包是比较容易的。当然，美国的一些官员也起到了他们的作用。农业部的驻外专员在执行他们"开发市场"的任务时眼光是很远大的。在韩国，他们鼓励消费者买用美国的软小麦制作的饼干。在日本，他们组织一些活动，使学生们更经常洗手，以进一步讲究卫生；但这同时也是为了增加生产肥皂的美国油脂工业的利益。农业部在给德国的粮食援助中，把冻鸡运赴欧陆，不久在德国的餐厅和烤肉店里，所有烤扦上都有了美味的鸡肉。

---

① 〔美〕丹·摩根：《粮食巨人——一件比石油更强大的武器——国际粮食贸易》，张存节译，农业出版社，1983，第 52 页。
② 〔美〕丹·摩根：《粮食巨人——一件比石油更强大的武器——国际粮食贸易》，张存节译，农业出版社，1983，第 52～53 页。

三 480号公法：粮食援助的完美工具

美国国会于 1954 年表决通过的 480 号公法，给了美国政府一个推销剩余农产品的完美工具。[①] 这项法律规定了粮食援助的一切细节，并把粮食援助变成了一种真正的农业对外政策。

480 号公法现在是美国农业和外交结构中十分重要的一部分，所以，现在的人常常需要一些想象力，才能回忆起 480 号公法第一次在国会被提出来时遭到反对的情形。美国的粮食运到国外去帮助那些遭受了战争破坏的国家是一回事，一项拯救世界的长远计划则是另一回事。很多南部的共和党人和民主党人反对一切政府性的对外援助；而玉米和棉花生产区的国会议员也放心不下，因为他们认为，如果美国的粮食充斥在国外市场上，其他国家的农民也可以转向生产诸如玉米或棉花之类的作物，用以出口。

但是，永久性的粮食援助计划表现出来的好处打消了人们对它的一切疑虑：它显然使农业集团的大多数人感到高兴，因为它使农民可以继续出售生产的多余粮食而赚钱。参议员休伯特·汉弗莱从这项计划中看到了人道主义和意识形态的双重利益（且不说农业的利益）。他认为，这项计划"给意识形态冲突中的世界增加了一种有效的人道主义力量"，"这是一种使国家间更好谅解的简单的、基督教的和慈善的办法"。[②] 在外交部里，冷战的拥护者也被这项法律所吸引。国务卿约翰·福斯特·杜勒斯在巴基斯坦受到旱灾威胁的时候，公开为提供给这个国家的粮食援助计划做辩护，因为他曾被该国人民的战斗精神所感动。他提醒国会，巴基斯坦人控制着开伯尔山口，这个山口是连接苏联和南亚的通道，给巴基斯坦的粮食援助具有国际层面的政治意义。

---

① 〔美〕丹·摩根：《粮食巨人——一件比石油更强大的武器——国际粮食贸易》，张存节译，农业出版社，1983，第 53 页。

② 〔美〕丹·摩根：《粮食巨人——一件比石油更强大的武器——国际粮食贸易》，张存节译，农业出版社，1983，第 54 页。

480 号公法是于 1954 年 7 月被国会通过的，但内容比较空泛，从而使粮食援助的各种支持者都感到满意。在执行这项法律的头几年中，平均 1/4 的小麦和 1/5 的大米是在 480 号公法的资助下运到国外的。在粮食贸易特别不景气的 1959 年，4/5 的小麦和 9/10 的大豆油的出口也都得到了 480 号公法的资助。[1]

被描绘成一项对外援助计划的 480 号公法实际上主要帮助了美国的农民和粮食商人。美国政府允许外国政府用从美国借来的钱购买美国的农产品，而外国政府实际上是通过和私营出口商签订商品合同去进行这些交易的。但购买这些商品的钱最后是由美国国库直接向银行支付的，而银行则根据商品已经装运的证明把钱交给私营出口商。随后，外国政府就必须偿还这样得到的借款，而期限和较长的付款期都是由这项法律规定的。这种做法主要是为了把农产品运到国外，同时把这些交易所涉及的资金留在美国。由于 480 号公法，美国政府变成了粮食贸易的主要资助者。[2]

第三节　进口依赖：扎伊尔[3]的面包锁链

"谁控制粮食出口谁就控制了世界。"

——智利前农业部部长雅克·乔科尔

粮食依赖是全球相互依赖网络的一部分。土地在世界上一些

---

① 〔美〕丹·摩根：《粮食巨人——一件比石油更强大的武器——国际粮食贸易》，张存节译，农业出版社，1983，第 54 ~ 55 页。

② 〔美〕丹·摩根：《粮食巨人——一件比石油更强大的武器——国际粮食贸易》，张存节译，农业出版社，1983，第 55 页。

③ 即今刚果民主共和国。1960 年，原比属刚果独立，定名刚果共和国，简称"刚果（利）"；1964 年改为刚果民主共和国；1971 年改名扎伊尔共和国；1997 年恢复国名为刚果民主共和国至今。为行文方便，并与今刚果共和国区别，以下统一使用"扎伊尔"。

较贫穷的国家被用来种植可以出口的农产品——香蕉、菠萝、棕榈、咖啡、可可和橡胶，这些经济作物是这些国家最主要的外汇来源。而这些外汇又很稳定地从发达国家换来粮食。从这个角度看，大宗商品的价格，如铜和香蕉的价格直接关系到这些发展中国家的营养水平，甚至关乎政权的稳定，乃至影响国家的发展。

美国的一些公司很早就在非洲等地区的发展中国家大力推广面包等小麦制品，因为它们知道这些国家出口的香蕉、橡胶、咖啡等大宗商品的价格在很大程度上受竞争对手影响，而其进口的小麦只能来自北美，这给它们很多套利的空间。

一　扎伊尔：基于进口面粉的城市人口生活体系逐渐成形

20 世纪中叶，小麦这种本身耐干旱的作物并没有被非洲热带地区大规模引入，面包也并不是大多数非洲国家的主食。

扎伊尔却是一个例外。面包此时已经是这个国家最受欢迎的食物，虽然这里的人们曾经依赖大米、豆类和木薯长达几个世纪之久。1962 年，发展中国家的小麦缺口只有 1300 万吨，但是扎伊尔在最困难的 1974 年，小麦缺口达到了 3100 万吨。那时北美的小麦价格逐渐提升，并达到了创纪录的水平。[①]

给扎伊尔套上"进口小麦依赖"绳索是一个长期推进的过程。在 19 世纪欧洲殖民者到来之前，扎伊尔人几乎没听说过面包，当地人主要食用玉米和木薯。玉米作为一种高产作物很早就在扎伊尔当地种植。而扎伊尔最传统的食物是木薯，这是一种根茎富含淀粉的植物，在农村是最主要的食物。这种植物遍布扎伊尔各地，甚至很多就是野生的，即使种植也很方便。若要食用，需要把根茎挖出然后磨成粉，这种粉可以直接做成饼或者粥，也可以和鱼或肉类一

---

① D. Morgan, *Merchants of Grain*, Viking Press, 1979, pp. 226 – 231.

起做菜。

被殖民很久后，扎伊尔东部靠近卢旺达和布隆迪的基武地区才开始种植小麦，主要是为了满足当时殖民者食用的需求。

1960 年后扎伊尔从比利时独立出来，美国借着粮食援助法案把小麦运到了扎伊尔。随着首都金沙萨的发展，越来越多的人涌入，政府开始更多地进口面粉。那时候国际市场上的小麦和面粉都很便宜，政府就不断增加进口数量来满足日益增长的城市人口粮食需求。对扎伊尔政府来说，直接进口粮食在当时看起来比拿钱投资农业开发见效更快。而且要把粮食从乡村运输到城市对于扎伊尔这样的发展中国家来说就要建立庞大的运输网络，这要消耗很多资金。相反，从港口到各个大城市的进口面粉运输网络已经被建立起来了，这个更便捷高效。这样一个基于进口面粉的城市人口生活体系在扎伊尔逐渐成形。

其实除了小麦，扎伊尔也引入了其他作物，但这显然不如进口面粉来得直接。尤其是面粉可以烘焙成面包，随着殖民者带来的饮食习惯逐渐影响当地，从精英阶层开始向下传递着面包是更加有营养、更加有品位的食物的信息。城市里面的面包店也一个接一个地开起来，早晨的金沙萨上空就飘散着烤面包的香气。

出于交通和经济的原因，烘烤面包所需要的进口面粉的供应往往比其他从内地运来的农产品供应更可靠。因为糟糕的国内交通情况，从内地乡村运来的木薯往往很难准时运到，而且质量在运输途中也得不到保证。当时国际粮价较低，进口面粉往往质量更好而且价格相对便宜，味道也比木薯更好。面包配着茶或者可口可乐是忙碌工作的城市人最好的午餐。面包的地位体现在总统蒙博托将面包作为其私人卫队的标配主食。少量的面包甚至提供给食不果腹的儿童还有街头的乞丐。在某种意义上，面包供应是扎伊尔的城市人口的"奶嘴"，无论是工人还是军人的饮食都建立在面包供应之上。

这个体系的代价就是扎伊尔的食物供给尤其是城市人口的饮食基

本依赖进口：开始是进口欧洲面粉，后来是进口美国小麦。当 1967 年大陆粮食公司来扎伊尔开设一家现代化面粉厂时，扎伊尔的面包饮食习惯和面粉供应体系已经建立，而这个新的大型面粉厂让这种体系深深地扎入扎伊尔的机体。因此扎伊尔政府几乎没有在农业上做什么投资，借来的钱更多地用于开发铜矿，更多的铜矿能换来更多的粮食。为什么要给农民投资呢？尤其是国际粮价这么低，从本国农民那收购粮食还不如直接进口粮食。

但事情并不是一成不变的，到 1973 年和 1974 年，国际小麦价格急剧上涨，当然主要原因是苏联的减产，而 1974 年铜价大幅下跌。面对外汇收入下降，粮价上升，扎伊尔国家粮食办公室这才想起来去收购本国农民的粮食，然而这一切太晚了，缺乏粮食收购体系和粮食运输系统使得国家并没有收上来多少粮食。

二 引颈自戮："依赖"铸造出"锁链"

1975 年，在扎伊尔开设了第一家现代化面粉厂的大陆粮食公司遇到了麻烦。用于为磨坊储存小麦的 12 个混凝土筒仓中的两个倒塌，公司不得不中断了磨面作业。此后不久，大陆粮食公司当地代表了解到他们的面粉遇到了当地的竞争。扎伊尔总统蒙博托的亲戚已获得进口欧洲面粉并销售给当地面包店的许可证。雪上加霜的是，扎伊尔出现了新困难。铜矿是扎伊尔经济所最依赖的，随着国际铜价下跌，扎伊尔中央银行的美元储备在 1974 年大幅减少。扎伊尔开始拖欠进口美国小麦的美元账单，大陆粮食公司无法从扎伊尔中央银行获取美元来支付进口美国小麦的货款。于是大陆粮食公司不得不负担起扎伊尔的债务以保持小麦的供给，许多其他银行和公司也没有预料到这个国家的财政困难。

但在 1976 年后期的一连串事件中，大陆粮食公司开始展现其独特的权力——扎伊尔政府和人民依赖于它的小麦。大陆粮食公司采取了简单而直接的行动，它减少了每月装运到扎伊尔的小麦数量，并命令其处于刚果河下游的本地面粉工厂减少了面粉产量。美国在扎伊尔的农业代表说大陆粮食公司的行动就是在提醒扎伊尔政府小麦的进口运输与面粉的生产对于扎伊尔政府和人民的重要性。

这个警示的效果来得是如此快，几乎同时，扎伊尔的面包店前就排满了等面包的人。进口的小麦是扎伊尔城市人口的生存基础。大陆粮食公司的磨坊并没有完全停止面粉生产，它们只是减缓了，但这就造成了扎伊尔城市食品供应的巨大压力。

扎伊尔官员匆忙召见了大陆粮食公司的代表并同意了其所有的要求。政府承诺扎伊尔中央银行将用美元现金来支付随后的所有小麦进口费用，并将开始以每年 100 万美元的速度逐步偿还旧债。政府还许诺只进口美国的硬小麦，除了一些特殊情况，大陆粮食公司将独家拥有在扎伊尔磨面粉的权利，并且该公司将有权利批准或拒绝他人进口面粉。换句话说，大陆粮食公司成为扎伊尔唯一的小麦进口商和面粉制造商，它变成了扎伊尔政府的一个粮食进口机构。

长期以来，人们一直认识到，石油资源和技术是一个国家发展的必要条件。扎伊尔的情况显示另一种资源也非常重要，那就是进口的粮食。

1975 年，大陆粮食公司向美国大使馆反映了依靠小麦赢利的困难。这一情况引起了关注。外交官们开始担心，一旦大陆粮食公司切断小麦供应，那么美国与扎伊尔的关系将何去何从。当年 6 月，迪恩·辛顿大使被蒙博托驱逐出境，紧接着蒙博托又指控一批扎伊尔低级军官密谋推翻他，并指责美国人参与了所谓的阴谋，焦虑情绪自此蔓延开来。

事实证明，大陆粮食公司的人比大使馆的外交官更了解小麦政治。决定停止小麦供应一年多后，这件事仍没有对外交关系产生明显的影响，因为蒙博托政府没有筹码与大陆粮食公司谈判：其必须依赖对方的小麦供应。政府接受这一现实并屈从于大陆粮食公司的条件后，美国小麦再一次输送到扎伊尔。其美国小麦的进口数量迅速增加，到 1977 年，已经达到了 14 万吨，是 3 年前进口量的 3 倍之多。到 1982 年，扎伊尔的小麦进口量达到 21 万吨，成为继尼日利亚之后美国在非洲最大的小麦客户。①

站在扎伊尔的角度来看，这一情况好坏参半。坏处是，进口粮食抢了原本可能用于经济发展或农业项目的外汇，购买技术不得不推迟，现有工厂的工作也放慢了速度。

19 世纪，马克思提出了人类历史上最有影响力的思想之一。他宣称，控制生产资料便拥有了权力，他的想法受到了当时英国工厂的影响。我们有必要对马克思的定义进行一些补充，权力不仅掌握在握有生产资料的人手中，同样也在掌握着分配手段、进入世界市场的机会、关键技术以及具有加工能力的人手中。基于这一定义，粮食出口国美国和粮食跨国公司堪称强大。

第四节　粮食禁运：阿连德的"断头台"

购买粮食对于推翻阿连德民选政府的新军事统治者来说是至关重要的优先事项。

林登·约翰逊总统在执政期间不止一次操纵粮食援助以获得外交利益，其中最引人注目的是 1964 年终止了根据 480 号公法对埃及的粮食援助，作为对纳赛尔总统的惩罚，因为他对美国在扎伊尔的政策进行了尖锐的批评，并且在开罗发生了破坏美国财产的骚乱。但是，当国会中一些急于对纳赛尔采取更强有力措施的人与农民、粮食交易

---

① 〔美〕丹·摩根：《粮食巨人——一件比石油更强大的武器——国际粮食贸易》，张存节译，农业出版社，1983，第 161 页。

商、援助倡导者和人道主义组织陷入激烈冲突时（这些人反对终止对一个贫穷国家的粮食援助），总统失去了对这一政策的控制。总统惩罚埃及的努力起初就可能是徒劳的（纳赛尔始终目中无人），而且最终引发了国内一场适得其反的政治争吵。480 号公法很难被用于强制目的。

而此前肯尼迪时期的总体记录几乎没有证据表明美国的粮食贸易政策一直被用来服务于外部经济和外交目标。追求这种外部目标首先需要在无条件的出口促进和有条件的出口限制之间做出选择。追求这种目标还需要领导层具有操纵出口的实际能力，而这是外交政策领导层所没有的。一个更为传统的形式——找到一种负担得起的方式来处理粮食过剩问题并保证国内农业收入才是美国粮食贸易政策背后的驱动力。

智利提供了一个最好的例子，在这个国家里，美国的粮食"水龙头"因智利的政治发展而被打开和关闭。在马克思主义者萨尔瓦多·阿连德于 1970 年当选总统后，美国对智利的食品补贴被停止。而在阿连德政府于 1973 年 9 月 11 日被推翻后，这一补贴作为美国的第一批援助之一被恢复。这是尼克松政府对阿连德政府采取的"破坏稳定"的秘密策略的一部分。

在阿连德就任总统之前，智利进口了大量小麦——每年 38 万 ~ 60 万吨——满足了该国 1/4 ~ 1/3 的需求。大多数小麦来自澳大利亚、阿根廷或乌拉圭，但每年也有多达 20 万吨来自美国。当美国政府停止智利购买粮食的信贷时，其美国小麦进口量在 1971 ~ 1972 年下降到每年 8000 吨的极小数量。[1]

毫无疑问，食品和农业部门的麻烦是阿连德政府的最终垮台的重要原因。而这些困难当然不仅仅是他的政府管理不善的结果。致力于

————————

① 〔美〕丹·摩根：《粮食巨人——一件比石油更强大的武器——国际粮食贸易》，张存节译，农业出版社，1983，第 189 页。

改革和试验的新政府，通常在一开始会犯新手常犯的错误，而阿连德政府的问题因其无法控制的外部压力而变得更加复杂。政府为了兑现其重新分配财富和保证每天向智利人提供牛奶的承诺，对食品需求的增长速度超过了食品生产的速度。在 1970～1971 作物年度，智利小麦产量实际增长了 5%，但小麦进口仍然至关重要。到 1972 年，尼克松政府不仅停止了根据 480 号公法对智利的粮食援助和其他美国援助，而且成功地阻止了一些国际组织的贷款。因此，智利政府动用其有限的外汇储备进口了 70 万吨小麦——这是在世界粮食价格正经历二战以来最大幅度上涨的时候。（小麦价格在 1972 年上半年末到 1973 年底上涨了两倍——部分原因是苏联购买了大量粮食，讽刺的是，阿连德此时试图寻求苏联的支持。）①

到了 1973 年夏天，智利的食品部门陷入绝望的困境。农业生产下降，食品消费增加。由于饲料粮食短缺，肉类产品供应异常短缺。政府与澳大利亚小麦委员会达成协议，在 1974 年 1 月以后进口 25 万～50 万吨小麦——大概是希望到那时能从某个来源获得贷款。为了渡过难关，智利寄希望于来自保加利亚、东德和澳大利亚的 10 万吨苏联资助的小麦。但是随着全球小麦短缺情况的恶化，没有美国小麦的日子越来越不好过。8 月，政府粮食委员会的代理人前往美国，在法国和墨西哥的资助下，安排购买美国粮食。库克公司和安德烈公司的美国伙伴加纳克公司接受了智利 30 万吨粮食的订单。

1973 年 9 月 11 日上午，当智利军事领导人发动对阿连德的政变时，由社会主义国家资助或运输的大约 10 万吨小麦正运往瓦尔帕莱索。后来美国农业部报告说货物被转移了，小麦根本没有到达智利，但谁也不知道去向何方——可能古巴人收到了一些。

---

① 〔美〕丹·摩根：《粮食巨人——一件比石油更强大的武器——国际粮食贸易》，张存节译，农业出版社，1983，第 189 页。

无论如何，购买粮食对于推翻阿连德民选政府的新军事统治者来说是至关重要的优先事项，9月26日，政府向大陆粮食、邦吉、德雷福斯和加纳克公司订购了12万吨美国小麦。由于该政权没有钱支付，购买的条件是接受美国政府2400万美元的信贷额度。

在华盛顿，智利寻求援助有两个主要问题。一个是美国粮食在美国本土变得越来越稀缺和昂贵，其他国家的新粮食购买信贷已经冻结了几个月。另一个问题是智利的信用值得怀疑。它有4.5亿美元的外债，而"不稳定的"智利经济正濒临崩溃。但在10月4日，货币和财政问题国家咨询委员会根据国务院的"强烈建议"，批准了给智利的信贷额度。根据允许这种财政援助的法律条款——"出于对外政策的迫切考虑"，该国家咨询委员会证明贷款是合理的。就在那个周末，美国小麦开始从墨西哥湾运往智利。[1]

11月13日，美国国家咨询委员会批准了给智利的第二笔贷款，这笔贷款共2800万美元，用于购买玉米。理由是智利面临牛肉、猪肉和禽肉等蛋白质产品的严峻供应形势，但这理由其实在阿连德时期同样成立。1974年，智利被重新列入有资格获得480号公法特别贷款的国家名单。第二年，美国向智利运送了大约60万吨小麦——是阿连德上台前的数倍。新政府掌权后，智利对美国小麦的依赖持续了很长时间，该国与伊朗和东南亚国家一样成为美国的"粮食保护国"。

第五节 "短缰绳"计划：对印度的时援时禁

在林登·约翰逊的"短缰绳"计划中，美国粮食援助的中断威胁使得印度政府开始了很多的顺从性政策行动。

---

[1] 〔美〕丹·摩根：《粮食巨人——一件比石油更强大的武器——国际粮食贸易》，张存节译，农业出版社，1983，第190页。

一 印度的平价粮系统：有赖于美国的粮食援助

480 号公法的一个重要受援国就是南亚的印度。从 20 世纪 50 年代开始印度就接受美国 480 号公法的粮食援助，这种援助实际也是保持印度在美苏对抗中处于中立的一种拉拢措施。印度虽然高举不结盟运动的中立大旗，想在美苏之间获取活动空间和利益，但在长期的援助中也逐渐产生了对美国粮食的依赖。

随着印度经济的发展，城市化带来了市民粮食供给不足的问题，尤其是在收成不好的时期，粮食的价格往往飞涨，以至于市民的口粮都成了问题，进而导致政治力量的变化。于是印度建立了针对城市的公共平价粮系统。这个平价粮系统通过城市里的平价粮商店按配给制售卖平价粮，成为印度国内最主要的粮食政策工具。这个系统用以保证政治上强大的城市居民群体能够获得最低供应量的粮食，不至于引发社会暴乱等问题。而印度广大农村地区的农民虽然在灾年可能比城市居民更凄惨，却因政治力量微弱而不在平价粮系统覆盖范围之内。因为国内低下的粮食收储能力，这个平价粮系统很多时候有赖于美国的粮食援助。

印度在 1965 年和 1966 年的连续严重干旱导致其对美国粮食的需求增加。1965 年印度粮食产量骤降至 7200 万吨，比前一年的收成低了 19%，损失惨重。特别是在贫困的北方邦和比哈尔邦，有些地区的产量甚至跌到了常年的一半。1965 年印度的政府粮食库存处于 6 年来的最低水平，如果没有从美国进口的粮食，印度将被迫减少一半以上的公共平价粮。这除了对人民生命造成威胁，还会导致城市暴力和政治混乱情况的加剧，或许足以使国大党政府倒台。正如印度农业部部长后来回忆的那样，这是"一个可怕的局面……就食品而言，这是我们国家面临的最严峻的挑战之一"。美国驻印度大使指出，"甚至船只延迟几天离开美国港口也反映在（印度）干旱地区最悲惨的情况中"。① 如果美国能够在印度行使食物权，那这肯定是时候了。

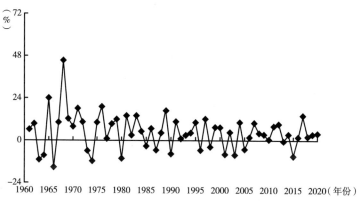

图 3-1 1960~2020 年印度小麦产量增长率

资料来源：FAOSTAT, Food and Agriculture Organization of the United Nations, http://faostat.fao.org/。

1965 年 480 号公法向印度援助的小麦数量增加到 635 万吨，1966 年达到创纪录的 806 万吨。1967 年，由于干旱的影响仍然挥之不去，印度从美国进口的粮食仍保持在 596 万吨。② 美国粮食援助的这一紧急和史无前例的扩大使印度短暂地成为世界上最大的小麦进口国。

当然，如果从数量看，即使在这场严重的危机中，印度的小麦进口数量也从未超过全国粮食消费总量的 8%～10%。但粮食需求乃是非常刚性的需求，特别是对于印度这种全民长期挣扎于温饱线上的发展中国家，如果仅仅从比例上计算就大大低估了这些粮食进口的政治意义。1965 年印度通过平价粮商店售卖给公众的公共平价粮中，美

① R. L. Paarlberg, *Food Trade and Foreign Policy: India, the Soviet Union and the United States*, Cornell University Press, 2019, pp. 159-161.

② P. J. Eldridge, *The Politics of Foreign Aid in India*, Vikas Publications, 1969.

国援助的小麦占到了 60%。

干旱不仅影响了粮食生产，也减少了可以出口的经济作物的产量，给印度这样一个农业国不多的出口蒙上了阴影，印度政府发现干旱导致出口收入下降了 24%，这还是在延迟偿还外债的情况下，而印度为了保持国际收支平衡需要更多的国际援助，所需资金可能要从11 亿美元增长到 17 亿美元，这些钱又从哪里来呢？由于 1965 年的外部融资危机，印度不得不向国际货币基金组织要求 2 亿美元的援助，同时向世界银行请求重新安排至少 1.25 亿美元的 1966 年到期的外债。在这个时候，支付外汇进口食品对印度政府来说是令人生畏的，这是可以理解的。如果通过正常的商业渠道在世界市场上购买，仅 1965 年印度进口的粮食就要花费 4 亿多美元。如果没有美国 480号公法的粮食援助计划提供的优惠条件，印度就无法进口所需数量的粮食。

二 "短缰绳"计划：粮食武器时紧时松

美国人显然没有忽视印度对美国粮食援助的依赖性，各种利用这种依赖性来"拉紧"印度的提议被提出来。当时的美国总统林登·约翰逊本身也热衷于操纵粮食援助获得外交利益。其实早在 1965 年春天，印度总理夏斯特里刚抱怨美国无故取消了他的访问，约翰逊总统马上特意推迟批准新的 480 号公法粮食援助的总统令，给了印度总理一个下马威。夏斯特里觉得有必要以温和的批评来抗议美国在越南日益加深的军事介入，而约翰逊对这一批评嗤之以鼻，并推迟了新的粮食援助协议，向这位印度人表示，他不会让自己成为他所认为的"诽谤"的目标。

如果说这是两国元首之间的斗气，那么更为深思熟虑的政策则由美国农业部提了出来。1965 年夏天，在印度干旱出现后不久，美国农业部部长奥维尔·弗里曼（Orville Freeman）给约翰逊总统发了一份备忘录，表示新一轮 480 号公法的粮食援助应该被用作"推动"印度农业发展的"杠杆"，可以促使印度采取其不会采取的措施来改善其粮食状况。在这个不寻常的时期，美国粮食援助的中断会比以往任何时候对印度的粮食经济造成的损害更大，而对美国的粮食贸易利益则几乎没有损害。美国农业部给出了更详细的实施方案，即美国停止向印度提供长期粮食援助的惯例做法，改为提供分阶段的短期粮食援助，不断考核印度农业的"改善情况"，只有印度考核达标才能签订下一期的协议。因此这个把分阶段粮食援助与考核印度联系起来的方案被称作"短缰绳"计划，更短的"缰绳"能让这个"不甚听话的马"亦步亦趋地走在美国设计的道路上。

"不甚听话"的印度不愿意走的所谓美国设计的道路是什么呢？1959 年，福特基金会的一份研究报告认为印度农业政策过于封闭，指责印度政府未能对农业进行充分的公共投资，也未能为农业生产者和农资厂商提供有效的价格激励政策。1965 年秋天，在约翰逊总统正式采纳弗里曼提出的对印粮食援助改进措施，即所谓的"短缰绳"计划后，要求印度采取的具体改革措施从未在公开场合被详细阐述过，但从后续的文件中仍然可见端倪。作为对美国粮食援助的回报，印度被要求扩大灌溉面积，增加化肥产量，不仅要更好地利用现有的工厂产能，还要在增加利用国内外私人资本的基础上扩大产能，后来更加入了额外的经济政策条件——卢比贬值。

1965 年印度与巴基斯坦的战争给了美国执行"短缰绳"计划一个很好的切入点，美国终止了对两国的所有军事和经济援助，延缓了粮食援助。印度对美国不分青红皂白地切断援助感到不满，因为巴基斯坦在战争中使用了主要由美国提供的军事武器。美国国务卿迪安·鲁斯克向印度澄清说将粮食援助延迟 30 天的决定与克什米尔没有任何关系，也不能以任何方式解释为迫使印度与巴基斯坦达成和解的政治手段。如果美国不是为了克什米尔，那么自然是有其他方面的考量。

当时印度农业部部长奇丹巴拉·苏布拉马尼亚姆（Chidambaram Subramaniam）正在印度政府内部竭尽全力推进他所支持的农业政策改革，他后来被称为"印度绿色革命的设计师"。1965 年 11 月下旬，弗里曼和苏布拉马尼亚姆都在罗马参加联合国粮食及农业组织的会议，在两个人的私人会面上美国明确了继续向印度运送粮食的条件。弗里曼的目的是充分利用苏布拉马尼亚姆的巨大影响力，让他"带着一揽子承诺和惩罚"回到印度，当然他可以用粮食援助的条件来对付印度政府内部反对改革的人。弗里曼称："我们把各种条件放在一个桶里，然后挤压它们，但是他（苏布拉马尼亚姆）不太反对被挤压。他拥有相当广泛的授权，而且他似乎相当有信心，如果不泄露出去，他可以让内阁通过。"①

苏布拉马尼亚姆回印度后没有公开提及弗里曼在罗马提的条件，但私下与总理夏斯特里讨论了这些条件。苏布拉马尼亚姆担心意识形态气息浓郁的印度计划委员会会反对农业改革，该委员会只关心如何推进工业化，对在农业上的投资嗤之以鼻，甚至认为让部分农民提高收益反而会加剧社会矛盾。苏布拉马尼亚姆还面临财政部部长克里希纳马查里的反对，他反对使用稀缺的外汇进口新品种的种子和肥料，而这恰恰是农业改革计划的核心。在获得总理夏斯特里的支持后，苏布拉马尼亚姆的符合美国人要求的农业改革计划在 1965 年 12 月 6 日获得内阁全体成员的一致通过。这一计划不仅包括进口新的高产品种的种子，改进对生产者的价格激励政策，还包括一项不太广为人知的决定，即向打算投资印度化肥行业的外国私人公司提供优惠，任何在 1967 年 3 月 31 日之前签订合同的外国公司将被允许有更大的自由来制定自己的价格和设计管理分销渠道。

美国对苏布拉马尼亚姆在印度内阁中初步取得的成功做出的反应

---

① C. Subramaniam, *The New Strategy in Indian Agriculture*, Vikas Publishing, 1979.

相当迅速。约翰逊总统对印度的行动表示欢迎，认为这是"我们新政策的第一个重要的直接结果"。约翰逊回忆道："有了印度的坚定承诺，我在 12 月 11 日上午的一次电话中给了弗里曼部长指示。我告诉他，把小麦搬走。"因此，一批印度急需的 150 万吨 480 号公法援助小麦被放行，立即运往印度。

到 12 月中旬，印度媒体刊登了美国的报道，描述了苏布拉马尼亚姆的改革计划获得美国"批准"的过程。报道证实美国利用批准粮食援助的节奏来影响印度的农业政策。但在印度，苏布拉马尼亚姆否认 480 号公法粮食援助对印度有附加妥协条件。他公开坚称"将努力确保不附加这些条件"，并拒绝接受反对派提出的印度屈服于美国压力的"荒谬绝伦"的指控。苏布拉马尼亚姆一度成功地否认了美国对印度农业政策施加的影响，部分原因是当时大多数印度人怀疑美国最大的压力更有可能施加到印度的外交政策上。[1]

三 美国内部的政治压力

外部的粮食援助政策也会影响到内部的粮食政策，约翰逊总统当时面临的阻力不小。他自己回忆说："在这场控制美国援助节奏的斗争中，我几乎是独自一人，只有几个赞同的顾问……这是我担任总统期间最艰难、最孤独的斗争之一。"[2] 他的阻力又来自哪里呢？

首先是国内农业部门的担忧，如果说 20 世纪 50 年代的 480 号公法粮食援助有效地消耗了生产过量的美国小麦，解决了农产品滞销的大问题，那么到了 1965 年，美国的小麦库存已经减少了一半，对印度进行大量的粮食援助有引发国内粮食和食品价格升高的风险，而如

---

[1] L. B. Johnson, *The Vantage Point: Perspectives of the Presidency, 1963 – 1969*, Holt, Reinhart and Winston, 1971, p. 226.

[2] L. B. Johnson, *The Vantage Point: Perspectives of the Presidency, 1963 – 1969*, Holt, Reinhart and Winston, 1971, p. 225.

果采用不断"勒缰绳"的方式来控制出口的节奏而不是长期稳定的销售，则可能导致美国农业部门所担心的粮价暴涨暴跌。

其次是国会和媒体的舆论压力，使用粮食援助来威胁处于温饱线上的印度的做法令很多人不快。除了人道主义层面的考虑，很多人怀疑这项政策的长久效力，特别是担心是否会把印度推到苏联一边。随着1966年印度饥荒威胁的逼近，约翰逊政府的一群高级官员和许多有影响力的国会议员开始主张终止"粮食力量"的行使。但约翰逊总统坚持自己的方式，有官员说"'短缰绳'计划可能是总统个人成就中独一无二的，不同于他执政期间的其他成就。几个星期以来，他几乎坚持住了——独自对抗所有顾问的质疑，后来又对抗尖锐的媒体"①。

面对这样的反对，约翰逊是如何成功执行"短缰绳"计划的呢？他成功的第一个关键在于把经济援助的权力收归自己。约翰逊有长期操纵国会的经验，通过向关键成员及时分配项目资金，他掌握了对包括食品援助在内的海外经济援助分配的权力。此前，新提交的480号公法粮食援助计划是通过一个由农业部官员担任主席、由职业官僚组成的中层机构兼工作人员委员会做出的。1965年，约翰逊批准了一项新的行政命令：削弱农业部在该委员会中的作用，并将480号公法的所有责任转移到国际开发署新设立的"反饥饿战争"办公室。约翰逊坚持要求所有超过500万美元的新援助项目贷款，以及所有超过1000万美元的新项目贷款，都要提交总统直接审批。

除了获取权力，约翰逊总统也做起了伪装来迷惑国内和国外的反对者。"短缰绳"计划开始时，印度政府不愿承认它受到了美国的压力，约翰逊也决定不公开承认施加了压力。事实上，在这项计划实施第一年的大部分时间里，约翰逊非常成功地给国内民众留下了这样一

---

① L. B. Johnson, *The Vantage Point：Perspectives of the Presidency, 1963 - 1969*, Holt, Reinhart and Winston, 1971, p. 225.

个印象，即他正在尽一切努力向印度紧急提供美国的粮食援助，在国会和媒体面前，他是大规模小麦运输的最大倡导者，以满足印度迅速增长的紧急粮食需求。1966年3月英迪拉·甘地对美国进行国事访问后，约翰逊向国会发出一条特别信息，要求国会批准扩大粮食救济运送规模，其措辞给人一种不耐烦的印象。约翰逊的伪装做得如此之真，当后面他希望延迟对印粮食援助的时候，所有参议员居然真的一致同意了（一般参议院一致同意较难达成）。

四 1966年印度歉收：拉得更紧的缰绳

1966年印度遭遇了连续的自然灾害和农作物歉收，这极有可能造成更大范围的饥荒。在秋天的几个月里，当进一步的粮食援助延迟开始，悲剧的意味渐渐显现，约翰逊的国内支持者第一次真正感到震惊。印度官员此时也开始意识到粮食援助延迟的风险，因为他们无法进行他们复杂的公共分配所要求的预先规划。11月下旬，苏布拉马尼亚姆预测，如果美国不立即批准印度最近提出的200万吨粮食援助请求，公共分配这条通道将在1月中旬关闭。甘地总理也放弃沉默，公开表示美国承诺的食品援助总是延迟。美国国内团体抓住这个机会向媒体表达了他们的担忧，这很快导致了一系列尖锐批评总统的社论产生。11月29日，《纽约时报》谴责这一"短期政策是一个严重的错误"①，并不接受白宫关于需要进一步研究印度需求的解释。12月11日，《华盛顿邮报》评论说："美国坚定的政策有充分的理由，从长远来看，这将有助于印度解决其反复出现的粮食困难。但人们有可能会在短期内饿死，而印度正处于饥荒的边缘。"约翰逊回忆说，在这段时间里，他经受住了印度人和"自认为是印度人最好朋友的美国人"发起的"沉重的宣传攻势"。"在媒体和华盛顿鸡尾酒会上，

---

① "Indian Food Squeeze," *New York Times*, November 29, 1966.

我被描绘成一个无情的人，愿意让无辜的人挨饿。"①

面对压力，约翰逊不为所动。他采取了一种拖延策略，向印度派遣了两个独立的研究小组——一个由农业部的农业专家组成；另一个由国会议员组成，由众议院农业委员会主席罗伯特·波阿吉（Robert Poage）领导。农业部研究小组报告说，印度的粮食需求被低估了。国会研究小组返回华盛顿后，建议临时批准至少增加 180 万吨粮食援助，以满足印度 1967 年 2 月、3 月和 4 月的预期需求。这些报告和建议迫使约翰逊在 1966 年 12 月中旬采取行动，但他的行动只是批准了国会研究小组建议援助水平的一半：仅 90 万吨小麦和其他粮食。正如约翰逊后来解释的那样，没有人会因为美国的政策而挨饿，印度将获得它所需要的粮食，但是得以月为基础，而不是以年为基础。

约翰逊还派弗里曼到印度，表示美国 1966 年 7 月的作物报告显示，美国自身产量将大幅下降，以至于可用于 480 号公法出口的美国小麦可能数量紧张。弗里曼警告印度人说美国也"遭遇了干旱"，并且"不再处于以前的粮食盈余状态"。到了 1967 年初，随着印度的粮食危机进入它最绝望的间歇期——等待春天的小麦收成，约翰逊延迟粮食援助的威力也到了最高点。约翰逊再次采用了拖延战术来发挥这种威力。1967 年 1 月 15 日，他派遣负责政治事务的副国务卿尤金·罗斯托执行一项特殊的环球任务，劝说其他粮食过剩国家加入美国，向印度提供粮食救济。这种"责任分担"的要求很快成为约翰逊用来解释美国新的粮食援助持续放缓的有力手段，因为其他国家实际上并没有那么多粮食可以提供。当时，美国绝不是世界上唯一的商业粮食出口来源，但它几乎是世界上唯一的优惠粮食援助来源。在当时通过多边和双边渠道提供的所有粮食援助中，96% 来自美国，美国 480 号公法的粮食援

---

① "Mrs Gandhi's Dilemma: President Johnson is Holding Up Grain in a Peeve over India's Vietnam Stand," *The Washington Post*, December 11, 1966.

助占了印度优惠粮食进口总额的 98%。[1]

约翰逊手里的缰绳还在拉紧，他把苏布拉马尼亚姆从新德里叫到一个特殊的地点——一个得克萨斯州农场，来开一个新闻发布会，会上总统宣布他对下一批对印粮食援助的最新决定。在那次新闻发布会上，苏布拉马尼亚姆很显然事先并不知道美国总统会做出什么决定。这一宣布的屈辱环境让苏布拉马尼亚姆看起来像一个美国傀儡，并进一步削弱了他在国内的影响力。到年底，印度议会中的反对派领导人要求他辞职。苏布拉马尼亚姆也逐渐失去了以前在内阁中的影响力，并最终在次年初举行的全国选举中被击败。

五 "短缰绳"计划的战果：印度各个领域的让步

尽管在美国面临很大的政治和舆论的压力，林登·约翰逊从未失去对"短缰绳"计划的控制，并且还设法让印度在两年多的时间里一直处于粮食援助中断的威胁之下。他将自己办公室的权力扩展到整个优惠粮食的销售过程，并充分利用自己的政治技巧和相当多的个人精力。国家安全顾问沃尔特·罗斯托后来回忆说，约翰逊知道从美国港口装运粮食及时抵达加尔各答所需的时间以及印度的粮食库存状况。他亲自指导了每一笔粮食援助的谈判。

在林登·约翰逊的"短缰绳"计划中，美国粮食援助的中断威胁使得印度政府开始了很多顺从性政策行动。1965 年 12 月，印度内阁决定在很大程度上满足美国对其具体农业政策改革的要求，包括对农业进行新的公共投资，使用新的进口种子品种，为生产者提供价格保证，增加化肥的使用，以及扩大国内外私营部门对印度化肥工业的参与。这并不是印度政府遵照美国的建议和要求采取的唯一行动。

---

[1] *Times of India*, November 30, 1966, p. 1; Frankel, *India's Political Economy: The Gradual Revolution (1947–2004)*, OUP Catalogue, 2006, p. 308.

1966 年 4 月，印度政府在化肥政策上做出了进一步让步，同意允许外国投资者持有多数股权，并允许考虑进行此类投资的美国公司使用美国持有的大量印度货币储备。这一新的对化肥公司的让步被认为是在美国和世界银行的压力下做出的，被甘地总理所属的国大党的一些高级成员批评为"不光彩"和"羞辱"的让步。一位前财政部副部长指责总理完全"出卖"了自己，这些旨在吸引外国私人投资的新让步将"从根本上"阻碍国家自强政策的长期实施。

印度的让步没有止于其农业和化肥政策。印度在石油领域也提供了新的外国私人投资机会，一些行业开始实施私有化。1966 年 6 月，印度迈出了最引人注目的一步：印度政府宣布决定将卢比贬值 36.5%。甘地政府在 1966 年进行的一系列引人注目的改革，加上 1965 年 12 月由夏斯特里政府发起的改革，使印度几乎完全满足了约翰逊总统"短缰绳"计划最初提出的农业和经济政策改革要求。印度现代农业供应品（如化肥、杀虫剂和机械）的进口大幅增加，从 1965 年占总进口额的 3% 增加到 1968 年至 1969 年占总进口额的 10% 以上。国外的大型化肥、种子、农药企业开始进入印度进行投资经营，其中包括联合碳化物公司。这家公司是 1984 年人类历史上最严重化工泄露事件——博帕尔事件的元凶，该事件直接毒死 2 万多人，间接毒死了 50 多万人。[①]

美国在 1965 年至 1967 年的"短缰绳"计划只是西方对印度施加经济压力的更广泛战略的一部分。在此期间，印度需要的财政援助（来自美国、由世界银行和国际货币基金组织主持的援助印度联合会）几乎与它需要的粮食援助一样多。当时印度的财政状况使其急需外部资金，以维持其他领域的发展，印度无力拒绝任何新的西

---

① R. L. Paarlberg, *Food Trade and Foreign Policy: India, the Soviet Union and the United States*, Cornell University Press, 2019, p. 162.

方援助，哪怕是带有各种附加条件的。印度吸引更多外国私人资本进入其化肥行业的具体要求以及将其货币贬值的要求，是印度获得国际货币基金组织新贷款、世界银行新贷款以及美国全面恢复定期双边经济援助的具体附加条件。尤其是货币贬值，不仅是 1966 年国际货币基金组织新增贷款 1.87 亿美元的主要条件，也是获得援助印度联合会承诺的价值 9 亿美元的新项目援助的主要条件。除了这些财政诱因，美国继续提供粮食援助无疑是印度接受这些条件一个重要原因，因为仅粮食援助的价值就占当时美国向印度提供的援助总额的近 2/3。

当然约翰逊也有没得到的战果，特别是他没能让印度在政治上向美国靠拢，因为印度是不结盟运动的领袖，其在当时的国际上还是有一些声望的。印度的甘地总理宣称"宁愿饿死也不愿出卖我们的国家荣誉"，但美国对其政府施加影响的证据越来越多，至少部分"粮食力量"正变得无可辩驳。因此，印度农业部部长苏布拉马尼亚姆因粮食进口量过大而遭到猛烈抨击，并最终被迫公开承认所有人都怀疑的事实：印度的经济政策一直在美国严格而明确的粮食力量约束下运行。当反对派的一名发言人要求他在化肥政策上不再向美国让步时，他断然回答说："我认为我们没有资格采取那种态度。"然而，这也激起了印度的民族主义情绪，导致美国对印度提出的农业和经济政策领域以外的短期要求，特别是外交领域的要求被完全拒绝。其中最主要的内容就是要印度收回对美国在越南行动的批评。在印度对美国越南政策的每次公开批评之后，"来自华盛顿的电报充斥着对'那些忘恩负义的印度人'的评论，小麦的运输也进一步推迟了"。虽然最终印度还是软化了在越南问题上的立场，但之后又在以色列问题上站到了美国的对手一边。①

---

① *New York Times*, January 23, 1967, p. 1; *New York Times*, November 30, 1966, p. 1.

1973 年 9 月，200 万吨苏联"小麦贷款"使苏联得到了印度的感激，当时印度很难在商业渠道中找到可获得且负担得起的粮食供应。时至今日印度官员仍然带着丝毫不减的感激回忆苏联这一及时的援助。

第六节 美国 vs 香蕉共和国：进口也能成为武器

原本谋求香蕉进口的美国，通过进口控制逐渐把香蕉产地中美洲或者说加勒比海地区变成自己的"后院"。

一 联合果品公司统治的"香蕉共和国"

"香蕉共和国"（Banana Republic）一词，在 1904 年由美国作家欧·亨利在《白菜与帝王》（*Cabbages and Kings*）一书中首创，其以虚构的 Republic of Anchuria 来影射被美国控制的洪都拉斯。

此后，这个令人难堪的绰号，又被赋予经济命脉被美国联合果品公司（The United Fruit Company）和标准果品公司控制的危地马拉、哥斯达黎加等中美洲国家。再之后，"香蕉共和国"通常是对在经济上仅仅依靠单一经济作物（如香蕉、可可、咖啡、甘蔗、烟草等）的小国的贬称，而那些被称为"香蕉共和国"的国家，通常为中美洲和加勒比海的小国家，几乎都是前殖民地。因为这些国家的前身，就是作为原殖民国的粮仓或者果园而存在的。这些国家的另一个显著特征是往往拥有不民主或不稳定的政府，并且长久以来，强大的外国势力介入很深。

1871 年，美国铁路企业家梅格斯（Henry Meiggs）在哥斯达黎加修筑的首都圣荷西和柠檬港（Limón）之间的铁路让中美洲各国可以出口香蕉到美国。梅格斯之侄凯斯（Minor C. Keith）甚至娶了哥斯达黎加总统之女为妻。1870 年之前美国人并不认识香蕉，但该铁路修筑后的 28 年内，美国共消费了 1600 万串香蕉。

谋求香蕉进口的美国，是如何把香蕉产地中美洲或者说加勒比海地区变成自己控制下的"后院"的呢？

香蕉是现代食物体系中的第一批农产品之一。香蕉这种水果，就其生物学特征来说，非常适合进入国际食物体系。因为香蕉自身有坚实的果皮，能够经受长途运输，到了运输目的地之后仍然完好无损。成立于 1899 年的美国联合果品公司是世界上最大的香蕉贸易商。在顶峰时期，该公司不仅控制着世界上所有的香蕉贸易，而且控制着中美洲许多国家的货运业、邮政业和金融业。它警惕地守卫着这一地位，几乎没有遇到任何阻碍。而当当地民选政府试图限制其力量的时候，或是当地居民联合起来试图反抗其剥削的时候，联合果品公司便给予毫不留情的反击。

其中最著名的一个例子是，联合果品公司曾利用它与杜鲁门和艾森豪威尔政府之间的关系，尤其是通过曾在该公司的法律顾问公司中任职的美国国务卿约翰·福斯特·杜勒斯（John Foster Dulles）公开称，危地马拉民主选举的总统雅各布·阿本斯·古斯曼（Jacobo Árbenz Guzmán）有共产主义倾向。理由是什么？因为古斯曼打算从联合果品公司购买一些闲置的土地给无地农民耕种，但其支付的土地价格是联合果品公司纳税申报单上的价格——显而易见的人为低价。美国总统立即对此做出反应，1954 年，一个由美国中央情报局暗中支持的入侵行动，即普布瑟克赛斯行动（Operation PBSUCESS）展开了。随之爆发的战争在 40 多年的时间里夺去了 20 万人的生命，而那些土地如今仍然掌握在联合果品公司手中。①

顺便提及一点，美国中央情报局在危地马拉的军事行动还有后续使命，即搜索一切历史文献证据，以证明古斯曼是共产主义的"傀

---

① 〔英〕拉吉·帕特尔：《粮食：时代的大矛盾》，郭国玺译，东方出版社，2017，第 101 页。

僵"。这一使命的代号是"共和历史"（PB-HISTORY）。美国中央情报局的特工翻遍了 15 多万页的历史文献，却没有找到一个证据。即便如此，战争依然在继续，经过了 40 多年的血腥战争，和平在 1996 年来临。正是在这一系列的行动之后，联合果品公司获得了"章鱼"（形容其势力像章鱼触须一样无处不在，渗透拉美各国政治、经济等各方面）的称号。

在美国，联合果品公司造成中美洲贫困的罪行几乎没有引起人们的注意。这是一段被抹去的历史，它的历史反映的不只是暴力与掠夺，还是一个由美国出口企业控制无能政府的滑稽剧。这些国家不是以帝国主义的受害者为人所知的，而是以"香蕉共和国"的称号而闻名的。智利诗人聂鲁达甚至写了一首名为《联合果品公司》的讽刺诗。"香蕉共和国"的恶名玷污了这些国家的名声，却并未折射出其人民陷入贫困的真正原因。

如今，联合果品公司已改名为"奇奎塔牌"（Chiquita Brands），这个名称比"联合果品公司"更能给人一种温暖感，而且让人难以辨别其业务范围。通过公关活动和"公平贸易"计划，联合果品公司终于让人们在购买它们的水果时，心里觉得稍稍好过点儿了。但是，它甚至不值得人们对它抱有这点儿仅存的好感。联合果品公司的发展轨迹在微观上代表了现代农业综合企业的共同特点——殖民主义，它们控制着生产、销售、市场和资金的渠道，能够影响国家利益，并以此重新划分第三世界。①

二　跨国农业公司的控制范围

如今，跨国农业公司控制着世界食品贸易量的 40%，世界咖啡

---

① 〔英〕拉吉·帕特尔：《粮食：时代的大矛盾》，郭国玺译，东方出版社，2017，第 102 页。

贸易被控制在 20 家公司手里，全球 70% 的小麦贸易被控制在 6 家农业公司手里，而 98% 的袋装茶叶贸易由一家公司控制。世界上最大的 10 家农业公司控制着世界上一半的种子供应；控制着价值 200亿美元的兽药市场的 63% 的份额；控制着将近 386 亿美元农药市场的 90% 的份额，其中 6 家控制着 75% 的市场份额。[①] 这些公司的控制方式不尽相同。在田间地头，这些公司为农民提供建议和贷款，并在农民无法赎回土地时立即向农民提供耕种合同让他们签署。当农民和公司签订合同后，农民要完全服从于公司的意愿。一旦收获食物，公司就把食物装运到国内其他地区和国外，与此同时，它们利用公司内贸易让税负最小化。用国家利益这一借口向政府索要津贴，是食物体系企业最精通的，它们还利用"更大的社会效益"这一说法向人们保证其行为的圣洁性，甚至利用种族焦虑来证明其干涉行为是正当的。哪里能看到利润，它们就会出现在哪里。

与粮食援助一样，世贸条约规定，会员必须保证其市场的自由度。而对贫困农民来说，这必将导致一场大灾难。自杀、贫困和迁徙在农村地区广泛存在，因为这些人无法在全球化市场中生存。如果世贸条约和自由化没有给农民带来自由，那么，自由给了谁？

第七节 粮食武器：控制欠发达国家的人口

一份美国的机密研究指出：欠发达国家的人口增长是对美国国家安全的严重威胁。基辛格主张通过控制粮食出口量来推动欠发达国家的计划生育政策。

---

① 〔英〕拉吉·帕特尔：《粮食：时代的大矛盾》，郭国玺译，东方出版社，2017，第 103~104 页。

一 欠发达国家的人口增长是对美国国家安全的严重威胁

1974 年 12 月 10 日，美国国家安全委员会在亨利·基辛格的领导下完成了一份长达 200 页的机密研究报告——《国家安全研究备忘录 200：全球人口增长对美国安全和海外利益的影响》（NSSM 200）。该研究报告声称，所谓的欠发达国家（LDC）的人口增长是对美国国家安全的严重威胁。1975 年 11 月，总统杰拉尔德·福特（Gerald Ford）将其作为官方政策通过，它是一项通过节育、战争和饥荒控制欠发达国家人口增长的秘密计划。布伦特·斯科沃克洛夫特（Brent Scowcroft）当时接任基辛格担任国家安全事务助理，并负责执行该计划。中情局局长乔治·布什（George Bush）受命协助斯科沃克洛夫特。

该研究报告提出的虚假论点不是基辛格原创的。他的主要消息来源之一是皇家人口委员会，英国国王乔治六世在 1944 年成立了该委员会，"以考虑为国家利益采取何种措施来影响人口的未来趋势"。该委员会发现，英国受到其殖民地人口增长的严重威胁，因为"一个人口众多的国家已经决定了人口稀少的工业生产国家的优势"。它警告说，殖民地的人口增长和工业化的综合影响"可能对西方的威信和影响具有决定性作用"，特别是影响"军事力量和安全"。[①]

基辛格的秘密报告（NSSM 200）同样得出结论，美国受到前殖民地区人口增长的威胁。它特别关注了美国具有"特殊政治和战略利益"的 13 个"关键国家"：印度、孟加拉国、巴基斯坦、印度尼西亚、泰国、菲律宾、土耳其、尼日利亚、埃及、埃塞俄比亚、墨西哥、巴西和哥伦比亚。它声称这些国家的人口增长特别令人担忧，因

---

① J. Brewda, "Kissinger's 1974 Plan for Food Control Genocide," *Executive Intelligence Review*, Vol. 22, No. 49, 1995, p. 15.

为这些国家将迅速增加其相应的政治、经济和军事实力。

例如，"尼日利亚已经是非洲大陆上人口最多的国家，1970 年估计有 5500 万人，到 20 世纪末，尼日利亚的人口预计将达到 1.35 亿。这表明至少在非洲，尼日利亚的政治和战略作用日益增强"。再比如，该研究警告称，"未来 25 年巴西将在拉丁美洲以及世界舞台上崛起"。①

二　以粮食为武器

基辛格主张采取多种措施来应对这一所谓的威胁，最显著的措施是节育和相关的减少人口计划。他还警告说，即使采取了这样的措施，"人口增长率也有可能在开始下降之前就明显上升"。

第二项措施是减少向目标国的粮食供应，部分是为了迫使人们遵守节育政策："在评估美国国际开发署（USAID）对援助的要求时，还考虑到计划生育政策的执行情况。人口增长是粮食需求增长的主要决定因素，因此稀缺资源的分配应考虑到一个国家在控制人口和粮食生产方面正在采取的步骤。但是，在这些敏感的关系中，在风格和内容上都必须避免出现强迫现象。"

该报告认为"可能需要强制性计划，我们现在应该考虑这些可能性"，并补充说："将粮食视为国家权力的工具吗？……美国是否准备接受食物配给以帮助那些无法或不会控制其人口增长的国家？"

当时基辛格还预测，饥荒将再次发生，这可能使人们完全不必依赖节育政策减少人口。"发展中国家人口的快速增长和粮食生产的落后，以及 1972 年和 1973 年全球粮食形势的急剧恶化，使人们对世界在下一个世纪及以后的时间里充分养活自己的能力提出了严重的

---

① H. Kissinger, "National Security Study Memorandum（NSSM 200）: Implications of Worldwide Population Growth For U. S. Security and Overseas Interests", National Security Council, 1974.

关切。"

　　然而，造成粮食短缺的不是自然原因，而是西方的财政政策："灌溉和基础设施的资本投资以及持续提高农业产量的组织要求可能超出许多最不发达国家的财务和行政能力。对于某些人口压力较大的地区来说，外汇收入几乎没有前景甚至无法满足不断增长的食品进口需求。"

　　基辛格高兴地说："这令人怀疑，援助国是否准备长期提供进口预测所要求的那种大规模粮食援助。"因此，可以预见的是，"大规模的饥荒是几十年来从未经历过的，一种全世界认为已经永久消失的饥荒"。①

---

①　H. Kissinger, "National Security Study Memorandum（NSSM 200）: Implications of Worldwide Population Growth For U. S. Security and Overseas Interests", National Security Council, 1974.

第四章 美国的阳谋：出口而不是禁运

第一节 美国的粮食武器："比导弹更强大"

随着美国和第三世界之间的冲突加剧，决策者将越来越多地依靠美国的粮食优势来支撑美国的实力。

中央情报局政治研究办公室于 1974 年 8 月发表的《世界人口、粮食生产和气候趋势的潜在影响》指出："看来很明显，至少在未来几十年，穷人的世界将经历持续的粮食短缺和偶尔的饥荒，因此，贫富差距可能会变得更大。世界对北美农业的依赖将继续增加，在粮食短缺或饥荒时期提供救济食品的能力将扩大美国在受援国的影响力……持续几十年，几乎可以肯定绝对会出现食物短缺？……在一个更冷、更饥饿的世界里，美国作为食品出口国近乎垄断的地位，可能会给美国带来前所未有的力量——可能比二战后的几年更大的经济和政治优势，华盛顿将获得主宰众多穷人命运的力量。"[①]

---

① Potential Implications of Trends in World Population, Food Production, and Climate, U. S. Central Intelligence Agency, Directorate of Intelligence, Office of Political Research, 1974.

在 1960 年之后的几次大范围饥荒中，很明显，美国对其丰富的农业资源的利用不是为了缓解世界饥饿问题，而是为了推进其自身的帝国利益。

一 粮食援助：史无前例的外交支柱

美国"粮食武器库"中的主要武器是粮食援助计划。粮食援助长期以来一直是美国外交政策的工具。早在第一次世界大战后，赫伯特·胡佛利用美国的粮食救济计划支持东欧的反共力量，并以此为杠杆从俄罗斯的布尔什维克那里获取政治让步。第二次世界大战结束时，美国通过联合国善后救济总署向蒋介石在中国的军队提供粮食援助。欧洲战争结束后，美国的食物立即被送往意大利和法国，以对抗日益向左派发展的工人阶级的威胁。后来，根据马歇尔计划，大量美国粮食流入欧洲，作为支持该地区反对共产主义的努力的一部分。

1954 年 480 号公法的通过标志着美国食品外交的一个新时代。480 号公法是《1954 年农产品贸易发展与援助法》的简称，其主要目的是促进政府项目下的农产品出口，向农产品进口国提供贷款。根据 480 号公法，美国的农产品由私人公司以美国当地的价格销售给他国，这些私人公司将享受由美国农业部提供的长期低息贷款。美国政府可以向所谓"友好"国家以不可兑换的当地货币销售剩余农产品。这种当地货币存放在美国拥有的账户上，美国政府从这些外币账户向受援国提供贷款，以促进当地的经济发展。这种贷款的期限为 3～10 年。1959 年美国又推出了 480 号公法修正案，规定可向农产品进口国提供美元贷款，贷款期限为 20～40 年。根据 1954 年 480 号公法实行的"粮食换和平"计划把减少农产品库存同开拓国外市场和推行对外政策结合在一起，美国政府向第三世界国家赠送剩余农产品，或者向其低价销售，换取当地货币作为援助资金或美国驻当地官方机构的开支。美国 20 世纪 60 年代的粮食出口几乎有 40% 是通过 480 号公法进行的。20 世纪 60 ~ 70 年代，美国政府一直通过出口补贴来减少农产品库存。①

尽管该计划最初被认为是一种处理美国农业剩余的机制，并为后来的商业销售铺平道路，但它的支持者立即意识到了它的政治潜力。其中最主要的支持者是参议员休伯特·汉弗莱，他当时评论说："我听说了，人们可能会依赖我们获取食物。我知道这不应该是好消息。但对我来说，这是个好消息，因为在人们能做任何事情之前，他们必须吃东西。如果你在寻找一种方法让人们依赖你，就他们与你的合作而言，在我看来，食物依赖将是非常好的。"②

到 20 世纪 60 年代初，480 号公法已经完全被纳入美国外交政策的工具库。食品项目被委婉地称为"食品换和平"计划，白宫甚至成立了食品换和平办公室。

在公法通过后的 20 年里，大约有价值 250 亿美元的商品通过480 号公法运送到国外，为各种各样的美国帝国利益服务。这是根据该法的两个主要条款实现的。根据该法第一章（占该法的 3/4），美国向"友好"的外国政府提供美元信贷（2% ~ 3% 的利息，30 ~ 40年内偿还），以资助其进口美国农产品。根据第二章，美国政府资助私人及国际救援机构向"友好"国家捐赠。

粮食援助的政治用途主要来自第一章的信贷。外国政府利用信贷从美国进口粮食，然后在其国内进行商业销售，这意味着大多数粮食援助没有到贫困和饥饿的人手中。直到 1971 年，美国政府接受了在国外销售粮食获得的当地货币（被称为"对应基金"）作为信贷的偿还币种。对这些货币的控制给美国带来巨大的政治和经济利益。

---

① 〔美〕丹·摩根：《粮食巨人——一件比石油更强大的武器——国际粮食贸易》，张存节译，农业出版社，1983，第 54 ~ 55 页。
② "The Food Weapon：'Mighier Than Missile'，" *NACLA's Latin America and Empire Report*，Vol. 9，No. 7，1975，pp. 12 – 17.

首先，对应基金可用于支付美国政府海外行动的费用（从美国大使馆费用到国防部支出），从而减少美元外流。其次，对应基金也帮助美国公司向第三世界扩张。根据"库利贷款"计划，当地货币被借给美国公司，以帮助它们为在国外建立新的子公司提供资金。再次，对应基金的进一步使用是向美国客户提供"经济援助"。受援国政府经常利用这一经济援助来支持其军事预算，例如，在韩国（480号公法信贷的第二大受援国），85%的粮食援助收入用于这一目的。最后，对应基金是以"共同防御"拨款形式向美国盟友输送直接军事援助的一种手段。到1971年，美国以这种方式花费了超过17亿美元，其中2/3流向了韩国和越南。

自1971年开始，美国坚持外国政府用美元偿还480号公法信贷，柬埔寨和越南是明显的例外。虽然这意味着美国不再直接操纵"友好"国家的本币，但它绝不会限制480号公法的政治用途。美元信贷仍然为"友好"政府提供重要的国际收支支持，本币销售收入直接进入政府国库，以支持其国内预算，包括军事支出。

二　粮食力量：控制"智利们"的武器

像美国对智利的其他形式的经济援助一样，在20世纪60～70年代，480号公法的援助一直是断断续续的：对萨尔瓦多·阿连德的社会主义政府来说是"断断续续的"，对美国帮助建立的军事独裁政府来说也是"断断续续的"。作为基辛格策划的针对阿连德政府的经济封锁的一部分，根据480号公法第一章向智利提供的信贷被暂停。但小规模第二类捐赠项目仍在继续，这符合美国在智利实施的保持低调、非官方存在的战略。

粮食援助显然在美国通过破坏智利经济为政变奠定基础的战略中发挥了作用。对阿连德政府来说，随着右翼地主开始破坏粮食生产，以及智利工人阶级获得购买力，粮食进口变得非常重要。粮食进口额在 1971 年翻了一番，达到 2.61 亿美元，而且据当时的估计，1972 年将增加到 3.83 亿美元。[1] 由于智利的外汇几近枯竭，美国暂停了对其的信贷，智利粮食进口需求很难得到满足。随之而来的粮食短缺是中产阶级对阿连德政府不满的一个重要原因。美国不仅暂停了粮食援助信贷，而且在政变前不久，"因为白宫的一项政治决定"，阿连德政府以现金购买美国小麦的请求也被拒绝。

智利发生政变后，美国以经济和军事援助支持军政府的努力遭到了国内的强烈抵制，政府被迫严重依赖 480 号公法向智利输送资金。为了抗议军政府的镇压政策，国会对 1975 财政年度对智利的经济援助设定了 2600 万美元的上限（尽管美国对智利的经济援助上限是拉丁美洲国家中第二高的上限），并完全切断了军事援助。设上限前，智利曾是拉丁美洲获得援助最多的由 480 号公法拨款的国家。但到了年底，政府利用最初分配给印度支那的新的粮食援助和全面增加的 480 号公法预算，将智利的粮食援助额度提高到 6520 万美元（第一章部分 6100 万美元，第二章部分 420 万美元）。

在智利市场公开出售的美国食品对缓解智利工人的困境没有什么帮助，他们的购买力已经被 600% 的通货膨胀率所侵蚀。但是军政府得到了双重好处，其利用信贷缓解了国际收支困难，并腾出美元用于进口其他物品，比如武器。1974 年，智利是美国武器的第九大购买国，其还收到了价值 6100 万美元的当地货币，以填充其援助预算并支持军政府。

智利在 1975 财政年度获得美国贷款的国家中排名第六，这一事实揭示了智利对美国外交政策制定者的重要性。在该财政年度，美国政府再次计划扩大对智利的援助来支持军政府。虽然智利的经济援助

---

[1]　E. Farnsworth, R. Feinberg & E. Leenson, "Facing the Blockade," *NACLA's Latin America and Empire Report*, Vol. 7, No. 1, 1973.

请求只有 2300 万美元（拉丁美洲第三高），但美国政府为智利军政府拨款 5500 万美元，占援助拉丁美洲总额的 84%。

美国"粮食武器库"中另一个鲜为人知的"装置"被调用来帮助军政府。政变发生几周后，农业部的农产品信贷公司（CCC）向智利提供了 2600 万美元的信贷用以购买小麦，几个星期后又宣布提供其购买玉米的 2800 万美元信贷。[1] 这些信贷属于中央信贷委员会的出口信贷项目，这个项目实际上具有无限的支出权限，由政府官员酌情发放。尽管像 480 号公法一样，它表面上是为了处理盈余和发展市场而设立的，但它也被用来促进美国获得外交利益。一位农业部官员称，国务院传来消息要延长智利信贷，尽管该信贷计划因粮食供应紧张而暂停了几个月。布茨本人当时评论说，信贷的发放是出于"国家安全"的考虑。

在许多其他情况下，CCC 信贷被用于政治目的。如前所述，1972 年美苏粮食协议达成的一个关键因素是美国向苏联提供的 7.5 亿美元信贷。20 世纪 70 年代初，美国延缓了对秘鲁军政府的经济援助，以施压秘鲁，要求其对在秘鲁的美国投资者进行补偿，美国国务院也钳制了对该国的 CCC 信贷。随着美国在柬埔寨和越南的盟友被击败，美国战略利益的焦点已经转移到其他地方——韩国和中东。这一变化反映在政府的粮食援助计划中。1976 财年分配给韩国的 480 号公法信贷额度达到项目总额的 56%，这一大幅增加发生在国会减少福特政府对韩国军事援助的同时（国会提议在三年内逐步取消对韩国的军事援助）。对美国战略家来说，美国在印度支那的战略利益相关政权的垮台使得韩国比以往任何时候都更重要，因此美国要坚守这一阵地，防止在亚洲遭受进一步损失。美国政府致力于一项耗资 4 亿～5 亿美元的韩国军队现代化五年计划。因此，随着国会限制对

---

[1] "The Food Weapon：'Mightier Than Missile'," *NACLA's Latin America and Empire Report*, Vol. 9, No. 7, 1975, pp. 12 – 17.

韩国的军事援助，粮食援助被要求填补军事援助的缺口。[①]

粮食武器在美国外交政策中的作用显而易见。这是支持美国战略利益相关政权的一个支柱（如在韩国），也是一种讨价还价的手段，可以从不太服从美国命令的国家（如埃及）那里获取让步。它是一根棍子，用来对付参与革命进程的国家（如阿连德时期的智利），也是对抗控制其自然资源的第三世界国家的战略武器。很可能在未来，随着美国和第三世界之间的冲突加剧，决策者将越来越多地依靠美国的粮食优势来支撑美国的实力。

第二节　基辛格的粮食武器2.0时代

基辛格："谁控制了石油，谁就控制了所有国家；谁控制了粮食，谁就控制了人类。"

一　"粮食力量"纳入美国外交政策

480号公法为美国外交提供了一件完美的外衣。很少有人充分意识到粮食援助的政治意义，而且无论如何都很难反对一个表面上旨在向贫困人口提供粮食的计划。更重要的是，480号公法的融资机制给了基辛格想要的灵活性。

20世纪70年代初，粮食援助在美国外交政策中具有了新的意义。随着粮食危机凸显出世界对美国粮食的依赖，政策制定者发起了一项新倡议，将"粮食力量"纳入美国外交政策。美国的战略家们很清楚美国的影响力，对越南的干预给他们保护美国在第三世界的利

---

① D. S. Sorenson, "Food for Peace-or Defense and Profit? The Role of P. L. 480, 1963 – 73," *Social Science Quarterly*, Vol. 60, No. 1, 1979, pp. 62 – 71.

益的能力设置了新的限制。与此同时，美国面临来自第三世界国家的新挑战，尤其是欧佩克国家，这些国家开始加强对其自然资源的控制。在这种情况下，国务卿亨利·基辛格于1973年指示国家安全委员会对美国的粮食政策进行全面研究。国家安全委员会研究的问题之一是第三世界国家依赖美国食品供应的政治影响。

尽管我们只能推测国家安全委员会研究的内容，但中央情报局政治研究办公室当时准备的一份被广泛泄露的报告让我们得以深入了解美国战略家的想法。美国中央情报局的报告预测未来几年将出现严重的粮食短缺，世界对美国粮食的依赖将日益增加。根据美国中央情报局的说法，这将意味着"美国实力和影响力的增加，尤其是在粮食短缺的贫穷国家"①。美国中央情报局对一些气候学家预测的全球气候变冷将带来的美国实力提升更加乐观。由于美国的生产不太可能受到这一趋势的影响，美国中央情报局推测："作为世界上大部分可出口谷物的监管者，美国可能会重新获得二战后其在世界事务中的主导地位。"② 基辛格试图从美国粮食垄断中获取最大的政治优势，这表明国家安全委员会同意中央情报局的观点，即"粮食力量"可以在支撑美国日益衰落的力量方面发挥重要作用。

正如一名政府官员所言，"粮食援助计划是基辛格外交政策的一个组成部分"。随着商业市场的繁荣和政府储备的耗尽，农业部不再需要480号公法来处理盈余。1973年出口的粮食数量降至330万吨的历史最低水平，是20世纪60年代中期的1/5。事实上，在1973年前的两年中，农业部甚至没有要求为480号公法支付任何费用，这一

① Potential Implications of Trends in World Population, Food Production, and Climate, U. S. Central Intelligence Agency, Directorate of Intelligence, Office of Political Research, 1974.

② Potential Implications of Trends in World Population, Food Production, and Climate, U. S. Central Intelligence Agency, Directorate of Intelligence, Office of Political Research, 1974.

举措完全是由国务院采取的。名义上中层机构兼工作人员委员会控制着 480 号公法粮食援助计划，但正如该委员会的一名成员所观察到的那样，是国务院决定实施 480 号公法援助的优先次序，国家安全委员会和基辛格本人在其中发挥了主要作用。[①]

1974 年在罗马举行的联合国世界粮食大会上，美国农业部部长布茨宣布："粮食是一种工具。这是美国谈判工具中的一种武器。"休伯特·汉弗莱参议员说得更直白："食物就是力量。从一个非常真实的意义上来说，这是我们衡量力量的额外标准。"[②]

二　粮食：反对欧佩克的手段

粮食也成为美国应对第三世界日益增长的挑战的重要政治武器。美国政策制定者的一个主要担忧是第三世界商品生产国对其自然资源的控制。石油生产国成功地制定了自己的石油价格和获取石油的条件，这也导致其他大宗商品生产国的类似尝试。除了欧佩克（石油输出国组织）和其他卡特尔的经济威胁，第三世界的团结对美国构成了政治威胁。美国不仅想要控制越来越多的第三世界国家的资源，而且打算以牺牲第三世界的利益为代价，对国际经济体系进行符合发达资本主义国家特别是美国利益的重组。

在基辛格的指导下，美国的政策首先旨在削弱欧佩克卡特尔的影响力；其次，阻碍其他国家效仿欧佩克国家的努力；最后，通过在欧佩克国家和其他第三世界国家之间挑拨离间，防止其形成一个统一的战线。在政策制定过程中，粮食占据了显著位置。

欧佩克禁运后，行政当局立即将注意力集中在石油价格问题上。

---

① H. R. Nau, "The Diplomacy of World Food: Goals, Capabilities, Issues and Arenas," *International Organization*, Vol. 32, No. 3, 1978, pp. 775 - 809.

② P. Wallensteen, "Scarce Goods as Political Weapons: The Case of Food," *Journal of Peace Research*, Vol. 13, No. 4, 1976, pp. 277 - 298.

为了准备 1974 年初举行的华盛顿能源会议，基辛格和时任财政部部长乔治·舒尔茨都决定将粮食问题作为反对欧佩克的手段。理由是，贫穷的国家越是感到燃料价格紧缩，它们就越有可能转向欧佩克。基辛格进一步阐述了这个问题。在罗马的世界粮食大会上，他试图指责石油价格上升引发的通货膨胀"摧毁了发展中国家的能力——购买食物、肥料和其他物品的能力"。基辛格试图通过资助美国谷物出口来迫使石油富国回收石油美元，随后他告诉欧佩克国家，它们有"特殊责任"对穷国提供国际粮食援助。

1974 年秋天，福特总统在联合国大会的一次讲话中，向第三世界商品生产者发出了一个明确的警告："任何国家试图将一种商品用于政治目的，这将不可避免地诱使其他国家将它们的商品用于自己的目的。尽管受石油禁运以及最近的石油价格和生产影响，但我们的政策不是把粮食作为政治武器。"美国将停止向卡塔尔提供食品以进行报复，这使对抗政策达到了一个新的水平。然后他补充道："受通货膨胀和高涨的能源价格困扰的美国很容易对外界要求粮食援助的呼吁充耳不闻。"[1]

这些削弱第三世界力量的尝试，以失败告终，这导致了美国对第三世界国家从对抗到控制的微妙转变。1974 年春天，以及 1975 年 9 月的联合国会议上，基辛格建议生产国和消费国在各种商品的基础上，在论坛上进行商讨，制定商品安排规则。基辛格的目的似乎是双重的。

首先，通过分别处理每一种商品的问题，他希望挫败生产商展示统一战线的打算。这是对第三世界在 1974 年春天巴黎能源会议上提出的扩大讨论范围以解决所有原材料问题的要求的回应。当时美国拒绝了。其次，通过这些商品安排规则，基辛格希望建立基本规则，确

---

[1] E. Woertz, *Oil for Food：The Global Food Crisis and the Middle East*, OUP Oxford, 2013.

保美国以稳定的价格获得原材料，并阻止生产商采取独立行动。粮食武器在这些努力中发挥越来越关键的作用。

基辛格提出将国际粮食储备按美国提出的建议进行安排，他还试图使这一建议看起来像是第三世界国家应该做出的让步。事实上，这一建议不包含对第三世界的让步，其主要是为美国自身利益服务的一种模式：在生产过剩时，为美国的盈余提供一个出口，从而主要发挥维持价格的作用；在供应短缺的时候，它将使美国能够满足国外的商业需求，同时还能够控制国内通货膨胀，而不必诉诸出口管制。苏联将被迫在储备系统中合作，以确保自己继续获得美国的供应。虽然储备系统将为现金客户提供粮食保障，但它无法解决第三世界国家和这些国家的穷人的主要问题，即缺乏购买力。美国国务院和农业部都同意"粮食援助和粮食储备是两个独立的问题"。

三　基辛格的冷战制胜理念

基辛格在其回忆录《动乱年代》中提到，他认为冷战中最重大的判断是在西方的经济竞争压力下苏联能否保持其集团的稳定性。他相信美国将赢得这场历史性赌局，而苏联则将在这场竞争中越来越脆弱。在基辛格担任尼克松政府国家安全事务助理期间，他将粮食和石油地缘政治作为他外交政策的核心。20 世纪 70 年代开始的时候，因为中东战争，阿拉伯国家联合起来以石油禁运的方式让以美国为代表的西方社会陷入了高油价造成的经济危机。而作为石油出口国的苏联则坐收渔利，石油出口换来了大量外汇，并进口大量粮食来提升国内饮食水平。苏联俨然占据了国际局势的上风，如何更好地控制石油和粮食自然就成为美国外交大战略的基点。观察到这一系列核心问题的基辛格似乎对扭转乾坤胸有成竹，并给了他上司以信心。1973 年，尼克松写道，他预测未来苏联的经济增长低于 1.5%，跟它的人口增长差不多，即苏联陷入停滞。

随着二战后冷战的来临，最开始粮食在美国的外交政策中虽然不处于核心位置，但是仍然拥有战略地位。粮食外交政策通常被华丽的辞藻所掩盖，听起来十分入耳，如"粮食换和平"计划。政府声称进行粮食出口补贴是受到了国内农民的压力。但是，事实并非如此，这只不过是用来掩盖真相的借口而已，真实情况是美国农业正处于由家庭式小农场向国际农业综合企业巨头主导的大农场转型的过程中。主导全球粮食贸易与主导世界石油市场和非社会主义国家的武器市场一起，成为战后美国政策的核心。据报道，亨利·基辛格对一位记者称："如果你控制了石油，你就控制了所有国家；如果你控制了粮食，你就控制了所有的人。"①

20世纪70年代初，粮食政策开始发生重大变化。美国新粮食政策出台的标志性事件是1973年的世界粮食危机，这与由基辛格的"穿梭外交"引发的欧佩克将世界油价抬高400%的事件发生在同一时期。世界油价的上涨和世界主要粮食的短缺成为美国做出重大政策调整的温床。这一政策转变被贴上了"国家安全"的秘密标签。②

20世纪70年代美国的出口战略是进一步控制粮食供应，当时，由于世界上95%的粮食储备由6家跨国粮食公司——嘉吉公司、大陆粮食公司、库克公司、路易达孚公司、邦吉公司和ADM公司所控制。正如尼克松在20世纪70年代初所概述的那样，美国的长期战略是在粮食和农业商品的全球市场中占据主导地位。这项战略与1971年8月美元脱离黄金兑换标准的政策一起使美国出口的粮食在世界其他地区具有竞争力。为了使美国成为世界上最具竞争力的农业综合生产国，美国必须用现在广泛使用的庞大"工厂农场"生产来代替美

---

① 〔美〕威廉·恩道尔：《粮食危机：利用转基因粮食谋取世界霸权》（增订版），赵刚等译，中国民主法制出版社，2015，第40～41页。

② 〔美〕威廉·恩道尔：《粮食危机：利用转基因粮食谋取世界霸权》（增订版），赵刚等译，中国民主法制出版社，2015，第41页。

国传统的家庭农业生产。换句话说，通过改变国内政策，传统农业生产被农业综合企业生产系统地取代了。例如，在尼克松总统任职期间，以前保护较小农场收入的国内农场计划被淘汰。国内粮食巨头利用此时的新政策出口更多的廉价粮食到发展中国家，以提高美国农业综合企业的竞争力并占领国外市场。

在 1974 年的秘密报告（NSSM 200）中，基辛格直接将海外粮食援助作为"国家力量的工具"。20 世纪 70 年代的政策朝着放松管制的方向发展，这意味着大型全球公司对小公司优势的增加。这导致公司兼并的增加和跨国公司的兴起（如今，这些公司的总产值通常比许多国家高）。

随着大型农业综合企业建立起在食品生产、存储和分配上的垄断地位，较小的家庭农场破产并关闭。尽管这种趋势一开始主要发生在美国，但后来又蔓延到其他发达国家，这些发达国家被迫对其农业进行"现代化"以参与全球贸易竞争。例如，1979 年至 1998 年，美国农民的数量减少了 30 万人，到 20 世纪 90 年代末，农业（至少在美国）由大型农业综合企业所主导。美国还实行了一项外交政策，即"通过世界银行向发展中国家提供财政援助，以换取这些国家向美国廉价的粮食和杂交种子开放市场"。

1974 年，联合国在罗马召开了一次重要的"联合国世界粮食大会"。这次会议主要讨论了两个议题，这两个议题在很大程度上都是由美国倡导的。第一个议题是在所谓的粮食短缺背景下世界人口的惊人增长问题；第二个议题是如何应对世界粮食供应的突然变化和粮食价格的上涨。当时国际市场上的油价和粮价都以每年 300% ~ 400% 的速度上涨。[1]

---

[1]　以上关于 1974 年"联合国世界粮食大会"议题的介绍，参照〔美〕威廉·恩道尔《粮食危机：利用转基因粮食谋取世界霸权》（增订版），赵刚等译，中国民主法制出版社，2015，第 41 页。

粮食危机带来的一大好处就是美国这个世界上最大的粮食供应国控制世界粮食供应，进而控制全球粮价的地缘政治力量获得了战略性增长。

美国《时代》周刊在 1974 年 11 月 11 日对世界粮食危机做出了总结性专题报告："在西方，越来越多的人喜欢谈论选择性粮食援助……如果美国认为因受援国未能就控制人口和改善粮食分配采取措施，而使美国认为对其援助等于打水漂，那么美国不会给予这个国家任何帮助。这个政策可能是残酷的，但是这可能是施加长期影响的唯一办法。这种治疗类选法也可能要求政治上的让步……华盛顿可能会觉得没有义务去帮助那些始终强烈反对美国的国家。"时任农业部部长布茨这样对《时代》说："粮食是一种武器。现在粮食是我们在谈判时所用的最主要的工具之一。"①

四　洞穿历史的基辛格：粮食援助而非禁运

欧佩克石油禁运令美国大吃一惊，这不仅要求美国，也要求世界上的每个国家都在最基本的层面上重新审视自己的国际关系。从这个角度来看，没有什么比原料、资源、基本商品和粮食更重要了。

基辛格是意识形态领域的政治家，同时也是一位历史学家，他对18 和 19 世纪塑造外交的经济动力异常熟悉。尽管金融细节——汇率、货币贬值和国际收支平衡让他感到厌烦，但他很快就掌握了关于全球资源的政治重心。他认为这归结为以下问题：谁拥有什么，谁想要什么，为了得到这些资源，他们在外交和经济方面准备支付多少。美国依赖外国获得石油、铝土矿、橡胶、铜、铬、钼以及许多其他商品和材料。但是依赖是相互的。许多拥有这些资源的国家也依赖美国

① 〔美〕威廉·恩道尔：《粮食危机：利用转基因粮食谋取世界霸权》（增订版），赵刚等译，中国民主法制出版社，2015，第 43 页。

的粮食，以及种植粮食或提炼矿物所需的技术和资本，甚至对石油出口国来说也是如此。

管控由一些国家依赖其他国家的资源或粮食造成的不稳定局势，这种国际政治安排其实符合基辛格的外交模式。他所有的外交努力都是为了争取一个稳定的世界，一个由超级大国主导的"平衡"政治的世界。在他看来，粮食短缺可能会破坏稳定，因此通常不符合美国的长期利益（除了在特殊情况下，如在阿连德治下的智利）。

基辛格成为农业对外援助项目的强烈支持者，这些项目增加了海外的农业产量。从1974年开始，基辛格也为那些帮助外国发展农业生产的援助计划辩护。他赞成1974年提出的在出口国和进口国之间签订协议的建议。这与美国对"自由贸易"的传统偏好背道而驰，更接近于欧洲国家对与政治和经济合作相关的贸易协定的偏好。但基辛格认为，粮食是一种国家资源，它太重要了，不能留给市场机制或粮食交易商去处理。

全球粮食贸易的统计数据虽然不太为人所知，但在某些方面甚至比显示世界大部分地区对中东石油依赖程度的统计数据更令人吃惊。就小麦、玉米和大豆而言，可出口的盈余只存在于少数几个国家：美国和巴西的大豆有盈余；美国、阿根廷、南非和泰国都销售水稻；美国、加拿大、法国、阿根廷和澳大利亚的小麦过剩。美国主导大米贸易，大麦贸易的主导者是美国、加拿大、阿根廷和英国。

对许多国家来说，美国不仅是主要粮食的供应国，也是粮食总供应的主要来源。在小麦方面，美国提供了巴西1975年消费的580万吨小麦中的280万吨，厄瓜多尔24.6万吨中的22.1万吨，委内瑞拉65.1万吨中的51万吨，韩国170万吨中的160万吨，菲律宾52.5万吨中的48.7万吨，以色列65.5万吨中的37万吨。在供应商较少的领域如玉米出口领域，美国甚至更重要。美国1975年在日本760万吨的玉米总需求量中，提供了 550 万吨；提供东德需要的 184 万吨玉米中的 180 万吨。①

这些国家的粮食依赖美国是一个不可否认的事实。但美国能将这一依赖转化为政治权力或外交杠杆吗？这在 1975 年还不清楚。举一个假设的例子，巴拿马是一个几乎所有小麦都来自美国的国家，很容易想象一种情况，如果美国想要采取措施应对巴拿马左翼势力对巴拿马运河的威胁，使用粮食禁运似乎是合适的。但是，如果美国小麦突然在巴拿马变得无法获得，巴拿马人可能会从同情他们的墨西哥政府那里得到足够的粮食来维持生存，或者他们可能会吃更多的块根作物或种植玉米和小麦（在热带地区更容易）。

在阿拉伯国家对美国实施石油禁运后，财政部和国务院讨论了对阿拉伯国家实施粮食禁运反制措施的可能性，并认为不可行。修改后的禁运措施也是如此，该禁运措施将对出口到欧佩克国家的粮食征收出口税。这两种想法都经不起仔细分析。大多数主要产油国，如沙特阿拉伯，人口稀少，国际市场很容易满足其粮食需求。另一些产油国人口众多，比如伊朗可能更容易受到伤害。然而，对美国人来说，伊朗是一个重要的市场——其每年花 5 亿美元进口植物产品，而且当时伊朗巴列维国王和美国的关系还很不错，国会的农业游说团体也不希望看到这个市场因为大城市的汽油用户而被放弃。"我们冻死了，他们饿死了。"这是美国政府听到的一句威胁性的话，政治和经济的现实导致了禁运的讨论逐渐消失。

事实上，美国过去的贸易禁运被证明是无效的。比如，对中国、古巴、朝鲜、北越的贸易封锁，并没有让这些国家的政府屈服。美国对古巴经济封锁的主要受害者之一是墨西哥湾沿岸的稻

---

① 〔美〕丹·摩根：《粮食巨人——一件比石油更强大的武器——国际粮食贸易》，张存节译，农业出版社，1983，第 194 页。

农，他们失去了最好的市场。禁运的失效是因为加拿大继续向中国、苏联和古巴出售小麦，而粮食作为大宗商品很难实现世界范围的追踪和控制。

由于政治原因，世界上最容易受到美国粮食禁运影响的地区——欧洲和日本很难成为美国在国际上发挥影响力的支持力量。然而，有一个国家不仅开始大量进口粮食——数量如此之大，以至只有美国才能满足需求——而且还是美国的一个政治对手，这就是苏联。

第三节　"大劫案"助推遥感卫星：莫畏浮云遮望眼

《孙子·谋攻》："知彼知己者，百战不殆；不知彼而知己，一胜一负；不知彼不知己，每战必殆。"

我们回到开篇的 1972 年"粮食大劫案"。这一切发生在短短几周内，美国领导层并不知道苏联内部所面临的农业危机，他们也并不清楚这场大范围且快速的粮食采购活动。这一切是怎么发生的呢？采取什么办法能够防止类似的突然事件再次发生呢？美国中央情报局每年动用大量资源预估苏联的农业生产情况，但很少直接接触当地农民或者农作物。苏联地域的广大使得美国利用传统的间谍手段无法获知苏联农业的全貌，很难想象美国间谍能走遍苏联的每一个乡村。现在思路回到了科技手段上，利用卫星来获取苏联广袤土地上的农作物生长情况。

美国人开始改造他们此前用于跟踪飞机大炮的军事侦察卫星，虽然这些卫星在不断提升远焦镜头的放大功能之后可以看到飞机的细节，但要获得苏联农业的整体情况，还需要更广的镜头。更何况，普通的光学卫星可以拍摄粮食种植地区，但图像并不能清楚地显示由干旱、虫害或病害造成的损失，且根据这样的图像来判断一季粮食丰收与否，结果存疑。因此，开展对农作物生长情况和卫星光谱之间关系的研究，迫在眉睫。幸运的是，科学家们通过对已有气象卫星的研究发现，用于观测云层的红外相机能很好地反映作物的光合作用情况。紧接着一系列新的卫星计划被快速制订并开始实施。一方面是发射新的看得又广又有红外波段的卫星，另一方面是搭建一个庞大的地面验证试验网络，通过美国国内的地面产量数据来验证最新的卫星监测估产方法。

第一次世界大战时航空拍摄即航空遥感就已经成为侦察敌情的重要手段，太空时代来临后太空拍摄图片即卫星遥感成为获取信息的新手段。当美国最先进的 U－2 侦察飞机不断被中国和苏联击落后，太空没有国界的优点使得卫星遥感在军事领域的应用提升到一个非常重要的位置上。20 世纪 60 年代美国就发射了 100 多颗军事遥感侦察卫星，当时的军事拍摄主要采用常见的黑白或者彩色拍摄方法，主要用于识别地物，特别是高价值的军事目标。这种方法对于农作物的监测则不太合适，它有两个主要弊端。第一个弊端是在当时卫星遥感分辨率低（1 米左右）的情况下人们通过黑白和彩色照片实在难以分辨地面种的是什么作物以及作物生长状态。第二个弊端是用 1 米左右的分辨率获取大范围的农作物信息的拍摄成本特别高，军事卫星遥感主要针对少数高价值的物体，而要想了解苏联总共种了多少粮食则需要把整个苏联的耕地扫描一遍，以当时的技术能力要发射几十倍数量的卫星以及动用几十倍的地面计算力量，成本将是几千亿美元级别的，显然这不是现实且明智的方式，因此必须有一种和军事卫星遥感不同的获取大范围作物信息的方法。

第二次世界大战期间，相对于可见光，波长更长的红外线吸引了战地伪装专家的注意，地面目标即使被盖上伪装布，红外光谱也可以穿透表面一窥内部的情况。在早期，这或许提供了一种识别伪装的方法。光谱的红外部分自作物反射回来，从颜色上反映了作物所处生长

图 4 – 1 五角大楼的卫星图，1967 年 9 月 25 日

图片来源：CORONA 卫星拍摄的航拍照片。

阶段或生长状况。根据由此产生的包含红外光谱的假彩色图像，可以有效识别健康麦田和受虫灾、干旱破坏的麦田。

20 世纪 60 年代，科学家们希望借助这项多光谱技术，探索合理管理农业、林业和其他自然资源的方法。1964 年，NASA 开始资助遥感在农业和林业的应用研究。在相关资金的支持下，1965 年，加州伯克利大学成立了遥感林业应用实验室，普渡大学成立了遥感农业应用实验室。普渡大学的实验室开发出了一系列遥感图像计算机自动化处理工具和作物自动分类算法，这也成了后来遥感应用技术的基础。1965 年，密歇根大学把多光谱遥感器装上飞机，开始做跟地面观测的对比，实验证明用多光谱观测的方法对比地面光谱测量的样本可以有效地自动识别作物类别。这项技术现在叫作通过学习样本特征的图像机器学习，由此可见美国在国家安全领域的新技术应用是十分超前的。

这些实验发现通过学习地面作物光谱的特征，遥感监测能够高精度地识别不同作物，比如美国大平原的主要作物小麦、玉米等。这种方法不需要图像分辨率太高，从几十米分辨率的图像中依旧可以提取出有效的光谱特征。虽然几十米分辨率的图像中一个像素就覆盖几百乃至几千平方米，很难直接用形状和纹理来识别作物，一个像素甚至包含了很多不同的作物斑块，但是其多光谱的特征还是很好地反映了这么大面积上主要作物的特征。

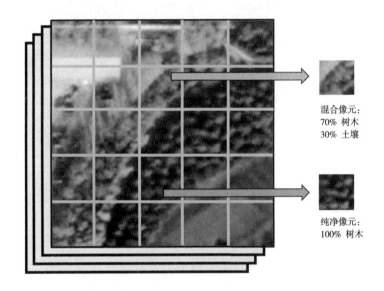

混合像元：
70% 树木
30% 土壤

纯净像元：
100% 树木

图 4 - 2　高光谱图像中纯像素和混合像素的示例

图片来源：作者绘制。

分清楚每个像素的作物类型之后，科学家把一种作物的像素个数汇总就形成了作物种植分布，也就知道了该作物的种植面积。每年的作物种植面积是非常重要的农业信息，因为每年农民个体关于种植何种作物的决定可能不同，当年该作物的种植面积直接决定了当年该作物的总产量。这个作物分类方法的效果非常好，有时候大范围作物面积的统计误差只有2%。这些实验还发现对于那些地面看起来形态差异不大的作物，如小麦和燕麦，遥感多光谱也能很好地识别出来，根据多光谱的时间序列甚至能区分小麦和燕麦间作等复杂作物种植方式。

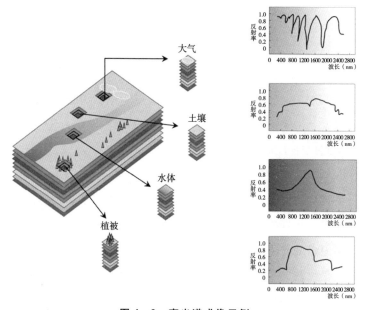

图4-3 高光谱成像示例

图片来源：作者绘制。

1971年，美国出现了一种新的玉米病害——南方玉米大斑病，给美国造成了很大的损失。于是多光谱传感系统被放在飞机上在7个州监测这种新的病害的传播情况。红外传感器被装在高空飞机上大范围监测，多波段传感器装在低空飞机上做细节监测，再结合地面试验后，整体监测的精度非常之高。这样的系统能够评估当前的病害影响区域，并监测整个生长周期内病害的传播动态，乃至评估病害对最终产量的影响，这是大规模作物病害第一次被系统监测，这也是传统方法无法做到的。

1964 年，NASA 与美国农业部、内政部协商，决定着手建造一枚民用地球资源卫星。这引起了美国国防部与休斯公司的兴趣，国防部与休斯公司帮助其研发了一款实用且能供航天飞行用的多光谱扫描仪。在仍旧以传统卫星照片和情报技术为主导的世界中，该卫星系统兼具了民用功能和国防潜力。NASA 于 1968 年正式开始了第一个地球资源卫星（ERTS）的研制，上面的核心就是多光谱遥感器（MSS），这个研制计划后来发展成了著名的地球资源卫星系列（Landsat）研制计划。1969 年，一个 ERTS 的模拟系统被装在阿波罗 9 号上，这次试验充分验证了这个系统的可用性。1972 年，ERTS‑A 卫星，也就是后来被重新命名的 Landsat‑1 成功发射，NASA 和美国农业部一起展开了很多农业应用试验。

在 NASA 发射地球资源卫星系列中第一颗卫星——Landsat‑1 的同时，情报界也对 1972 年的"粮食大劫案"做出了反应，重新评估了极具前景的早期传感器研究。这是在轨卫星首次采用实用的多光谱技术。当卫星的光束扫描摄像机在任务执行仅几天后就停止运行后，研究重点很快转向了扫描仪。科学家和工程师设法对扫描仪进行了微调，使其精度比预期更高。

这时，简单的作物分类和灾害调查已经不能满足当下美国对苏联和世界其他区域农作物产量的监测需求。如果说之前的实验证明了可以进行在作物分类基础上的作物面积的精确测量，那么精确统计和预测农作物产量就成了一个亟待解决的问题。于是基于 Landsat‑1 数据的作物产量监测项目紧急展开了，这个项目被命名为"大范围农业调查试验"（LACIE）。这个项目的复杂程度远远超过了遥感测量本身，因为大多数作物的种子并不能被遥感器直接观测到，遥感器能观测到的主要是植物的叶片，而作物最终产量如何，受气象和作物品种的影响尤其大。得到精确的作物产量是一个集遥感科学、作物科学、气象科学于一体的系统性工程。

如何测量和预测一个国家的作物总产量呢？某种作物的总产量等于每块种植这种作物的土地上的产出的总和，而 LACIE 项目把这个问题分成了两步，第一步是测量作物的面积，第二步是测量不同地区的亩产，然后求和就能知道总产量了。第一步是测量哪些地方这个作物季种植了这种作物。这是按作物物候期来分的，比如中国长江流域就可能是两季，也许都种水稻，也许是小麦和晚稻的组合，这都要搞清楚。如前面所述，北美地区主要作物的分布已经是多光谱遥感可以精确区分的，但是要进一步扩展到全世界则需要更多的世界范围内的光谱来做学习样本和实验测试。第二步则是开发作物生长模型，因为卫星遥感不能直接测量种子，必须用模型模拟某一作物在外界环境下如何生长，然后把作物特征、卫星遥感数据、气象数据等信息输入模型来推导计算出最终的产量。

1974 年 11 月 6 日，当时的美国国务卿基辛格在联合国世界粮食大会上宣告：美国的太空、农业和气象部门将试验用最先进的卫星技术来统计和预测重要的农作物的产量，其将从北美的产量监测开始，然后扩张到世界其他部分。显然，在他宣布的同时这些全球性农作物的数据收集工作已经开始。

毫无疑问，旨在提供全球作物产量估算的 LACIE 项目是其中重要的一环。如前所述，这一正式实施于 1974 年的项目，被美国政府视为高度优先的项目，且相关数据高度敏感。霍尔（Forrest Hall）博士是 NASA 约翰逊航天中心的科学家，也是 LACIE 项目的创建者之一。他这样描述当时面临的情况："美国在对外贸易决策中面临一个主要问题，即缺乏关于海外新收成潜在供应的及时、准确的信息。"[①] 霍尔博士的团队会打印出世界的灰度卫星地图，将它们贴在会议室的墙上并

---

① R. B. MacDonald and F. G. Hall, "Global Crop Forecasting," *Science*, Vol. 208, Issue 4445, 1980.

进行研究，绘制正方形来定位区域。他们发明了一种算法，利用卫星数据估计作物的特征和产量。霍尔描述这是一段激动人心的时光，每天都有很多工作要做。"我们花了很多时间，为此我们远离家人，"霍尔说，"我们曾一度向福特总统介绍了苏联的小麦种植情况。"①

NASA 在 1975 年初发射了第二颗 Landsat 卫星。虽然 NASA 发射 Landsat - 2 并不仅仅是为了 LACIE 项目，但 LACIE 项目对美国的重大意义影响了其发射日期。数据收集和数据的连续性问题令 NASA 深感担忧，因为其预计 Landsat - 1 只能运行 1 年。因此，NASA 局长詹姆斯·弗莱彻（James Fletcher）向白宫施压，要求提前发射 Landsat - 2，以便为 1975 年的谷物生长预测提供数据。弗莱彻写信给总统经济政策助理乔治·舒尔茨，要求他"在现有资源的范围内重新安排该卫星的发射时间，从 1976 年提前到 1974 年"②，并提到该卫星从国际社会得到的普遍积极的反应。弗莱彻指出："这是一项持续获取全球数据的国家计划，为外交政策提供了一个有意义的新工具。"最终，1975年 1 月 22 日，NASA 提前一年将 Landsat - 2 送入轨道，使 LACIE 项目可以及时评估 1975 年苏联的粮食产量。

第四节　中东大棋局：油价压下去，粮价提上来

到 1978 年，埃及是 480 号公法援助的最大受援国。它每年获得 100 多万吨援助小麦。与此同时，石油价格降下来了。

---

① "How Satellite Maps Help Prevent Another 'Great Grain Robbery'," National Environmental Satellite Data and Information Service, August 20, 2021, https://www.nesdis.noaa.gov/news.

② Letter From the Administrator of NASA to the Assistant to the President for Economic Policy, Washington, September 5, 1973, National Archives, RG 59, Central Files 1970 - 73, SCI 20.

在中东，粮食援助扮演的角色略有不同，在基辛格试图将埃及从更激进的阿拉伯国家中分离出来的过程中，它是一个至关重要的讨价还价的筹码。1974 年 2 月 28 日，美国与埃及的外交关系在中断 7 年后恢复，基辛格 1974 年末对埃及做出的粮食援助承诺是他努力反对国会将政治粮食援助限制在援助总数的 30% 的原因之一。在 1975 财政年度，埃及在受援国中获得了第三大数额的 480 号公法信贷，总额为 1.2 亿美元。

1975 年春天，当 1976 年的 480 号公法支出预算提交给国会时，政府故意不提及对中东的要求，等待对中东政策的"审查"。总预算的 30% 即 2.8 亿美元，被认为是以前"未承诺的"。这笔钱无疑成为基辛格获得中东协议的一个极具说服力的筹码。对中东的 480 号公法信贷额度将很快宣布，一位农业部官员称，基辛格已经在中东做出了大量承诺。

美国通过 480 号公法向埃及、智利和其他国家提供粮食援助，从中获得了政治和经济利益。这些国家处于美国外交的风口浪尖，而粮食援助就像其他援助一样，只是因为接受援助的国家虚弱、贫穷或缺乏在世界市场上购买粮食所需的外汇，才成为外交政策的有效武器。之前，当埃及在 1967 年对以色列开战时，480 号公法的粮食援助就被停止了。

在美国被迫离开印度支那后，其粮食援助外交努力的重心转移到了中东，在那里进行了更大规模的粮食援助，以便在 1973 年阿拉伯—以色列战争后，使美国调解的和平条件变得更好。战争一年后，基辛格指示将粮食援助这根"胡萝卜"用于中东。1974 年 9 月，美国承诺向埃及提供 10 万吨小麦援助。这是极其重要的一步——这是自 1967 年六日战争后两国关系破裂以来的第一次此类援助。基辛格说，这种援助是"人道主义"援助的终极措施，因为它可能可以防止战争。随着埃及人对他们在 1973 年战争中光荣事迹的记忆逐渐消退，安瓦尔·萨达特总统需要处理日常生活中的世俗事务。他的国家正迅速陷入经济困境。开罗是世界上最拥挤的城市之一，棚户区居民在城市郊区的墓地里扎营，骆驼、公共汽车和人在市区街道上争夺空间。基本主食需要大量补贴，埃及所需的进口粮食消耗了其日益减少的外汇储备。简而言之，粮食对萨达特总统的政治生存至关重要。正是在这种背景下，基辛格指示恢复中断了7年的对埃及粮食援助。

这种将粮食援助外交重心转移到中东的做法在1978年戴维营协议后达到了顶点，当时埃及成为480号公法援助的最大受援国，它每年获得100多万吨援助小麦。但粮食援助是有条件的。作为长久以来阿拉伯国家领袖的埃及与阿拉伯社会的宿敌以色列媾和，这对于中东阿拉伯国家的联合起到了釜底抽薪的作用。联合在一起的中东阿拉伯国家变得群龙无首进而转向内部争斗，自然，巴以冲突导致的石油价格上升的风险也从美国头上轻巧地移走了。到1981年，美国对埃及的粮食援助拨款仍主要用于外交目的，大约是其他受援国的5倍。这一粮食援助的影响甚至延续到了21世纪，埃及庞大的人口规模强烈依赖从国际粮食市场进口的口粮。[1]

480号公法就这样使美国把粮食分配给像埃及这样的国家，以换取政治或经济方面的利益，甚至是这些国家政治上的让步。作为多年来被美国似乎永不枯竭的过剩农产品所支配的国家，想要拒绝接受这类产品以对抗美国施加的压力，似乎是件不可思议的事。

第五节　反其道而行之：1975年美苏粮食协议

1972年的"粮食大劫案"之后，1975年美国再次让苏联完成了大规模的购粮计划。这不是美国的再次"疏忽"，而是苏联

---

① 　D. Morgan, *Merchants of Grain*, Viking Press, 1979.

对进口美国粮食的进一步依赖。

1975 年 10 月初的清晨，一个穿着运动衫和网球短裤的孤独身影沿着莫斯科的河岸慢跑。克格勃安全人员骑着自行车小心翼翼地跟在他后面。对于苏联的领导者来说，这位独自跑步的人完全是一种新的、陌生的威胁。慢跑者是美国副国务卿查尔斯·鲁宾逊，他是一个健身爱好者，早晨的跑步可以帮助他缓解这次来莫斯科的使命给他造成的紧张情绪。鲁宾逊是来向苏联政府提交一项不太吸引人的建议的：鉴于其农业歉收和急需援助的情况，如果苏联不同意每年以大大低于欧佩克的价格向美国提供 100 万吨石油，克里姆林宫就会面临没有所需粮食的困境。[1]

这项大胆的提议是鲁宾逊的上司、美国的国务卿亨利·基辛格决定的，并得到了福特总统的支持。在他们看来，苏联石油是潜在的能源来源，它既不受欧佩克禁运的约束，也不受国际石油价格上涨的影响。如果苏联的粮食进口像福特和基辛格所想象的那样必不可少的话，那么苏联在石油上就没有太多议价空间了。这就是沿着莫斯科的河岸独自奔跑的这个男人带给苏联领导人的信息。

苏联的困难在 1975 年的春天和夏天一点一点显露出来。月复一月，来自国营农场和集体农庄的报道称，农作物的长势更加不好了。5 月，美国农业专员帕纳萨克给华盛顿发出的关于苏联收成的报告是乐观的。但这份当时还算正确的报告，是以他对冬小麦的考察为依据的。伏尔加河流域的春小麦则被最近的旱灾摧毁了。苏联整个第九个五年计划及其改善粮食供应情况的承诺面临严重问题。如果苏联还要坚持这个计划，那就必须从国外进口大量的粮食。

---

[1]　〔美〕丹·摩根：《粮食巨人——一件比石油更强大的武器——国际粮食贸易》，张存节译，农业出版社，1983，第 185 页。

为了通过进口粮食来弥补自己的粮食缺口，苏联人在开始时，不声不响地进行活动。苏联用进口粮食弥补其日益增长的粮食赤字的战略的第一阶段进展顺利，一如 1972 年"粮食大劫案"时的情形。在一段时期里，他们表现得甚至比 1972 年更加狡猾和神秘。1972 年，他们派贝鲁索夫及其粮食进出口公司的小组人员去美国四处购粮。当时苏联的购买行为让美国人措手不及，但美国人不太可能上当受骗两次，这次他们不会再掉进同样的陷阱了。美国农业部部长厄尔·布茨和苏联外交部部长安德烈·葛罗米柯于 1973 年 6 月 19 日签署了"农业合作协议"。该协议的第二条规定，两国有义务"定期交换相关信息"，包括"对主要农产品的生产、消费、需求和贸易的前瞻性估计"。但苏联人经常拒绝提供他们的报告，并拒绝美国核查人员根据他们的既定路线对苏联的实际情况进行考察。1974 年，美国测量员被拒绝进入哈萨克和乌拉尔南部，随行人员被拒绝进入伏尔加河流域，驻莫斯科武官的旅行也受到限制。① 旨在管理信息交流的美苏农业合作联合委员会未能使美苏达成真正的合作。此后，美国也在寻求新的可行的办法——利用 Landsat 卫星从太空评估苏联的农作物生长情况。②

1972 年，苏联发动了类似早期的哥萨克骑兵一样的偷袭，而 1975 年其选择了二战中常见的夜间渗透战术。粮食进出口公司的新老板维克托·珀欣隐藏在他的"参谋部"里领导着这些活动。苏联驻日内瓦的海运代理人已经悄悄地联系了巴黎的经纪人让·勒布雷特，通过勒布雷特以格勒纳斯公司的名义掩盖了苏联人租用货船的活动。珀欣随后胸有成竹地开始和美国公司的欧洲子公司洽谈交易。这样一来，在福特政府搞清楚发生了什么之前，苏联就能够购买近

---

① Foreign Relations of the United States, 1969 – 1976, Vol. XV, Soviet Union, June 1972 – August 1974.

② B. Jirout, One Satellite for the World: The American Landsat Earth Observation Satellite in Use, 1953 – 2008（Ph. D. Dissertation, Georgia Institute of Technology, 2017）.

1000万吨粮食，并已租好了载运这些粮食的船只。

　　但是到了初秋的时候，只有一部分粮食交付了。福特政府阻止这些粮食公司按苏联人需要的量卖粮给他们，至此，苏联人通过他们早期的"阴谋"所获得的战术优势已经丧失。

　　更糟糕的是，美国政府和码头工人工会在1971年为继续和苏联人进行交易而缔结的"和平"条约突然中止了。不仅额外的购粮成了问题，而且码头工人工会开始威胁苏联要抵制装载其已经购买的粮食。工会领导人想要为美国海员创造就业机会并得到防止由苏联购粮造成通货膨胀的保证。否则，工会领导人宣称，苏联将不得不放弃这些粮食。①

　　美国此时手里的牌要比苏联的好。美国人终于能够在粮食贸易中获得金钱以外的东西。而粮食贸易涉及的金额，跟美国所获得的金钱以外的东西比起来，简直是微乎其微。美国的"粮食力量"，是鲁宾逊来莫斯科试用的新武器。

一　面对1975年苏联购粮，美国国内的政治冲突

　　1975年7月，在发现谁躲在格勒纳斯公司后面之前，福特政府考虑过当前形势的各种可能性。很多迹象让人猜出了苏联的农业问题。一方面，苏联正在瑞士大量抛售黄金；另一方面，苏联出人意料地表示，它希望参加关于国际粮食新协议的谈判。根据当时在伦敦讨论的世界储备计划，这项协议的签署者可以优先得到国际粮食储备的粮食。一直对这项计划表示不满的苏联人突然表示有兴趣了。

　　基辛格为讨论国际粮食形势开了绿灯。鲁宾逊在总统顾问威廉·塞德曼的办公室里召开了一次会议，探讨这次如何避免苏联新的粮食

---

① 〔美〕丹·摩根：《粮食巨人——一件比石油更强大的武器——国际粮食贸易》，张存节译，农业出版社，1983，第186页。

"抢劫"。在鲁宾逊看来，美国在市场上必须利用自己的实力地位来对付苏联人。美国农民应该得到大量收入，海运公司应该得到合理的运输份额，还必须利用苏联的依赖性来得到其他间接的好处。[①] 鲁宾逊几个月前才从马可纳矿业公司来到国务院。他是一个务实的人，有着管理和"硬"工程科学的背景，他以外交官中的实干家、"催化剂"和有创造力的商人的身份接受这份新工作。在他看来，如果巨大的粮食资源给了美国杠杆，这个杠杆就应该被使用。在这个意义上，他是"粮食力量"的信徒。

参加会议的有劳工部部长约翰·邓洛普、管理及预算办公室主任詹姆斯·林恩和白宫经济委员会的阿伦·格林斯潘以及保罗·麦卡沃伊。这些人有一个共同点：都不信任农业部部长。曾领导过尼克松总统的"生活费用委员会"的邓洛普怀疑厄尔·布茨关心的更多是自己的选民，而不是美国消费者的福利。林恩确信布茨1972年没有领导好工作，白白地让苏联人做成了交易。麦卡沃伊则根本不相信从布茨那里来的经济情报和统计情况。布茨没有参加塞德曼办公室里召开的会议，他没有被邀请。布茨希望尽量把粮食出口扩大到那些能够购买这种商品账单的国家里去。他为此反对过政府里那些比他更关心通货膨胀的成员。1974年10月，财政部和白宫贸易处的代表没有等布茨从外地回来（当时他不在华盛顿），就中止了两笔卖粮给苏联的大交易。

国务院也听到了一些对农业部不满的议论。1973年，农业部反对根据480号公法发放贷款给葡萄牙和智利，担心给国外的老顾客造成粮价的上涨。但国务院占了上风，贷款还是发放了。最后，1974年11月，在罗马的联合国世界粮食大会上，基辛格抢先做了关于国际农业政策的极其重要的发言。

---

① 〔美〕丹·摩根：《粮食巨人——一件比石油更强大的武器——国际粮食贸易》，张存节译，农业出版社，1983，第195页。

在 1975 年春季里，美国农业部设法悄悄地赶在反通货膨胀分子和"粮食力量"的热心支持者的前面，先向粮食公司声明，不足一千万吨的交易不会受到政府方面的阻碍。苏联人 7 月的购粮使鲁宾逊和那些想利用"粮食力量"的人丧失了一切行动的可能性。合同已订，交易契约已签。专门估计苏联收成和调整粮食在国外流通情况的政府机器失灵了。但即使在这样的条件下，3 月废止的向国外售粮要预先得到批准的规定却并未得到及时恢复。到了 7 月 24 日，政府才终于要求粮食公司停止一切新的销售。一直等到 8 月 11 日，见到关于美国玉米收成的小结报告后，政府才下定决心中止有关苏联的合同，但一千万吨粮食已经卖给苏联了。

另一股力量，美国劳联—产联主席乔治·米尼一直反对美苏缓和，他认为这是一条"单行"线。这位强烈反苏的人，在得知 7 月的卖粮情况之后，低声抱怨说："为什么帮助苏联？他们为了取得军事优势，把很大一部分国民收入用于军备。我们有什么理由却去弥补他们的失败，去喂养他们的人民？"[1] 米尼也有更直接的理由反对这些交易。1972 年，美国和苏联一致同意把 1/3 运给苏联的粮食交美国船只运输。米尼确信，苏联人没有遵守这项协议。由美国船只运输的份额没得到实行，因此美国商船队受到了影响。

1975 年，福特政府内部发生了分歧，但工会保留抵制权，因而使"粮食力量"支持者占了上风。鲁宾逊和基辛格考虑用美国的粮食去换取苏联的石油。他们的结论是：这样的交易既符合苏联的利益，也符合美国的利益。苏联的外汇储备有限，如果它要继续向外国购买小麦、玉米和大豆，它就需要支付这些交易的资金。[2] 1975 年，

---

① 〔美〕丹·摩根：《粮食巨人——一件比石油更强大的武器——国际粮食贸易》，张存节译，农业出版社，1983，第 196 ~ 197 页。

② 〔美〕丹·摩根：《粮食巨人——一件比石油更强大的武器——国际粮食贸易》，张存节译，农业出版社，1983，第 197 页。

1000 万吨石油的价格大约相当于 600 万吨小麦。鲁宾逊建议，美国把开发石油的技术和设备也卖给苏联；苏联人则把多余的石油卖给美国，来获取购买这些技术和设备的资金。

当时，苏联实际上已是世界上最大的石油生产国。它每天从油井里抽出 980 万桶油，这一产量超过了美国，也超过了沙特阿拉伯。苏联石油过剩。它每天出口约 260 万桶，其中大部分卖给东欧，另卖给西欧 88 万桶。但美国并不进口苏联的石油，它的石油供应几乎完全靠欧佩克国家。

基辛格很快就宣布，他对以粮食换石油的"心理战"感兴趣。美国可能会在欧佩克以外找到一个新的石油供应源，而且如果苏联像人们所想象的那样需要美国的粮食，它最后就会同意以低于欧佩克的价格出售自己的石油。[①]

在寻求如何安抚工会和帮助基辛格获取外交利益的同时，福特责成当时的劳工部部长约翰·邓洛普注意继续给苏联发运粮食的问题。尽管和苏联的合同中断了，但粮价在整个 8 月仍持续上涨。但 9 月初，价格又重新开始下跌。

现在邓洛普要面对农民的愤怒。当农民的代表威廉·库福斯在邓洛普那儿抱怨的时候，邓洛普不耐烦地回答说："你们的意思是，我们在同苏联的谈判中不能利用粮食，因为你们的利益有受到危害的可能，是不是？但这是关系到民族利益的问题。"[②]

邓洛普认为，至少应该使苏联购粮正常化。米尼希望与苏联达成一项确定购粮的长期协议，并签订一些合同。这项协议和基辛格、鲁宾逊等正在拟订的战略是一致的。邓洛普向工会做出的承诺就是这项

---

① 〔美〕丹·摩根：《粮食巨人——一件比石油更强大的武器——国际粮食贸易》，张存节译，农业出版社，1983，第 197 页。

② 〔美〕丹·摩根：《粮食巨人——一件比石油更强大的武器——国际粮食贸易》，张存节译，农业出版社，1983，第 198 页。

协议和改善运输方面的部署。

9月9日，邓洛普把米尼和其他几位工会的领袖带到白宫的椭圆形办公室会见福特总统。如果美国试图和苏联达成一项包含最高供应额及今后粮食交易正常程序的永久性协议，码头工人会装船吗？这个问题提出之后，场内出现了一片令人沉闷的肃静。邓洛普用手肘碰了一下码头工人工会主席特德·格里逊。他终于回答说："装。"

布茨没被邀请参加这次会议，也没被邀请参加接着举行的记者招待会。第二天，等待着他的是一种新的侮辱。国务院得知，大粮食公司已经停止售粮给苏联，但仍然继续和苏联亲近的盟国之一——波兰签订合同。然而苏联每年要向波兰提供几百万吨小麦，因此波兰人向美国买一蒲式耳粮食就等于使苏联人减少一蒲式耳的需求量。禁运被人钻了空子。

基辛格、鲁宾逊和邓洛普对福特施加压力，要求对波兰也实行禁运。总统在另一次会议上满足了他们的要求。布茨这次参加了会议，在福特刚一离开的时候，他就发起了火。他已经同意对苏联停止售粮，而现在禁运扩大了。他感到有一帮人联合起来反对他，并破坏他自1972年"抢劫"以来所执行的粮食出口政策。他对鲁宾逊大声叫道，"你们把我当作乡巴佬，我是政府里的成员，我希望你们把我当成员之一来对待"。可是就在那一天，基辛格的顾问海尔穆特·索南费尔特（而不是布茨）向波兰大使馆提出，"请"华沙政府在实行新办法之前停止购买美国粮食。

二 莫斯科谈判

1975年9月11日，鲁宾逊到莫斯科谈判一项关于粮食的长期协议。

公众还不知道基辛格关于苏联石油的计划。当鲁宾逊为征求其他政府成员的意见于9月16日回到美国的时候，他宣布已经就粮食贸易的问题与苏联达成了"原则"协议。

这在美国的农业区里引发了骚动，布茨也感到不高兴。波兰农业部部长卡齐米日·巴尔齐科夫斯基于9月22日到华盛顿访问。布茨告诉他，自己把禁运看作一个"不幸的事件"，并承认他本人曾反对这种禁运。

但基辛格坚持试图从苏联得到减价的石油。欧佩克成员国9月27日的部长会议更加强了他的决心。石油价格将上涨10%，每桶油的价格由10.46美元增加到11.51美元。翌年，世界石油账单上的金额将达100亿美元，其中美国占20亿美元。基辛格的想法在福特的政治顾问中得到了大力支持。粮食禁运时间越长，美国就越有必要得到苏联人的让步。没有任何东西在政治上比廉价石油的前景更吸引人。

9月29日，鲁宾逊带着一个更大的代表团回到莫斯科。谈判第二回合开始了。美国人不久就感到有点不舒服了。全体会议几乎每天都开，而且开始拟定粮食协议的细节。苏联人希望确定每年能够购买的美国玉米和小麦的最低数量。美国人则愿意定出一个最高数量，超出这个数量就应该得到美国政府的批准。这些问题里的困难并不严重，因而工作继续向前推进。苏联做了让步：同意每吨粮食以16美元支付美国租船人运输费用。但在石油方面，苏联人不肯让步。①

每天的剧情都相同。鲁宾逊会见了苏联外贸部部长尼古拉·巴托利切夫，对他重申，没有石油，就没有美国的粮食。巴托利切夫回答说，他的同胞宁肯"饿死"也不屈服于这种讹诈。苏联外贸部部长有时取下电话和人做简短的谈话。他在放下电话的时候说，"这是勃列日涅夫。他说不行"。他几乎变得同情这位美国对话人了。他说：

---

① 〔美〕丹·摩根：《粮食巨人——一件比石油更强大的武器——国际粮食贸易》，张存节译，农业出版社，1983，第199页。

"鲁宾逊先生，您仍可以得到您的粮食协议，昂头挺胸地回华盛顿去，但形势却每天在变坏。"

鲁宾逊这位习惯于猛冲猛打的商人被这种外交的迂回手法压制了。他向大使沃尔特·斯托埃塞尔借了一条打网球的短裤，开始在清晨沿着莫斯科的河岸慢跑，以摆脱谈判带来的紧张情绪。巴托利切夫表现出受感动的样子，他开玩笑说："克格勃都跟不上您。"

时间一天天地过去了，而苏联人在石油问题上一直不让步。鲁宾逊每天给国务院发的电报越来越清楚地体现出美国代表团在莫斯科获得的信息：毫无办法把小麦协议和石油方面的让步联系起来。苏联人根本不同意以低于其他国家的价格出售自己的石油，无论以什么方式来掩饰这种削价。如果苏联的石油抵达美国，欧佩克国家显然会认为，美国是以低价进口这些石油的。

巴托利切夫对鲁宾逊说："形势更糟了。"

尽管鲁宾逊发出了悲观的电报，基辛格仍坚持自己的立场。他的顾问索南费尔特和他的经济事务助理托马斯·恩德斯事先研究了这些电报，然后送交基辛格做出决定。基辛格说："我比鲁宾逊还要固执一点。"

鲁宾逊当时的想法是，苏联并没有虚张声势，形势越来越有利于他们。苏联和西方的粮商在世界上四处搜集一切可能出售的多余粮食。美国人已经控制了本国的粮食出口，但对跨国公司在其他国家的活动却无能为力。这些公司可以自由地把其他国家的粮食卖给苏联人。福特政府强令停止销售，不是出于公开的政治原因，而是担心粮食方面会带来新的通货膨胀压力。因此，粮食公司在 8 月和 9 月继续为苏联人到处购粮。它们在 8 月替苏联人从欧洲买了 150 万吨小麦，后来又买了 75 万吨。接着，它们又向加拿大买了 5 万吨燕麦。在鲁宾逊和巴托利切夫 10 月继续在莫斯科谈判的时候，库克公司、大陆粮食公司和路易达孚公司以及其他一些公司一直在美国把粮食卖给苏联的粮食进出口公司，间接帮助苏联从罗马尼亚进口了 40 万吨小麦，从巴西进口了 40 吨玉米和大豆，而从阿根廷进口的玉米和从瑞典进口的小麦有 100 万吨。①

美国代表团的情绪和莫斯科的天气一样阴沉，莫斯科的 10 月已经进入漫长的冬季。莫斯科人已穿上毛大衣，戴上帽子和围巾来抵御北极吹来的寒风。夏季堆满西红柿、香瓜和黄瓜的菜市场，现在则供应不太吸引人的商品：土豆、萝卜和一桶桶腌酸菜。在苏联的广袤土地上，一个播收周期已经结束，另一个又开始了。田野里甜菜堆积如山。在乌克兰、高加索和中部俄罗斯的"黑土"地区，人们开始播种小麦。夏收早已结束，土地已经耕过，正等待新的播种。

在外贸部里，巴托利切夫似乎越来越自信。苏联人在夏初购粮时严守秘密，而现在却向美国人宣布一笔笔交易。巴托利切夫组织了一次双方谈判小组成员的全体会议。在一个长篇发言中，他讲到了二战期间的美苏联盟。他在美国人面前说这些话的目的是要使美国人懂得，在这新的缓和时期里，相互信任是必不可少的。他在讲话时，时而热情洋溢，时而垂头丧气，时而雄辩动人，时而讨人厌烦。任何谈判都是不可能的，如果双方中有一方感到被人"卡住了脖子"。美国人是来谈政治的吗？要是这样的话，他们要找的应该是外交部部长安德烈·葛罗米柯。巴托利切夫讲了 5 个小时。维克托·珀欣看了看美国农业部的迪克·贝尔，并向他微笑了一下。

这一席话讲得很清楚，苏联在农业方面遭受了灾难，但他们也可以不用美国粮食来应对这样的灾难。苏联人体验过饥荒，也见过自己的城市被围困。如果美国人认为，苏联会为了几船粮食而出卖自己的政治原则，出卖对欧佩克的支持，那他们应该重新去读一下历史。美

---

① 〔美〕丹·摩根：《粮食巨人——一件比石油更强大的武器——国际粮食贸易》，张存节译，农业出版社，1983，第 200 页。

国人跟跄地走出会议室。很诙谐的巴托利切夫接着就邀请他们共进午餐。①

　　巴托利切夫是认真的吗？还是像苏联人惯常那样在虚张声势呢？在鲁宾逊看来，显然一切希望都没有了。粮食协议的技术细节在美国和苏联外贸部的代表经过紧张的 48 小时谈判后被拟定出来了。苏联人可以每年购买 6 万~8 万吨小麦和玉米，而且，在美国政府断定国内生产状况允许之后，还可多买一些。协议没有要求苏联向美国经常提供有关苏联的农业形势或期粮意图方面的情况，并根本没有要求苏联参加新的国际粮食储备计划。

　　于是，除了鲁宾逊去巴黎参加 10 月召开的经济合作与发展组织的会议，其他美国人都回去了。到了巴黎后，筋疲力尽的鲁宾逊打电话给国务院，把自己的感想告知了索南费尔特。几小时以后，他收到的一份电报竟使他目瞪口呆：基辛格命令他回莫斯科去，为取得苏联在石油方面的让步做最后的尝试。

　　在美国的农业州里，爆发了不满情绪。参议员、众议员和一切关心农业的人对共和党政府施加压力，要求结束谈判，并让粮食在苏联人还愿意买的时候，销售出去。基辛格和国务院的那一班人员清楚地看到了停止粮食销售对福特在故乡——中西部的选民中所造成的政治损失，但他们一言不发。②

　　鲁宾逊转回莫斯科，但巴托利切夫所做的一切只是帮助美国人挽回面子而已。鲁宾逊给了他一封信，信中讲到两国政府"不久要开始会谈，以签署一项关于购买和运输苏联石油的协议"。信中还明确指出，这项协议将允许美国每年购买 1000 万吨原油和其他如柴油这

---

① 以上关于当时情景的描述，引自〔美〕丹·摩根《粮食巨人——一件比石油更强大的武器——国际粮食贸易》，张存节译，农业出版社，1983，第 201~202 页。

② 〔美〕丹·摩根：《粮食巨人——一件比石油更强大的武器——国际粮食贸易》，张存节译，农业出版社，1983，第 202 页。

样的石油产品，原油约占全部购买量的70%。信中还说，"这些产品的价格将由双方在彼此同意的情况下，确定在一个尊重美苏政府利益的水平之上"。信中根本没有谈到价格要低于世界行情的问题。

新的和长时间的关于美国购买苏联石油的谈判于1976年开始了（一切想得到价格方面让步的想法最后都被排除了），但谈判没有取得成功，由于选举的原因，这项协议就简简单单地被人忘记了。

粮食协议是在1975年10月20日宣布的。某些基辛格的顾问过后认为，也许基辛格根本没有相信过苏联人会投降。某些人甚至说，基辛格只是想把苏联人拖进无休无止的谈判，以分散他们对他在中东外交活动的注意。9月2日，由于美国的调解，埃及和以色列签署了关于西奈半岛的协议。但在一段时间里，这项协议随时都会因意外情况而成问题。布茨本人也承认，"在以色列—埃及协议的谈判之际，粮食禁运起到了把苏联排除在外的作用"。

但归根结底，福特总统过高地估计了以粮换油的成功可能性，并为此付出了高昂的代价。美国人从未得到福特在10月里举行的记者招待会上所宣称的那些苏联人的让步。但他却不能不面对农业州的怨恨，其批评他干涉了粮食出口。有些农民认为禁运造成了总价下跌，他们控告鲁宾逊和联邦政府，并要求赔偿损失。

10月底，福特提高了小麦支持价格，但这已经不是一个及时的行动了。选举前几天，伊尼德（俄克拉何马州）附近的仓库壁上贴有这样一张告示，上面写道："请记住禁运！"

他最后对中西部的选民又做了一个重大让步，把这个地区的"农民朋友"但在其他地区不太得人心的堪萨斯州参议员罗伯特·多尔选为副总统候选人。多尔在农业州进行了有力的活动，福特终于赢得了这些州，但胜利的代价是很高的。塞德曼不得不承认，停止向苏联售粮"曾引起了福特的最好支持者的明显和长期的反对"，并可能使福特丧失总统职位。选择多尔担任副总统则加强了福特在自己选民心中的地位，但又可能使他失去东海岸各州，并进而使他失去总统职位。

1976年1月，当有人提到再次用对苏联实行粮食禁运的方式来回敬苏联在安哥拉的插手时，福特毫不含糊地予以了拒绝。"苏联人没有美国粮食也会以各种方式来应付过去的，他们丝毫不考虑美国的意见。"这是总统的经验之谈。[①]

粮食不像高技术设备一样可以被溯源。作为大宗商品的粮食，其进口方总是可以充分发挥中间商的作用来获得所需的资源，就像苏联1975年在波兰和欧洲其他地区所做的事情一样。而1976年美国通过的ITAR和AECA等技术禁运法案则在后续控制对苏联的高科技出口方面起到了巨大作用，哪怕这些技术是从中间国输出的也能很快被追溯和发现，如日本东芝公司出口给苏联的高级机床。控制技术输出可以有效地降低苏联的经济增长率，而想要巧妙地利用粮食这种不能被有效追溯的大宗商品让苏联经济付出代价则要另寻他策。

第六节　穿梭的粮食巨头

美国政府并不是对粮食巨头的买卖行为不闻不问，相反，跨国粮食公司的每一笔面向苏联的大额粮食交易，都需要"请示"美国农业部，并获得"首肯"。

一　粮食巨头：逐步移向美国

1975年夏天，一个商人正忙着向苏联粮食出口联合公司

---

① 〔美〕丹·摩根：《粮食巨人——一件比石油更强大的武器——国际粮食贸易》，张存节译，农业出版社，1983，第203页。

（Exportkhleb）出售粮食。他身材矮小，声音沙哑，穿着皱巴巴的细条纹西装。如果有人在旅行中追上了杰勒德·路易·德雷福斯，问他是什么让他奔波，他不会像其他大多数商人那样说"利润"、"现金流"或"企业增长"。他很可能会像他的曾祖父利奥波德那样回答："我们的业务满足了巨大的人力和经济需求。"

利奥波德是19世纪最成功的粮食商人。当时的粮食贸易还集中在欧洲，从18世纪中叶开始，英国和荷兰是两个重要的交易中心，而莱茵河是欧洲最大的商业动脉。在今天主导市场的5家全球粮食公司中，有3家是在19世纪后半叶这个贸易十字路口时期发展起来的。洛林的弗里堡、阿尔萨斯的路易·德雷福斯和安特卫普的本兹都从事粮食贸易。第四家粮食公司的"王国"也在不远的地方形成了。1877年，乔治·安德烈从瑞士小山村圣克罗伊出来，开始经营粮食生意。值得一提的是，许多19世纪的商人，如弗里堡和路易·德雷福斯，都是犹太人。

后来，随着国际航运的发展，阿根廷成为新的粮食贸易中心，邦吉等粮食公司纷纷到阿根廷设立公司。到19、20世纪之交，邦吉在阿根廷的业务量超过了在安特卫普的母公司。此后，美国逐渐开始成为粮食出口国，进而逐步成为全球粮食贸易的中心。随着美国成为第一大出口国，几大粮食公司纷纷迁往纽约，更有ADM和嘉吉这种跨国粮食公司建立在美国本土。

二 "依附"于美国农业部的跨国粮食公司

除了巨额资产，跨国粮食公司还有各自的成功秘诀：速度快、灵活性强、拥有国家间的直接联系和良好的情报。这些优点使得大部分政府离不开粮食公司。粮食公司是有效率的，其程度是国内的其他公司和政府永远达不到的。这些跨国粮食公司垄断着几十个国家的粮食生产和价格的情报。这些情报对生产者和购买者来说，都是头等重要的。

大陆粮食公司是专为向外销售美国粮食而建立的。在 1974 ~ 1975 年，大陆粮食公司的销售额超出 20 亿美元。每年，在另一家粮食巨头卡吉尔公司售往国外的美国粮食中，几乎一半是由大陆粮食公司购销的。这使大陆粮食公司变成了世界上最大的粮食公司之一。苏联在购买美国粮食的时候，一般是找大陆粮食公司而不找卡吉尔公司。当苏联人有粮食出售的时候，大陆粮食公司就向他们购买。之前的几年，大陆粮食公司就这样从苏联买进 10 万吨大麦，然后转卖给匈牙利和意大利；大陆粮食公司也把匈牙利的小麦卖给苏联。1976 年，卡吉尔公司向参议院跨国公司问题调查小组声称，这样的交易（在东欧国家间进行交易）"丝毫不值得大惊小怪"。

大陆粮食公司在很多方面体现了 J. J. 塞文·斯克雷贝在 1968 年写成的《美国的挑战》一书中所做的预言性分析："到了今天，已经是共同市场的第九个年头了，这个欧洲市场的组织基本上是美国的组织。"大陆粮食公司能够利用很多影响共同市场内部粮食价格的可变参数，如马克、法郎或英镑兑换率的暂时变化。他补充说，但更重要的是大陆粮食公司经营活动的世界规模："必须是一名世界商人，才能成功地在共同市场里进行贸易活动。如果只停留在国内范围，你就没有必要的手段和情报，因而根本不可能影响共同市场。"①

这些跨国粮食公司完全拒绝承认它们在国际经济中的作用使它们变成了天下无敌的公司。它们愿意在世界粮食分配中，保持绝对中立的普通中间人的身份。在它们看来，粮食和种子分配的决定性因素是供求法则和顾客的支付能力。那些商人把自己与政府的关系说成很疏远的关系，并私下抱怨政府在外国投资方面的规定越来越限制他们的自由。

---

① 〔美〕丹·摩根：《粮食巨人——一件比石油更强大的武器——国际粮食贸易》，张存节译，农业出版社，1983，第 138 页。

　　大陆粮食公司的一位副经理伦纳德·奥尔德逊说："穷困国家接受粮食，这不是由我们决定的事情……我不认为，我们可以让一个不想买粮的国家来买粮。我们创造不了需要。"①

　　然而事实并非如此。1972年，苏联人在西方世界大量购粮的事情就是鲜明的论证。的确，苏联人找的是这些粮食巨头，而不是美国政府。公司提供了他们所需要的东西——全面保密和可以从全世界买到的粮食，牵涉的问题便只是粮食的价格和供应的数量。

　　表面上看起来，跨国粮食公司在苏联政府和美国政府之间起到了缓冲作用。如果苏联人向美国政府建议购买这样大量的粮食，那就可能立即引起一系列政治问题。美国政府可能会冒犯民众，因为民众尚未习惯向苏联这样的国家提供这么多的粮食，由此引发的舆论压力可能会使政府试图在其他领域逼迫苏联让步（这正是1975年发生的事情。当时变得更加谨慎的美国政府，对苏联人秘密购粮的要求就做出了这样的回答）。然而美国政府也并不会对跨国粮食公司的买卖行为不闻不问，相反，它们的每一笔面向苏联的大额粮食交易，都需要"请示"美国农业部，并获得"首肯"。唯有如此，粮食巨头才能顺利拿到美国政府的粮食补贴，交易才能顺利进行下去。

---

① 〔美〕丹·摩根：《粮食巨人——一件比石油更强大的武器——国际粮食贸易》，张存节译，农业出版社，1983，第172～173页。

第五章　粮食杠杆：撬动了整个苏联

第一节　粮换油战略的"心理影响"

比起其他国内消费品的需求，苏联的贸易战略家更重视国内的粮食需求。

一　苏联："粮食协议"的代价

1975 年，苏联为其创纪录的粮食进口量付出了巨大的商业和外交代价。那一年的世界粮食价格异常高，因此 1975 年歉收后苏联进口粮食的硬通货成本达到近 30 亿美元，大约是 1972 年歉收后粮食进口成本的两倍。苏联再一次采取了各种不同寻常的措施，以让从紧缩的世界市场购买粮食变得负担得起。为了增加硬通货收益，苏联首先提高了向外国销售黄金的价值和数量。它还增加了出口石油和天然气的数量。1975 年，苏联通过规模史无前例的借贷为其进口部分更昂贵的粮食提供了资金，这与当时引起西方普遍关注的传统做法大相径庭。因此 1975 年至 1976 年，苏联的净外债增加了 85 亿美元。

有证据表明，苏联也接受了更多的经济牺牲，以资助其更大规模的粮食进口。随着 1976 年粮食进口支出的增加，硬通货支出中用于进口其他消费品的支出减少。之前 1972 年歉收后，粮食进口成本飙升，非食品消费品进口的硬通货支出也出现了类似的减少。西方分析家认为，从这些证据来看，比起其他国内消费品的需求，苏联的贸易战略家更重视国内的粮食需求。

1975 年，苏联还做出了外交牺牲。在苏联范围内，人们认为有必要减少对东欧和其他地方的客户国和盟国的粮食出口。直到 1975 年，勃列日涅夫一直试图至少保留苏联多年来向兄弟社会主义国家出口粮食所带来的外交和贸易平衡收益的一部分。事实上，直到 1973 年，苏联一直能够通过在国外分享其粮食，获得外交收益。回想一下，1973 年 9 月，200 万吨苏联 "小麦贷款" 得到了印度的感激，当时印度很难在商业渠道中找到可获得且负担得起的粮食供应源。时至今日，印度官员仍然带着丝毫不减的感激回忆起苏联这一及时的援手。

1975 年的歉收迫使苏联大幅度缩减这种 "粮食外交" 项目。苏联的粮食出口总量在 1972 年歉收后从 690 万吨减少到不到 200 万吨，1975 年不得不从 500 多万吨减少到不到 100 万吨。在此后 6 年里，粮食年均出口量只有 170 万吨，任何一年都不会超过 330 万吨。[①]

二　懒惰造成的依赖

苏联农业面临的主要问题是产量跟不上需求的增长，生产畜产品的成本（以及相关的补贴）非常高，以及对投资配置的要求高。

苏联农作物总产量的增长在 20 世纪 70 年代明显放缓。1966～

---

① R. L. Paarlberg, *Food Trade and Foreign Policy*: *India*, *the Soviet Union and the United State*, Cornell University Press, 2019, pp. 73 – 74.

1970 年的粮食总产量与其前五年相比增长了 29%，但在随后的两个五年期间分别增长了 8% 和 13%。1976～1980 年的年平均粮食产量为 2.05 亿吨，远远低于 2.15 亿～2.2 亿吨的目标。[①]

苏联的国民收入在 20 世纪 70 年代保持了高速增长，增加了扩大消费的压力。从 1970 年到 1975 年，平均月工资增长了 20%，到 1980 年又增长了 16%。苏联人民摄入的热量很高，但与美国或欧洲的标准相比，饮食质量很差，苏联的人均肉类消费量仍然只有美国水平的一半左右。尽管需求不断增长，但自 1975 年以来，人均肉类消费量几乎保持不变，主要原因是畜牧业生产停滞不前。

苏联生产畜产品的成本很高，而且还在增加。生产成本的增加在 20 世纪 70 年代后期加速，特别是在集体农庄。1980 年国营农场和集体农庄与 1966～1970 年的平均水平相比，牛肉、羊肉和羊毛的单位生产成本前者是后者的两倍，仅家禽一项的成本增长较为温和。[②]

牲畜生产成本的增加主要是由于包括劳动力成本在内的投入成本的增加，以及牲畜生产效率没有实现任何实质性的提高。畜牧部门饲料转化率低是畜牧业生产低效的主要问题。20 世纪 70 年代，牛肉和牛奶生产的饲料需求有所增加。牛饲料的供给情况在 20 世纪 70 年代初有所改善后，猪饲料的需求明显增加。供应和定价问题以及蛋白质含量不足是饲料转化率低的主要原因。显然，重新强调投资，升级现有设施，而不是建设新的大型综合企业，可能会使当地粗饲料得到更有效的利用。

---

① R. L. Paarlberg, *Food Trade and Foreign Policy : India, the Soviet Union and the United State*, Cornell University Press, 2019, pp. 73 – 74.

② R. L. Paarlberg, *Food Trade and Foreign Policy : India, the Soviet Union and The United State*, Cornell University Press, 2019, p. 198.

自 1965 年以来，苏联的政策一直是将各地区支付给农场的价格设定在足够高的水平，以允许农场获得"正常利润"，并保持食品零售价格稳定。与这一政策相一致的是，不断增加的生产成本通常伴随着支付给农场的价格的周期性上涨，零售价格补贴不断增加，在1967 年价格改革之后，国家对出售给农场的工业产品投入的补贴也不断增加。

农业补贴从 1965 年的 20 亿卢布增加到 1970 年的 170 亿卢布再到 1980 年的 370 亿卢布。在 20 世纪 70 年代末，补贴占农产品国家收购价格总额的近 40%。截至 1980 年，3/4 的农产品补贴是针对肉类和奶制品的，而实际上所有农产品都获得了某种形式的补贴。

补贴制度使农业劳动力的货币收入不断增加，消费者的食品价格稳定，但也伴随着许多问题。低价格伴随着高涨的需求，导致了更严重的食品短缺，以及日益活跃的"第二经济"，为非法的私人获利提供了机会。根据苏联的一项研究，尽管对农产品进行了补贴，但从 1965 年到 1975 年，农业为工业品支付的价格上涨了35%。补贴加剧了资源的浪费，支持了边际生产者。由于成本增加和持续低效的生产，1980 年的农产品收购价格没有补偿肉类、牛奶和羊毛的平均生产成本，也几乎没有覆盖甜菜的生产成本。通过将成本转嫁给消费者来取消补贴将需要食品零售价格上涨40% 或更多，而维持食品计划承诺的更高的农产品价格将要求进一步提高补贴水平。

这几年，农业在苏联经济中获得了相当高的投资份额。在总投资快速增长的同时，农业的份额从 1961～1965 年的 20% 增长到 1976～1980 年的 27%。1981 年至 1985 年，农业保持较高的投资份额，但计划的总投资增长率已大幅下调，许多问题降低了投资的有效性，如机械质量低和维护差。在 1976～1980 年，苏联的总投资与净产出的比例是美国的两倍。[1]

农业生产的危机以及低下的效率，即便在市场经济中也会构成种种问题。不断增长的需求与有限的供给之间的矛盾，会导致食品价格上涨，食品需求的增长速度下降，最坏的情况下还会导致这种需求的绝对萎缩。这对社会和政府都是不愉快的事情，但在工业化国家一般都不会导致无法调控的危机。在高度发达的社会里，饥饿并不是歉收的后果。如果发生饥饿这种意外的灾难，与之有着必然联系的通常是，"供应体系产生了混乱，国内或国外战争爆发，城乡之间商品流通瘫痪使货币流通系统出现灾难性状况，收支平衡产生赤字"。单是农产品供应量有限本身不会导致类似的后果。[2]

勃列日涅夫粮食进口战略面临的最大外部挑战是 1980~1981 年的美国粮食禁运。苏联不得不向非美国供应商进口粮食，仓促地开展多元化进口政策，最终相对轻松地应对了这一挑战。但是，这一多元化的时机——被迫在美国禁运宣布之后——揭示了苏联早已偏离了其早期寻求外部粮食力量的初衷。

为什么苏联等了这么久才通过进口多元化来行使审慎的"防御性"粮食力量？尤其是在美国暂停粮食销售之后，面对基辛格对石油价格让步的大胆要求，人们可能会认为苏联已经做出了减少进口的回应，或者至少是逐渐改变从美国进口的持久化趋势。然而事实上，苏联恰恰相反，它买了比以前更多的粮食，并且美国粮食占其进口粮食的份额越来越大。从 1973 年到 1975 年，苏联每年平均进口 1390 万吨粮食，其中从美国购买的占 57%。1976 年至 1978 年，苏联年平均粮食进口量为 1460 万吨，其中从美国购买

---

[1]　U. S. Department of Agriculture, Agricultural Situation in the U. S. S. R., Suppl. 1, WAS-18, 1979, p. 10.

[2]　〔俄〕E. T. 盖达尔：《帝国的消亡——当代俄罗斯的教训》，王尊贤译，社会科学文献出版社，2008，第 120 页。

的粮食占总数的71%。[1]

从严格的商业和物流条件来看，苏联从美国购买如此多的粮食是有一定道理的，因为美国的出口设施更加现代化、价格有竞争力，而且储备供应（尤其是玉米——一种受欢迎的牲畜饲料）年年都很充足。但是对苏联来说，由此产生的依赖可能是致命的。

三 苏联错失摆脱对美国粮食依赖的契机

1975年苏联从美国大量购买粮食及相关的外交曝光是有目共睹的。苏联人可以把这一时期的许多外交政策发展作为减少对美国粮食依赖的好理由。

例如，从1974年开始，美国国会将苏联的"最惠国"地位与苏联移民政策的变化联系起来，并使这一政策成为苏联获得美国政府信贷的先决条件。当美国进出口银行的信贷总额达到3亿美元的上限时，苏联公然否定了其1972年与美国的贸易协议，并开始向其他地方寻求信贷和技术及制成品的进口。值得注意的是，苏联却没有采取任何措施使粮食进口来源多元化。

早在1976年，在安哥拉内战时，美国就以激动的姿态取消了美苏联合商业委员会的年度例会，并推迟了其他一些双边会议。当吉米·卡特1977年成为总统时，他再次确认了美国的对苏经济制裁的政策。卡特拒绝签发向苏联出售先进控制数据的出口许可证，并在7月为了抗议苏联对持不同政见者的审判，他拒绝批准1980年莫斯科奥运会上苏联订购的斯佩里·尤尼亚克电脑的出口许可证。此外，卡特政府对向苏联出口石油和天然气设备实施了新的许可要求。即便在这时，苏联也没有采取任何措施来减少其对与美国的粮食贸易的依赖。

---

[1] R. L. Paarlberg, *Food Trade and Foreign Policy：India, the Soviet Union and the United States*, Cornell University Press, 2019, p. 89.

必须强调的是，在此期间，1975 年 10 月与美国签署的为期五年的粮食"长期协议"并没有为苏联获得大量美国粮食提供充分保障。在 1976 年至 1981 年的每一年里，该协议确实保证了至少 800 万吨美国粮食的进口，没有附加任何条件。但是对于超过 800 万吨的采购，苏联必须首先在与美国官员的年度磋商中获得许可。事实证明，在协议的前三年，美国官员通常都会延迟对购买美国粮食总量高达 1500 万吨的许可。所以只有前 800 万吨的销售许可被苏联认为是一个可靠的保证。

苏联无视任何可能的外交成本或风险，依赖进口美国粮食的倾向在 1979 年后期最为明显，这是苏联国内粮食"歉收"的第一个连锁反应。随着与美国的外交关系日益紧张，在其对阿富汗军事入侵前仅两个月，苏联还计划在未来一年进口创纪录数量的 3600 万吨粮食，其中 2500 万吨直接从美国购买。

鉴于华盛顿的反苏政治倾向和美国对阿富汗的军事政策规划，苏联不太相信他们会获得如此多的美国粮食。但是在外交环境下，美国愿意向苏联提供如此多的粮食。

第二节　苏联：最大的粮食进口国

苏联陷入一种窘境：以满足日益增长的需求所必需的速度增加农产品的生产绝无可能。俄国在 20 世纪之初曾是世界最大的粮食出口国，而 20 世纪末苏联已变成最大的粮食进口国。

一　稳定价格的昂贵代价

苏联农业的低效率在一定程度上是由当时的生产模式决定的。而当粮食出现大规模短缺时，苏联并没有利用市场机制解决粮食供需之间的比例失调问题。工业化注定了城市对粮食的需求随着城市化的发展而不断增加。由于苏联 20 世纪 60 年代初在经济上仍然与世界隔绝，苏联领导人就只能眼看着食品短缺的形势日趋严峻，国家保障居民需求的能力与社会对政府的期望之间的差距日益扩大；眼看着平常百姓购买食物排队所需的时间越来越长，实行消费品票证制度的城市数量越来越多；眼看着越来越多的按照国家规定标准提供的商品亦无法保证供应——只能眼看着这一切。①

市场经济在应对类似的结构性问题时，理所当然的做法是改变零售价格，而苏联则不同，要采取这样的做法是不可能的。当时政府和社会的新契约的实质十分清楚：政府要向人民承诺不会取消各种社会分配计划，即便在它们变得代价更为高昂的时候也要守住饮食结构合理这一原则性边界，要保证最重要的大众消费品零售价格的稳定。

这种契约被破坏时会发生什么事情？1962 年的新切尔卡斯克事件做出了说明，这次事件是在苏联根据日积月累的供需失调程度对关键性大众日用消费品零售价格做出一定调整之后发生的。肉和肉制品的价格从 1962 年 6 月 1 日起比 5 月平均提高 30%，动物油则平均提价 25%。苏联中央统计局预算统计处处长向苏共中央报告说："肉和肉制品消费减少的主要原因是这些产品的价格提高了……肉和动物油提价在更大程度上影响了按人口平均收入较低的家庭的消费，这从下列 1962 年 5 月和 6 月产业工人按照家庭人均收入预算分类数据即可看出……在家庭人均月收入为 35 卢布的产业工人家庭中，1962 年 6 月肉和肉制品的消费较 5 月减少 15%，与此同时，在家庭人均收入为 50～75 卢布的家庭中，肉的消费减少 8%。"②

---

① 〔俄〕E. T. 盖达尔：《帝国的消亡——当代俄罗斯的教训》，王尊贤译，社会科学文献出版社，2008，第 120 页。

② И. 马秋哈（苏联中央统计局预算统计处处长）1962 年 12 月 21 日呈送苏共中央的调查总结报告中的内容。俄罗斯国家现代历史档案馆 ф. 5. ОП. 20Д. 310. П. 122，第 125～128 页。

新切尔卡斯克爆发了有数千人参加的骚乱，但士兵和民众相处友好。事件参与者对事态发展的描述是这样的："工作日快结束时，新切尔卡斯克卫戍部队的第一批军队抵达卫生局附近的广场。他们没有携带武器。快到广场时，士兵的队列一瞬间被大批民众所湮没。罢工者和士兵彼此友好，相互拥抱，亲吻。是的，是的，就是亲吻。军官们费力地让士兵与民众分离开来，整队集合，带着他们离开了罢工者。"新切尔卡斯克军队被认为不可靠，苏联便从顿河畔罗斯托夫紧急调遣内务部队入城。在接到莫斯科的直接命令之后，内务部队开火造成了伤亡。①

苏联官方报刊上对这起事件只字未提。然而领导人对情况却一清二楚，而且明白，既然这种事能在新切尔卡斯克发生，谁也不能保证它不会在其他城市发生。

1970年、1976年和1980年波兰提高物价后随即发生的群众性骚乱使苏联领导人更加确信，无论在何种情况下也不能迈出这一步。

二　货币系统问题显现

在这一背景下，货币系统的问题开始增多。研究苏联消费市场状况的专家们争论着一个问题：苏联总的货币需求超过商品提供量是在什么时候变得明显起来的？苏联国家统计委员会在估计未能满足需求的数额时，是从这一问题可能自1965年开始产生的假定出发的，此前消费品的需求和供给在总体上尚属平衡。根据这个组织所进行的统计，实际上20世纪60年代消费市场上的供求比例已开始失调，而自60年代以来这个问题变得日益尖锐。

实际上，消费市场增长的不仅是消费品的需求，还有价格。1981

---

① 〔俄〕E. T. 盖达尔：《帝国的消亡——当代俄罗斯的教训》，王尊贤译，社会科学文献出版社，2008，第122页。

~1985 年面包的平均零售价上涨 6.6%，土豆上涨 7.9%，蔬菜上涨 4.4%，糖果点心上涨 11.6%。同一时期，非食品商品价格方面的情形则是：棉布上涨 17.9%，电视机上涨 10%。

苏共中央书记处通过相关决议，自 1979 年 6 月 1 日起，黄金制品的零售价提高 50%，白银制品提高 95%，天然皮毛制品提高 50%，地毯提高 50%，轻型汽车提高 18%，进口成套家具提高 30%，苏联外贸部和拥有下属公共饮食企业的各个部，都奉命提高晚间食堂和咖啡馆食品的定价，平均增幅达 100%。苏共中央书记处在致各加盟共和国共产党中央和各边疆区、州党委第一书记的信件中说："苏共中央和苏联部长会议采取这些不得已的措施，是由于在平衡居民货币收入增长与大众消费品产量和劳务规模方面出现了种种困难；同时也是出于整顿短缺商品交易和加强与投机倒把、行贿受贿做斗争的需要。众所周知，尽管早些时候已经提高了金银制品、地毯、毛皮制品和汽车、进口家具的价格，对这些商品的需求仍然未能得到满足。买到这些商品需要排号等候很久，常常有人破坏规矩套购。"[1]

20 世纪 80 年代的调查数据显示了在苏联获得食品的条件差别。"当时在莫斯科和列宁格勒，可以利用价格最低的国营商业的购买者占 97%，在各加盟共和国首都则占 79%；这些地方有 17% 的购买者接受消费合作社的服务，10% 的人在集体农庄市场上采购（总数并不等于 100%，因为有些被询问的人同时利用数种不同的渠道）。在州中心，仅有 36% 的被询问者能够在国营商店购买肉和香肠，37% 的人可以利用消费合作社，35% 的人则在集市上购买东西。平均总收入水平越高的家庭，在国营商店按享有补助的价格购

---

[1] 〔俄〕E.T. 盖达尔：《帝国的消亡——当代俄罗斯的教训》，王尊贤译，社会科学文献出版社，2008，第 124 页。

买的肉类制品就越多（大多是不公开的——在机关、军事工业综合体企业内部）。"①

苏共中央政治局委员康·契尔年科1981年2月致函苏共中央书记处称："公民来信中有时以尖锐的方式提出一些临时性的要求，希望能保障居民的面包等粮食产品的供应，反映面包制品的品种单调、质量低劣……过去一年中从一些城市收到的关于供应劳动人民的面包屡屡断货或质量低劣的警告已经得到证实，这些城市是：伊尔库茨克、乌拉尔斯克、车里亚宾斯克、阿尔乔姆（滨海区）、米努辛斯克（克拉斯诺亚尔斯克区）、乌曼（切尔卡斯克州）、罗斯拉夫利（斯莫棱斯克州）、乌留平斯克（伏尔加格勒州）、别洛戈尔斯克（阿穆尔州）、基洛夫（卡卢加州）、库列巴基（高尔基州）、尤里诺镇（马里自治共和国）以及其他许多城市。"②

苏联陷入一种窘境：以满足日益增长的需求所必需的速度增加农产品的生产绝无可能；不提高价格让这种需求与供给相适应同样不可能，而且决定提价意味着破坏政府与民众之间的隐形契约；日益提高的农产品收购价与零售价之间的差额在扩大，由此产生的预算问题日趋严重；农业投资在总投资中所占份额的被迫扩大，制约了高技术部门的发展。

三　苏联成为最大粮食进口国

1963年的歉收和国家储备粮的减少，迫使苏联领导人做出在国外大量购买粮食的决定。为达此目的而拨付的黄金达372.2吨，超过苏联黄金储备的1/3。当时苏联领导人将所发生的事视作屈辱，但也

---

① 〔俄〕E. T. 盖达尔：《帝国的消亡——当代俄罗斯的教训》，王尊贤译，社会科学文献出版社，2008，第124页。

② 〔俄〕E. T. 盖达尔：《帝国的消亡——当代俄罗斯的教训》，王尊贤译，社会科学文献出版社，2008，第125页。

认为此事纯属天公不作美而造成的偶然情况。赫鲁晓夫在 1963 年 11 月 10 日的苏共中央主席团会议上说："我们应当在 7 年内储存下一年的储备粮。苏维埃政权再也不能忍受今年这样的耻辱了。"[①]

其后数年，事情逐渐清楚，在国外采购粮食乃是现有经济管理模式无法克服的农业危机合乎规律的结果。1965 年苏联领导人迫不得已再将 335.3 吨黄金用于支付购粮费用。20 世纪 70 年代初期，苏联农产品的进出口贸易在一定程度上还算平衡。20 世纪 80 年代初期，这类商品的进口额已超出出口额 150 余亿美元。

粮食和需求日益增长的农产品的进口量逐年增加，虽因天气条件的不同而有所波动，但长期的趋势是持续增长的（见表 5 - 1）。

表 5 - 1　1961～1990 年苏联粮食和农产品的贸易差

单位：百万美元

年份	粮食贸易差	农产品贸易差
1961	445	- 114
1962	505	88
1963	188	- 144
1964	- 353	- 1027
1965	- 160	- 1061
1966	- 303	- 829
1967	252	- 247
1968	255	- 213
1969	443	- 284
1970	285	- 1006
1971	391	- 798
1972	- 571	- 1969
1973	- 1038	- 3236
1974	162	- 2602

---

① 〔俄〕E. T. 盖达尔：《帝国的消亡——当代俄罗斯的教训》，王尊贤译，社会科学文献出版社，2008，第 127 页。

续表

年份	粮食贸易差	农产品贸易差
1975	- 2228	- 6791
1976	- 2808	- 7450
1977	- 982	- 6725
1978	- 2313	- 8116
1979	- 3107	- 10824
1980	- 5183	- 14923
1981	- 7712	- 18199
1982	- 6255	- 16970
1983	- 5038	- 16182
1984	- 6602	- 16941
1985	- 5750	- 15695
1986	- 2776	- 12914
1987	- 2445	- 13352
1988	- 3838	- 14556
1989	- 5043	- 17052
1990	- 4606	- 17117

资料来源：联合国粮食及农业组织统计署数据，2005。

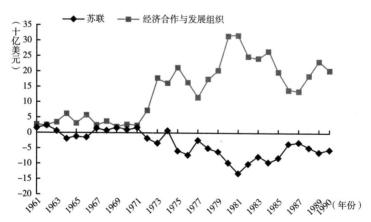

图 5-1　1961~1990 年苏联及经济合作与发展组织的粮食贸易对比

资料来源：联合国粮食及农业组织统计署数据，2005。

俄罗斯在 20 世纪之初曾是世界最大的粮食出口国，而 20 世纪末苏联已变成世界上最大的粮食进口国（见表 5-2）。

表 5 – 2　20 世纪初俄罗斯粮食出口份额和 20 世纪末苏联粮食进口份额

单位：%

时　期	份　额	世界排名
1907 ~ 1913 年	在世界粮食出口之中	
	45.0	1
1980 ~ 1990 年	在世界粮食进口之中	
	16.4	1

注：俄罗斯在世界粮食出口额中所占的份额系利用俄罗斯、丹麦、法国、匈牙利、罗马尼亚出口谷物的数据和加拿大、美国、阿根廷、印度、澳大利亚出口小麦的数据（纯出口额）计算得出的该时期平均份额。这些国家是 20 世纪初（1907 ~ 1913）较大的谷物出口国。这一时期的数据对欧洲国家的粮食出口额具有代表性。而亚洲、南北美洲各国则只有小麦出口的数据，小麦是它们粮食出口的基础。

资料来源：〔英〕B. R. 米切尔《国际历史统计：欧洲 1750—1993》，麦克米伦参考书股份有限公司伦敦版，1998；〔英〕B. R. 米切尔《国际历史统计：美洲 1750—1993》，麦克米伦参考书股份有限公司伦敦版，1998；〔英〕B. R. 米切尔《国际历史统计：非洲、亚洲和大洋洲 1750—1993》，麦克米伦参考书股份有限公司伦敦版，1998；联合国粮食及农业组织统计署数据，2004。

　　苏联的粮食采购量在 1970 年为 220 万吨，1980 年增至 2940 万吨，1984 年更达到最大数量 4600 万吨。20 世纪 80 年代苏联的采购量相当于全世界粮食进口量的 15% 还多。[①] 就粮食进口量而言，它远远超过其他各进口国（见表 5 – 3）。

表 5 – 3　苏联、日本、意大利、联邦德国、埃及、中国的粮食进口量

单位：百万吨

年份	苏联	日本	意大利	联邦德国	埃及	中国
1970	2.2	15.8	6.7	8.1	1.3	5.4
1975	15.9	19.0	7.2	6.8	3.8	3.7
1980	29.4	24.7	7.8	5.2	6.1	13.4

---

① 〔俄〕E. T. 盖达尔：《帝国的消亡——当代俄罗斯的教训》，王尊贤译，社会科学文献出版社，2008，第 130 页。

续表

年份	苏联	日本	意大利	联邦德国	埃及	中国
1983	33.9	25.5	6.4	4.5	8.0	13.4
1984	46.0	27.2	7.3	4.8	8.7	10.4
1985	45.6	26.9	7.5	7.0	8.9	6.0

资料来源：《1986 年的社会主义国家和资本主义国家》，统计汇编，莫斯科版，1987。

20 世纪 80 年代中期，苏联每 3 吨粮食食品中就有 1 吨是由进口的粮食加工而成的。畜产品的生产也以粮食进口为基础。苏联被迫签订粮食长期协议，每年从美国购买至少 900 万吨，从加拿大购买 500 万吨，从阿根廷购买 400 万吨，从中国购买 150 万吨。[1]

第三节　卡特的小不忍及里根的转身：
再一次粮食禁运

"联合禁运"，本质上面临一种囚徒困境。粮食市场长期供大于求，为了市占率，出口国间存在激烈竞争。只要有任何一方打破协议偷偷卖粮，不仅可以卖个高价钱，还能提高市占率，所以参加"联合禁运"的国家，都有打破协议的动机。[2]

一　卡特的粮食禁运失败了

苏联对于进口粮食的依赖已然形成。这个隐形战场的主动权似乎已经握在了美国的手中。然而实际的情况是怎样的呢？我们现在来看看美国总统卡特在 20 世纪 80 年代试图用粮食力量制约苏联的情况。

---

① 〔俄〕E. T. 盖达尔：《帝国的消亡——当代俄罗斯的教训》，王尊贤译，社会科学文献出版社，2008，第 130 页。

② 奥特快：《粮食战争：霸权之柱背后的隐秘武器》，《世界文化》2020 年第 8 期。

1977 年民主党的总统候选人吉米·卡特击败了谋求连任的福特，而国际战略的决策者也从基辛格换成了另一位苏联问题专家——波兰裔的布热津斯基。他跟基辛格一样，反苏的立场非常强硬，可他的更多基于价值观的对苏行动带有民主党的理想主义色彩。1979 年末，苏联军事入侵阿富汗给了新政府一个价值观判断的机会。1980 年 1 月，卡特政府决定禁止向苏联出售粮食，美国潜在的粮食实力优势似乎达到了前所未有的高度。在刚刚结束的一年里，苏联的粮食产量比计划目标下降了 21%，比前一年创纪录的收成下降了 25%。为了应对这一挫折，苏联计划进口创纪录数量的粮食，大约是前一年进口量的两倍，其中大约 70% 的外国粮食采购预计在美国进行。在 1979 年 7 月至 1980 年 6 月，苏联预计从美国进口的粮食数量将是此前 12 个月的两倍，是 1972 年"粮食大劫案"那一年的两倍多。如果没有 1979 年至 1980 年粮食进口总量的增多，苏联境内粮食中的饲料使用量（以及肉类生产）将不得不大幅减少。①

就像当年约翰逊总统的"短缰绳"计划一样，卡特的粮食禁运政策是在潜在杠杆达到顶峰的时候启动的。

粮食武器观念如此具有诱惑力，使得卡特总统不惜承担违背个人承诺的信誉代价，将商业性粮食出口作为外交武器，做了一次颇具戏剧性的尝试。②

然而，就连林登·约翰逊总统所取得的微小进步也没有被吉米·卡特实现。与约翰逊不同的是，卡特在粮食生产过程的各个环节都遇到了挫折。卡特面临一项不可能完成的政治任务：设计一项禁运政策，既惩罚苏联，又不损害美国农业和粮食出口利益。

---

① U. S. Department of Agriculture，Update：Impact of Agricultural Trade Restrictions on the Soviet Union，Foreign Agricultural Economic Report No. 160，1980，p. 3.

② 卢峰：《美国 1980～81 年的粮食禁运——"粮食武器"有效性的一次失败检验》，《战略与管理》1998 年第 1 期。

而无法获得世界其他粮食出口国对禁运的支持，则使他感到更加沮丧。最终，禁运既没有对苏联畜牧业产生预期的影响，也没有产生他所期望的苏联政策反应。如此明显的粮食优势怎么可能没有实现呢？

二　不可思议的失败：美苏粮食贸易关系不寻常的不对称性

正如之前所指出的，苏联严重依赖进口粮食来维持牲畜存栏数的稳定增长，从而维持国内肉类生产。即使在 1978 年，也就是国内粮食产量达到创纪录的 2.37 亿吨的那一年，苏联仍然觉得有必要进口 1500 多万吨粮食，其中，近 3/4 的外国粮食采购是在美国进行的。当苏联国内粮食产量在 1979 年下降到只有 1.79 亿吨时，苏联对进口粮食的依赖变得越发严重。勃列日涅夫在 1979 年 9 月下旬宣布，虽然收成减少的程度越来越明显，但牲畜库存仍应保持，因此每月的粮食进口量开始增长。此后不久，美国农业部预测，1979 年 7 月至 1980 年 6 月，苏联粮食进口总量将增加一倍以上，达到前所未有的 3400 万吨，接近当时苏联港口和运输设施所能处理的最大限度。据预测，进口的美国粮食将占苏联进口粮食总量的最大份额（可能超过 70%）。[①]

尽管美苏关系缓和的进程趋缓，但苏联仍未能摆脱对美国粮食的依赖，实现粮食进口来源多元化。1979 年 10 月，就在苏联入侵阿富汗前两个月，美国官员批准将创纪录的 2500 万吨粮食销售给苏联，苏联开始与美国的私人供应商签订大量合同，充分表明其计划在此基础上进行预期的采购。苏联认为美国不太可能以"进攻"方式使用粮食力量，因此没有采取任何预防措施以"防御"方式寻求粮食力量。苏联仍然青睐美国粮食，尤其是玉米，将之作为牲畜饲料。苏联

---

① U. S. Department of Agriculture, The U. S. Sales Suspension and Soviet Agriculture: An October Assessment, Suppl. 1, WAS – 23, 1980, p. 4.

喜欢美国粮食运输的有竞争力的价格、更大的便利性和已被证明的可靠性，苏联一系列的粮食采购可以在与总部设在美国的粮食公司的热切合作下批量进行。

预计苏联购买的 2500 万吨美国粮食仅占苏联粮食消费总量的一小部分。但是粮食进口对总消费的贡献情况难以衡量苏联在美国粮食武器下的脆弱程度。苏联的粮食进口具有一种离散的、政治上敏感的特征，这使得其比进口与总消费的比例这种数据显现出更大的价值。

苏联进口的粮食几乎全部用于饲养牲畜。苏联在 1979～1980 年预计将为牲畜提供约 1.28 亿吨粮食，其预计进口的 3400 万吨外国粮食约占这一饲料使用总量的 27%。具体来说，美国粮食预计将占饲料使用总量的大约 22%。①

可以肯定的是，苏联严重依赖粮食贸易的影响部分地被美国对与苏联进行粮食贸易的依赖所抵消，但美国对继续向苏联销售粮食的依赖程度要低得多。1979 年美国对苏联的粮食出口总量中，小麦只占 16%，玉米占 21.2%。正如美国农业部部长鲍勃·伯格兰解释的那样："苏联不是也从来不是我们最重要的出口客户。"事实上，由于预计在墨西哥和中国可以获得迅速扩大粮食出口的机会，美国农业部预测，在宣布禁运后，美国在国外的粮食销售总额将在 1980 年持续增长，尽管对苏联的销售部分暂停。伯格兰预计，尽管有禁运，在 1979～1980 财政年度，小麦和饲料粮食的出口总量将从 9300 万吨增加到 9900 万吨（从 114 亿美元增加到 145 亿美元）。②

因此，从几个标准来看，1980 年 1 月美国和苏联之间的粮食贸易关系具有不寻常的不对称性。美国从未——或许永远也不会——处

---

① U. S. Department of Agriculture, Update: Impact of Agricultural Trade Restrictions on the Soviet Union, Foreign Agricultural Economic Report (FAER) 305283, 1980, p. 4.

② U. S. Senate, Committee on Agriculture, Nutrition, and Forestry, Embargo on Grain Sales to the Soviet Union, Washington, 1980, p. 54 – 65.

于如此有利的地位来测试其假定的粮食实力优势。正是由于这种有利的背景，卡特总统粮食禁运的失败具有显著的意义。

三　失败原因：战略混乱和战术即兴

从一开始，卡特的粮食禁运就以战略混乱和战术即兴为显著特征。在1979年12月苏联对中立国阿富汗进行军事入侵这一戏剧性且基本上出乎意料的外部挑衅发生之后，具有理想主义思想的卡特总统不得不迅速做出禁运决定。卡特将苏联的这一举动描述为"自第二次世界大战以来对世界和平最大的潜在威胁"。他当时解释说，他将粮食禁运作为回应的目的是证明苏联这种挑衅性的军事行动不可能"不受惩罚"，在这种表面清晰的解释背后，隐藏着相当程度的混乱。[①]

阻碍卡特粮食禁运政策的官方困惑是美国对苏联外交政策中一个更大问题的征兆：美国高层官员对美苏关系缓和的持续价值已经产生了严重分歧。但是大部分混乱都可以直接归因于"粮食力量"本身的麻烦逻辑。为了让禁运对苏联产生预期的效果，至少必须要求美国的粮食生产商或粮食出口盟国做出一些牺牲。从任何经济计算来看，这些牺牲都是微不足道的。但事实证明，在国内，这些牺牲在政治上难以掌控；在外交上，也不可能从国外获得。在执行粮食禁运决定的过程中，卡特总统试图手下留情，希望尽量减少国内和盟国的牺牲。

国务院和国家安全委员会此前拟定了一份可能的制裁清单——总共约有40项。卡特回忆道："对可能的制裁进行的分析表明，粮食禁运是唯一会对苏联经济产生重大影响的制裁。"[②]

---

① "Halt Won't Affect Soviet Food Supply," *New York Times*, January 5, 1980.

② J. Carter, *Keeping Faith: Memoirs of a President*, University of Arkansas Press, 1995, p. 474.

卡特的国家安全事务助理兹比格涅夫·布热津斯基担心未来与苏联的关系，与国务院相比，更少主张激烈的惩罚性经济措施。在1979年12月30日举行的国家安全委员会关于制裁苏联的首次会议上，国务卿塞鲁斯·万斯带头提议大幅度削减美国对苏的粮食销售。然而，布热津斯基预料到总统的决定，当时已经要求中央情报局对粮食禁运对苏联的潜在影响做出评估。

国防部前部长哈罗德·布朗后来表达了外交政策界对农业部评估的普遍态度："农业部是代表农民说话的，所以他们的数字可能有无意识的偏见。"① 如果要求农业部进行早期评估，这将增加信息在农业社区或私人贸易团体中泄露的风险，可能导致商品期货市场的恐慌性抛售或国内政治抗议的风暴。与此同时，农业部高级官员已经意识到，美国政府正在考虑实施粮食禁运，并立即开始对其对苏联的潜在影响进行独立调查。这项调查始于1979年12月31日，结论是美国的粮食禁运会给苏联带来很大不便，但可能不会造成严重损害。农业部预计，根据1975年长期协议的条款，美国对所有超过每年向苏联保证的800万吨的粮食销售实施禁运，这将导致1980年苏联肉类产量下降不超过3%。1980年1月2日晚，农业部部长伯格兰向副总统蒙代尔提供了这一评估信息，并于1月3日向内阁提供了这一评估信息。然而，这还不足以使总统放弃，他于1月2日下午自行决定实施粮食禁运。

卡特是在中央情报局匆忙准备的更加乐观的损失评估的基础上做出决定的。根据各种错误的假设（包括美国不会向苏联提供1975年长期协议保证的800万吨粮食的假设），中央情报局预测苏联肉类产量将减少20%。卡特总统正是在接收了这种误导性的信息后才决定

---

① J. C. Roney, "Grain Embargo as Diplomatic Lever: Fulcrum or Folly?" *SAIS Review* (*1956 - 1989*), Vol. 2, No. 2, 1982, p. 192.

实施禁运的。到 1980 年 3 月，中央情报局对禁运影响的估计数据被大幅下调（与农业部达成默契，预计苏联肉类产量下降幅度仅为 2%～3%），但那时总统已坚定地实施了他的禁运决定。

事实上，即使没有中央情报局对苏联肉类生产影响的夸大估计，卡特也可能会继续他的决定。卡特总统当时承受着巨大的压力，需要向国内民众展示他的"实力"和"领导力"，因为苏联在继续扩充军备。

人们对苏联"战斗旅"在古巴的存在感到愤怒，对 11 月驻德黑兰大使馆遭袭表示愤慨——到 1979 年底，所有这些事件加在一起，产生了公众要求总统采取更强有力的行动来捍卫美国在海外重要利益的呼声，如果总统在这种情况下允许美国在阿富汗被入侵后继续向苏联出售创纪录数量的粮食，两党的选举年挑战者将会找到一个容易攻击的目标。

卡特还吸取了当年约翰逊的失败教训，先跟加拿大、澳大利亚和欧洲盟友统一了思想，搞了一个声势浩大的"联合禁运"。结果一通操作下来，苏联接下来两年的实际进口粮食仍然高达 3120 万吨，只比计划少了 10%。结果也正如此前美国农业部的报告预测的：禁运仅仅让苏联饲料供给下降 2%，而对肉类消费更是几乎没有影响。[①]

背后的原因在于，所谓"联合禁运"，本质上面临一种囚徒困境。粮食市场长期供大于求，为了市场占有率，出口国间存在激烈竞争。只要有任何一方打破协议偷偷卖粮，不仅可以卖个高价钱，还能提高市场占有率，所以参加"联合禁运"的国家，都有打破协议的动机。事实也的确如此，真正落实禁运的只有美国，欧洲国家、加拿大和澳大利亚都是表面答应，实际上运往苏联的粮食从来没断过，而农业大国阿根廷更是干脆不理会美国的呼吁，在美国禁运时赚得

---

① 奥特快：《粮食战争：霸权之柱背后的隐秘武器》，《世界文化》2020 年第 8 期。

"盆满钵满"。阿根廷农业部部长明确表示，阿根廷不会参与美国的禁运。[①]

阿根廷做出不支持禁运的决定的关键原因是阿根廷经济对粮食出口更加依赖。阿根廷的商业粮食出口收入占总出口收入的30%，而美国的粮食出口收入仅占总出口收入的8%。在美国宣布禁运时，阿根廷大约15%的粮食出口到了苏联。1979年阿根廷与苏联的贸易总额已达4.7亿美元，因此苏联不是一个可以被轻易牺牲的市场。在1980年1月至1981年4月的16个月禁运期间，阿根廷向苏联出口了1110万吨粮食。这些出口不只是对禁运的一个小的或孤立的打击，因为阿根廷成功地利用了禁运时的商业优势，这鼓励了其他国家的效仿。[②]

更有甚者，由于无法拒绝这一商业贸易机会，包括匈牙利、泰国、西班牙、瑞典和印度在内的一些小生产者在禁运期间联合起来，向苏联提供了470万吨急需的非美国粮食。在禁运的16个月中，这些贸易变化的累积效应几乎完全覆盖了美国禁运前的粮食出口量：苏联进口的粮食没有减少，而是继续增加（见表5-4）。正是在国际粮食贸易体系中，美国无法控制其他供应来源，禁运才最终失败。

表 5 - 4　按原产地分列的苏联粮食进口情况

单位：百万吨，%

原产地	1979 年		1980 年 1 月至 1981 年 4 月	
	数量	占比	数量	占比
美国	19.4	77.6	10.96	27.1
非美国合计	5.6	22.4	29.51	72.9
阿根廷	1.9	7.6	11.13	27.5
澳大利亚	1.2	4.8	5.34	13.2

---

① 奥特快：《粮食战争：霸权之柱背后的隐秘武器》，《世界文化》2020 年第 8 期。

② R. L. Paarlberg, *Food Trade and Foreign Policy：India*, *the Soviet Union and the United States*, Cornell University Press, 2019, p.189.

续表

原产地	1979 年		1980 年 1 月至 1981 年 4 月	
	数量	占比	数量	占比
加拿大	2.1	8.4	6.48	16.0
欧洲共同市场	0.2	0.8	1.88	4.6
其他地区	0.2	0.8	4.68	11.6
所有来源合计	25.0	100.0	40.47	100.0

资料来源：U.S. Department of Agriculture, Foreign Agriculture Circular, FG – 25 – 82, August 12, 1982; FG – 19 – 81, May 12, 1981。

一番"联合禁运"之后，先崩盘的反而是美国。开始，卡特总统的禁运决定在国内也获得了广泛的民众支持。即使是一般的农业组织起初也不批评，不希望显得不爱国。美国农场局联合会在 1980 年 1 月中旬的年度大会上批准了禁运，全国农民联盟表示，只要政府采取必要措施保护可能受到伤害的农民，它不会批评这一行动。1980 财政年度，对农民和出口企业的保护性国内措施的总成本估计为 34 亿美元，实行的措施包括：为了避免粮食期货合约的恐慌性抛售，宣布暂停所有粮食和油料期货交易两天；为了最大限度地减少出口公司的财务损失，中央控制委员会提出购买所有超过最低限度 800 万吨的粮食，在禁运宣布时美国已经签订了这些粮食运往苏联的合同；农业部大幅扩大了"农民持有"的粮食储备，宣布提高贷款水平，免除第一年的利息成本，以吸引更多人参与储备，并提高释放和赎回价格，使这些储备供应远离公开市场；政府宣布了一项计划，通过税收激励、贷款和贷款担保，鼓励扩大"乙醇汽油"的生产，将之作为收紧国内粮食市场的又一手段。

但是由于预料到大旱可能导致苏联粮食需求飙升，美国农民早早就开始贷款种地，逆势增产。而这部分需求因禁运骤减，1980 年 2 月至 4 月，创纪录的世界粮食收成使美国粮食生产过剩，农民获得的小麦、玉米和大豆的平均价格开始下降，这给当时持有农作物的农民造成了相当大的困难。贷款压力让许多农民濒临破产，美国农业利益集团对政府表达了强烈的抗议，卡特总统黯然下台。①

四　民主党的战略大师：布热津斯基

虽然粮食禁运没有取得预期的效果，但是这里却不能不提到一个卡特背后重要的人物——布热津斯基，他是美国冷战时代的两位战略大师之一，另一位当然是基辛格，他们在美苏粮食对决中轮番出现。布热津斯基利用 1975 年的《赫尔辛基协定》在人权问题上刺激苏联，这催生了苏联的地下文学以及其他异议工具。

1976 年 12 月 16 日，卡特任命布热津斯基正式执掌国家安全委员会，大刀阔斧地削减了基辛格建立的机构，引进了哈佛大学国际事务中心主任塞缪尔·亨廷顿等知名学者。

两位来自欧洲的新移民——德国裔犹太人基辛格和波兰裔犹太人布热津斯基，在美苏冷战的外部环境中，有了施展政治抱负的绝佳舞台。尽管基辛格比布热津斯基年长 5 岁，二人学术及政策生涯几乎没有直接交集，但人生轨道却惊人地相似。②

当布热津斯基进入哈佛大学攻读博士学位时，基辛格刚刚完成长达 377 页的本科毕业论文。二人均为同侪中的佼佼者，先后加入声名显赫的美国对外关系委员会，并在著名的《外交事务》杂志上发表各自的首篇学术文章。1958 年，在基辛格因《核武器与外交政策》一书声名鹊起时，布热津斯基正式加入美国国籍。随后，哈佛大学给予基辛格而不是在该校苏联中心耕耘 6 年之久的布热津斯基终身教职，后者不久后便出走哥伦比亚大学。二人几乎同时从学术界进入政策界，均担任过总统候选人的顾问以及总统国家安全事务助理。1977

---

① 奥特快：《粮食战争：霸权之柱背后的隐秘武器》，《世界文化》2020 年第 8 期。
② 张腾军：《布热津斯基：那远去的理性之声》，《同舟共进》2018 年第 2 期。

年，当49岁的布热津斯基出任卡特政府的国家安全事务助理时，基辛格刚刚卸任国务卿一职。

同为那个时代"敏锐的头脑"，布热津斯基也许没有基辛格那样显赫的声名地位。二人均著作颇丰，外界写基辛格的书多不胜数，但写布热津斯基的书却到2013年才出版了第一本，而这并不妨碍布热津斯基成为一流的国际关系学者。大混乱带来大变革，大变革造就大机遇，布热津斯基是少数抓住这一机遇并将个人理念转化为大战略现实的人。

20世纪70年代，他向卡特建言，成功推动中美建交；他支持波兰和阿富汗的反苏斗争；参与创建美日欧三边委员会；为抗衡苏联，他甚至阻挠伊朗人质危机的外交解决方案，理由是这将"把伊朗拱手让给苏联人"。[①]

不能说布热津斯基在这个过程中所有的决定都是正确的。如果重新检省，相比于基辛格在其他方面的强势，其主导的宽容性的对苏粮食政策从根本上改变了苏联的资源态势。而布热津斯基的基于价值观的激进主义并没有带来实质性的结果。谁在战略上更胜一筹？这值得思考。

五 里根政府的快速转身：强硬的对苏经济战略与宽厚的粮食贸易政策

1980年来自共和党的罗纳德·里根赢得总统大选，这是一位言辞夸张、善于笼络选民的总统。他对苏联的仇恨和攻击坦率而执着，仿佛他的政府能立刻把苏联压在身下。他不仅有着这种直觉般的信念，也组织了一届对苏强硬的内阁班子。里根政府形成

[①] 以上关于布热津斯基的论述引自张腾军《布热津斯基：那远去的理性之声》，《同舟共进》2018年第2期。

了以国务卿亚历山大·黑格、国防部部长卡斯帕·温伯格、中央情报局局长比尔·凯西等对苏强硬派为核心的对外关系班子。这个团队首先要面临的问题就是卡特政府的对苏粮食禁运要不要继续。在里根政府的第一次内阁会议上，农业部部长约翰·布洛克就要求解除禁运，他主张禁运对美国农民的伤害更大，但是被内阁强硬派如黑格、温伯格和凯西等人驳回了。里根政府最初的政策是仍然延续禁运，其主要原因是不想向苏联传递新政府对苏软弱的信号。1981 年 3 月 28 日，里根政府要求严格审查对苏贸易，坚决执行粮食禁运。①

里根政府的强硬表现使新政府支持者——中西部的农民马上表现出了失望之情。国内政治压力越来越大，不到一个月之后，里根政府于 4 月 24 日解除了禁运。这个转变看似突然，实则反映的也是里根政府对苏政策逐渐形成的过程。作为基辛格好徒弟的黑格和基辛格老同事的凯西都对基辛格的策略非常熟悉，都认为控制核心资源而非简单的意识形态攻击才是压垮苏联的核心砝码。

1981 年 4 月，里根政府解除了对苏粮食禁运，对内是为了履行1980 年竞选时对美国粮食生产者的承诺，更重要的是，禁运从未有机会展示它在苏联内部能做些什么，因为它没能阻止苏联粮食进口的增长。苏联甚至没有为绕过禁运而进口粮食付出沉重的代价。可以说，美国的粮食禁运甚至帮助了苏联领导层，因为它为苏联有缺陷的国内粮食政策提供了一个外国替罪羊。禁运解除后，苏联恢复了对美国粮食的大量购买，尤其是在 1981～1982 年，苏联从美国进口了前所未有数量的粮食。

里根政府解除粮食禁运一方面是考虑国内的农场主压力，另一

---

① Lee Lescase & Lou Cannon, "Reagan to Keep Soviet Grain Embargo," *Washington Post*, March 29, 1981.

方面也是考虑经济战略的对齐。执行长期的对苏粮食出口政策无疑是逐渐增加美国潜在优势的措施，而要严格控制的则是苏联的石油出口和技术进口。在实施宽厚的粮食贸易政策的同时，里根政府采取的是对苏联的强硬的经济政策，包括降低石油价格和进行对苏技术封锁。美国政府官员越来越认识到，苏联经济存在缺陷这一现实具有深远的意义，并且认为美国可以利用苏联的这种战略脆弱性。

在解除粮食禁运的同时，美国加紧了在石油领域的行动。凯西是首位以中央情报局局长身份进入内阁的情报部门首脑，他也成为美国历史上最有权势的中情局局长之一。凯西虽然在尼克松任内作为副国务卿与基辛格的关系不睦，但他对基辛格的策略是非常清楚的。他上任后一方面不断在海湾地区走访，促使沙特政府增加产量，压低石油价格；另一方面在欧洲努力去阻止苏联和欧洲之间的贸易合作，特别是破坏苏联向欧洲出口石油的新输油管道的项目。

图 5 – 2　1983 年发行的天然气管道建设邮票

图片来源：Mariluna。

1982 年初，国防部部长卡斯帕·温伯格和助手对国防部的一项绝密的五年计划指示进行了最后审查。这份纲领性文件与 1981 年美国禁止向苏联出口高技术的举动一脉相承，就是采取各种手段阻碍苏联从美国和西欧国家获得技术。该文件还意图通过强迫苏联参与技术竞争，从而削弱其经济实力。这项计划指示的内容包括：找出那些对于苏联经济至关重要的技术，然后通过抢先购买或对供应商施加压力的方式，限制苏联获得这类技术来研发各类新武器，久而久之就会使苏联的武器系统过时。这项计划指示中的内容，成为总统制定的对苏绝密战略的核心。

1983 年里根总统签署的美苏关系战略文件 NSDD－75 确定了里根政府的战略方针，实际上对美国下达了向苏联进攻的动员令。[①]

NSDD－75 重点强调从经济上绞杀苏联，关注了四个方面：

1. 防止一切有助于苏联的技术和设备转移；

2. 谨防一切可能支持苏联经济或者减少苏联经济压力的可能；

3. 减少一切苏联在国际贸易和能源领域的杠杆优势；

4. 允许没有补贴和有西方依赖性的对苏贸易，比如粮食贸易。

第四节 "荷兰病"在苏联：枯竭的钱包

苏联推动非能源产品、非农产品出口的努力取得了不太令人满意的结果。而石油价格的下跌更是雪上加霜。

一 "荷兰病"在苏联：依赖石油出口，开采成本增加

20 世纪 70 年代，已是制成品出口主要国家的荷兰发现大量石油和天然气，荷兰政府大力发展石油、天然气业，出口剧增，国际收支

---

① 〔美〕彼得·施魏策尔：《里根政府是怎样搞垮苏联的》，殷雄译，新华出版社，2001。

出现顺差，经济呈现繁荣景象。可是，蓬勃发展的天然气业却严重打击了荷兰的农业和其他工业部门，削弱了出口行业的国际竞争力。到20世纪80年代，荷兰遭受通货膨胀上升、制成品出口下降、收入增长率降低、失业率提升的困扰，国际上称之为"荷兰病"。①

"荷兰病"在苏联表现得比荷兰更严重。苏联在20世纪60年代在西西伯利亚发现石油油田，这些油田可以被开采，然后苏联可以通过向发达的资本主义国家出口石油来支付大规模进口粮食的费用，这样似乎足以使粮食问题获得解决。

苏联于20世纪50年代开始以相当大的规模开采石油。20世纪50年代和60年代的石油产量依靠伏尔加河沿岸的油田增长迅猛。然而当时苏联主要向社会主义国家供应石油，出口换汇规模有限。

西西伯利亚的第一口天然气井是在1953年发现的。大规模的地质发现则是在1961～1965年。1961年发现梅吉翁和乌斯季巴勒克油田，1963年发现费奥多罗夫卡油田，1965年发现马蒙托夫和萨莫特洛尔油田。已开采油田的特点是出油量都很高，通常每口井一昼夜超过100吨。1972～1981年，西西伯利亚油气区的石油产量从6270万吨上升至33470万吨。② 那些年苏联石油产量的增长幅度极为巨大。许多已经进行开采的油田，按照国际分类标准都属于出油量异常高的油井。

苏联迅速增加对发达资本主义国家的石油出口。对外汇的需求促使苏联更多地开发并经营矿产资源，这一经营方式可以快速换取外汇，但也构成了随后若干年间开采量下降的风险。20世纪70年代末至80年代初，那些为苏联经济运行总规模负责的人与从事西西伯利亚油气区开发的人就一个问题展开了争论：以什么样的速度可以增加开采量而又不致对油田开发的长期远景造成无可弥补的损害。有时候

---

① 王宏森、刘霞辉：《小心"荷兰病"！》，《光明日报》2011年7月8日，第11版。
② 〔俄〕М. В. 斯拉夫金娜：《辉煌成就与悲剧：1960～1980年代苏联石油天然气综合体的发展》，科学出版社莫斯科版，2002，第45、70页。

争论以相当尖锐的方式进行。当时的石油工业部部长 B. 沙申曾不止一次对国家计委和党的机关代表说过，他只管提高增产的能力，而不考虑这一政策的后果。

日益严重的粮食供应困难促使苏联领导人选择了加紧利用矿产资源的战略。部长会议主席阿·柯西金不止一次向秋明石油天然气工业生产管理局局长 B. 穆拉夫连科提出大致这样内容的请求："粮食告急——计划外再给我 300 万吨吧。"①

1974 ~ 1984 年，每增产 1 吨石油的开支增加了 70%，从 20 世纪 70 年代初到 80 年代初，用于燃料开采的费用翻了一番。②

苏联开展大型项目大力开采石油，在快速提高石油产量的同时，也会带来难以预料的风险，结果是，能否保持已达到的生产规模取决于几个大型油田未来的生产状况。③能否实现外贸平衡、收支平衡、居民的粮食供应稳定、政治稳定，在越来越大的程度上取决于垦荒地的天然气、石油开采的状况如何。作为世界超级大国经济和政治稳定的基础，这显然是不够的。④

除了发现大型油气产区，1973 ~ 1974 年的石油价格空前上涨和 1979 ~ 1981 年的油价飙升，也有助于 20 世纪 70 年代的苏联经济保持稳定。在以可自由兑换货币销售的石油出口量增长的背景下，自 1973 年起，苏联外汇收入的增长速度也是史无前例的。

出售石油获得的大量外汇，使城市粮食供应危机得到缓解，使苏

---

① 〔俄〕E. T. 盖达尔：《帝国的消亡——当代俄罗斯的教训》，王尊贤译，社会科学文献出版社，2008，第 134 页。
② 〔俄〕B. M. 库德罗夫：《苏联经济回顾》，科学出版社莫斯科版，2003，第 31 页。
③ 1977 年美国中央情报局公布了一份报告，其中预测苏联的石油开采量在 20 世纪 80 年代会开始下降。参见《国际能源形势：展望 1985》，中央情报局，1977；《苏联石油生产展望》，中央情报局，1977。
④ 〔俄〕E. T. 盖达尔：《帝国的消亡——当代俄罗斯的教训》，王尊贤译，社会科学文献出版社，2008，第 135 页。

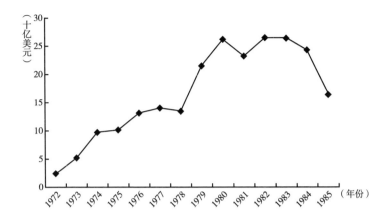

图 5 - 3　1972 ~ 1985 年苏联对经济合作与发展组织成员的石油和石油产品出口额

注：经济合作与发展组织成员缺葡萄牙和西柏林地区。

资料来源：历年苏联的对外贸易统计汇编，财政和统计出版社莫斯科版。

联扩大了设备、消费品的采购，保证了进行军备竞赛、取得与美国核均势的财政基础，并有能力开始实施诸如入侵阿富汗之类的对外行动。

从 20 世纪 70 年代中期到 80 年代初期，石油产量和出口量快速增长，石油价格高企。这个时期苏联本该借机设立可自由兑换货币储备，将源源而来的资金分散为可变现款，以备在石油市场发展不利时可以使用。然而，苏联领导人并没有这样做。此外，在石油收入空前增加的背景下，苏联仍扩大了借债的规模。① 这种政策唯一合理的解释只能是，苏联坚信石油价格在 20 世纪 70 年代末涨到按历史尺度衡量反常之高的程度后，仍将居高不下。至于若价格下跌该怎么办，

① "蔡斯·曼罗腾·本克估计，共产主义集团各国收支的赤字已从 1974 年的 50 亿美元增至本年度的 120 亿美元。整个赤字总额中将近一半属于苏联……本克估计，今年苏联出售黄金的金额大约为 10 亿美元，此外，它在西方银行中的外汇资产减少了 20 亿美元。"见《K. 纳扎尔金（国际经济合作银行管委会主席）1975 年 12 月 25 日致 M. A. 列谢奇科同志的信》，俄罗斯联邦国立档案馆 Φ. 5446. 00. 109. Д：60. Л. 37 ~ 39。

那些年的苏联领导人显然未加考虑。①

然而，在油价高企的情况下，1979～1981年苏联仍然遭遇到为弥补目前收支赤字提供资金的问题。原因照例是农业问题：三年歉收造成苏联被迫增加粮食进口。

1980年，石油和天然气已占苏联向经济合作与发展组织成员出口额的67%。同一时期油价仍然很高，但已停止上涨。在这样的背景下，国内消费品匮乏的情况进一步加剧，货币发行量增加，集体农庄市场的物价上涨。预算开支的经费来源在更大的程度上依赖于居民的存款。国民经济财政不平衡的加剧、财政比例的失调和消费市场商品短缺的日趋严重，都激发了依靠降低质量来弥补食品供应不足的尝试（如在香肠中增添水分和淀粉）。自20世纪70年代中期开始，大约一半贸易额的增长是靠降低质量和提高价格实现的。②

二 石油价格下跌：枯竭的钱包

1981～1984年，苏联政府克服外贸中日益增长的困难的唯一手段是增加石油供应量，石油供应量从1975年的9310万吨提高到1980年的11900万吨，再到1983年的13000万吨。③ 然而，从20世纪70年代末开始，石油开采量的增长速度却下降了。

---

① 关于粮食和加工部门成套设备的进口依赖石油市场行情所造成的风险，专家们早在20世纪80年代中期即已清楚地了解。参见〔苏〕M. 查德维克、D. 朗、M. 尼桑克《苏联的石油出口：贸易调节、改进限制和市场行为》，牛津能源研究所出版社牛津版，1987。

② "既然我们已经无法在旧有的资金提供体制内做出安排，就只好采用新的'非传统的'方式：将居民在储蓄所中的存款和企业账户的资金的一部分作为预算开支。"〔俄〕H. K. 拜巴科夫：《从政40年》，共和国出版社莫斯科版，1993，第129～134页。

③ 数据引自历年苏联的国民经济统计汇编。这些数据的准确性并不可靠。在如此微妙的领域，苏联官方的统计资料可能被有意加以歪曲。然而对于事件发展的总体情形、石油出口的快速增长，所引数字仍然有所反映。

决定石油市场形势的不仅有经济因素，还有政治因素。苏联领导人也积极参与操纵石油市场。苏联国家安全委员会主席安德罗波夫在 1974 年 4 月 23 日致苏共中央总书记勃列日涅夫的函件中便说："安全委员会自 1960 年以来一直与巴勒斯坦民族解放阵线政治局委员、巴勒斯坦民族解放阵线对外作战部部长瓦吉亚·哈达德保持秘密的事务联系。今年 4 月，瓦吉亚·哈达德在黎巴嫩与国家安全委员会驻外某报负责人举行了会晤，在充满相互信任的交谈中他阐述了巴勒斯坦民族解放阵线恐怖破坏活动的远景规划，大体上可归纳如下：巴勒斯坦民族解放阵线特别行动的基本目的，在于提高巴勒斯坦抵抗运动反对以色列犹太复国主义和美帝国主义的斗争效果。从这一点出发，组织恐怖破坏活动的主要方向为：继续以阿拉伯国家的'石油战争'作为反对支持以色列的帝国主义势力的特殊手段；在第三方国家实施针对美国和以色列人员的行动，目的在于获取有关美国和以色列的计划和意图的可靠信息；在以色列境内进行恐怖破坏活动；组织针对主要资本属于以色列、英国、比利时和西德公司的金刚石托拉斯的破坏活动。据此，目前巴勒斯坦民族解放阵线正在对一系列特别行动进行准备，其中包括对世界各地（沙特阿拉伯、波斯湾、香港等）的大型贮油库实施打击，摧毁油轮和超级油轮；针对美国和以色列驻伊朗、希腊、埃塞俄比亚、肯尼亚代表的行动；袭击特拉维夫及其他城市的金刚石中心。瓦吉亚·哈达德请求我们为他的组织提供援助，希望获得实施专门破坏行动所需的某些种类的专用技术器材……考虑到上述情况，我们认为应在例行会晤时完全赞同瓦吉亚·哈达德关于向巴勒斯坦民族解放阵线提供专用器材援助的请求。"[1]

----

① 〔俄〕E. T. 盖达尔：《帝国的消亡——当代俄罗斯的教训》，王尊贤译，社会科学文献出版社，2008，第 141～142 页。

苏联在入侵阿富汗后被波斯湾国家尤其是沙特阿拉伯视作潜在的威胁，这成为它们急速改变对美国态度的原因之一。因此，获得一个超级大国可能的军事支持对苏联来说很有必要；而美国也需要价格更低廉的石油。

1981 年秋，苏联遭遇收支平衡的严重问题，不得不告知东欧各社会主义国家，决定削减每年石油供应量的 10%，意在将节省下来的资源用于增加对经济合作与发展组织成员的出口。但是即便在这种时候也不能置政治上的考虑于不顾：波兰国内的危急形势不容许苏联真正减少对这个最大的东欧卫星国的石油供应。

P. 派普斯是 20 世纪 80 年代初向美国当局提交的一份报告的执笔者，报告的核心内容为：建议利用苏联经济对石油价格行情的依赖性破坏苏联的稳定。被美国总统罗纳德·里根任命为中央情报局局长的凯西，具有分析和利用敌方经济弱点的工作经验。早在 1981 年 3 月 26 日的里根私人日记中，便出现了有关苏联经济状况及其依赖西方贷款所产生的问题的简要报告。1982 年 11月，里根总统签发了一项有关国家安全的指示（NSDT－66），其中提出了给苏联经济造成损失的任务。① 自然，所提出的任务意在从经济和政治方面削弱苏联，利用苏联经济的薄弱环节将其搞垮。

1985 年，新油井投产和维持现有油井开采量的费用的增加以及资金不足等，导致苏联的石油开采量减少 1200 万吨。与此同时，1981～1984 年石油的实际价格的缓慢下降在沙特阿拉伯决定增加

---

① 〔美〕P. 施韦泽：《胜利：里根政府加速苏联瓦解的秘密战略》，大西洋月刊出版社，1994，第 xxvl. 6～12、26～32 页；〔美〕R. 斯特劳尔：《为什么苏联会瓦解？理解历史的变化》，M. E. 夏普出版社纽约、伦敦版，1998，第 127 页。关于美国和沙特阿拉伯在石油降价问题上的协议，参见〔美〕V. G. 特里默、M. 埃尔曼《为什么苏联的经济制度会崩溃?》，载自由欧洲广播电台《无线电自由研究报告》1993 年第 2 卷。

开采量两倍多之后，已变成了石油行业史无前例的价格狂跌。①

继 1985 年苏联石油产量和出口减少之后，1986 年初世界石油价格暴跌，这严重削弱了苏联控制硬通货的能力。石油收入从 1982 年的 152 亿美元直线下降。

1987 年，苏联石油产量的恢复以及世界石油价格的上涨帮助苏联提高了石油收入，估计略高于 90 亿美元，但仍远低于其之前的最高收入。此外，尽管 1986 年至 1987 年出口量增加了 40%，但世界天然气价格的降低也影响了苏联的天然气收入，使其天然气收入保持在 40 亿美元以下。

针对能源收入的下降，苏联领导层达成了一致意见：增加非能源产品的销售。对第三世界的武器销售大幅增长，事实上，这在很大程度上是苏联尽管损失了石油收入，但仍有能力创造可观的硬通货盈余的原因。1986 ~ 1987 年，武器销售额跃升至年均 73 亿美元，而 1985 年为 49 亿美元。中东持续的紧张局势以及两大阵营的国家之间持续的摩擦，使得世界对苏联武器的需求居高不下：军火支持设备和备件的销售占了销售增长的大部分。②

然而，高额的武器销售给苏联带来的直接外汇收益是值得怀疑的。苏联不得不通过向欠发达国家提供信贷的方式来为武器销售增长提供大量资金，因此只能在纸上赚取硬通货。苏联推动非能源产品、非农产品出口的努力取得了不太令人满意的结果。1986 年苏联出口收入增长了大约 10 亿美元；这一增长主要来源于苏联销售钻石、贵金属和战略金属、木材等传统出口产品的收入。③ 而根据合作伙伴国

---

① 〔俄〕E. T. 盖达尔：《帝国的消亡——当代俄罗斯的教训》，王尊贤译，社会科学文献出版社，2008，第 145 页。

② U. S. Central Intelligence Agency, USSR: Coping with the Decline in Hard Currency Revenues, SOV 88 - 10014X, April 1, 1988, CIA Documents.

③ U. S. Central Intelligence Agency, Implications of the Decline in Soviet Hard Currency Earnings, NIE 11 - 23 - 86, September 1986, CIA Documents.

的初步数据和西方媒体的报道，其中一些产品的销售从 1985 年起似乎已经逐渐减少。苏联一直无法增加对西方的机械和设备出口，其这一类别的出口额仅占其硬通货商品出口总额的 5%。

第五节 致命一击：消失的黄金储备

在石油价格下跌、黄金储备不断下降的情况下，苏联依然不放弃粮食进口。

"过去的二十年苏联不断从高涨的油价中获益，换取了大量的硬通货。不过这种优势现在消失了。"来自印第安纳州的罗伯特·坎贝尔教授给美国国会提出的议案认为苏联经济的转折点到了。

罗伯特·坎贝尔判断的方向是对的，但是低估了苏联人的"家底"——没有了高价石油，还可以用黄金来换。

一 入不敷出：资金来源的不可持续

与许多以易货贸易方式获得的商品不同，粮食的购买必须用可自由兑换货币进行支付。进口粮食所需的大笔费用无法削减、本国农业的长期问题和天气条件造成种种难题、加工工业产品缺乏竞争力、可以为粮食进口提供资金的原料出口的价格难以预料——所有这一切相结合，构成了 20 世纪 80 年代中期苏联经济的致命弱点。

1981～1985 年，受居民粮食供应日益困难的影响，苏联从西方国家进口机器设备的份额从 26% 降至 20%，粮食和大众消费工业品的份额则增至 44%。①

出售黄金是解决歉收所产生的问题的最重要的办法。1973 年、

①　〔俄〕E. T. 盖达尔：《帝国的消亡——当代俄罗斯的教训》，王尊贤译，社会科学文献出版社，2008，第 130 页。

1976 年、1978 年、1981 年苏联向国外出售的黄金数量的急剧增加便可以证明这一点。20 世纪 70 年代初布列塔尼—布达协议失效之后，黄金价格上涨，这帮助苏联解决了采购粮食所需的资金。然而即便在黄金涨价的背景下，苏联从 1974～1975 年开始仍然成为国际金融市场上的净负债者。在所欠贷款的总额之中，为时一年的最短短期信贷占有很高的份额。1975 年的歉收又迫使苏联增加粮食进口，为此苏联不得不在国际金融市场上大规模举债，并动用自身的外汇储备。

无论是苏联的黄金储备还是外债，都不可能成为农产品进口所需资金的稳定来源。20 世纪 60 年代到 80 年代初，苏联领导人只是在进口粮食需要增加的歉收之年才采取出售黄金的做法。依靠这个办法来保证常年采购数百万吨，后来多达数千万吨的粮食，是不可能的事情。

20 世纪 30 年代到 50 年代初从农村夺取的资源使苏联建立起工业化的基础。特别是有大量的资金投入加工工业部门的建设。加工工业部门的产品构成了国际贸易的基础。当 20 世纪 60 年代初期国家急需进口粮食的资金之时，国家领导人本该可以指望依靠出口加工工业产品获得所需资金。然而这种可能性根本就不曾被认真考虑。因为领导人十分清楚，大部分民用机械制造产品在国际市场上缺乏竞争力。苏联也可以向盟国销售军事技术装备，但期待对方用可自由兑换货币支付却绝无可能。

苏联与其之前的俄罗斯在自身的历史发展过程中都是传统原料商品的一大供应国。在大批进口粮食之前，这些供货贸易连同农产品出口足以保证其筹集到采购成套机器设备所需的资金，并用可自由兑换货币进行支付。

苏联向发达资本主义国家的市场提供各种金属，但同时又进口高质量的冶金产品。其他许多工业部门的情况也是如此。这种相互关系已经成为苏联对外贸易和国民经济结构的特点。确保原料出口的急剧增长并非易事。拒绝采购进口设备则会导致在技术水平方面与现代经济增长领先的国家的差距加大。

20 世纪 60 年代，苏联变成了最大的粮食净进口国，这种状况给苏联领导人制造了许多难以解决的问题。这些问题因下述情况而变得更加严重：苏联从未创造出巨额外汇储备，并使其保持在足以为当前贸易周转服务的水平上。

国家领导人深知粮食供应依赖被视为由潜在对手国家构成的威胁，但无论是农业危机还是本国机器制造业缺乏竞争力都是现实。要想解决数十年所积聚起来的问题，苏联领导人能做的并不多。[①]

1984 年，粮食进口一度出现问题，当时创纪录的 4600 万吨外国粮食的采购成本约为 80 亿美元（外加 40 亿美元从国外购买的其他农产品），占苏联硬通货采购总量的 40%。那一年的结果是，尽管海外石油销量增加，机械和其他消费品的进口减少，但还是出现了令人头疼的 40 亿美元硬通货贸易赤字。

从 20 世纪 80 年代初开始，苏联要在接下来的十年里应对能源收入减少和美元贬值对其外汇收入的影响。仅全球能源价格的下降，就已经让苏联在过去两年损失了大约 180 亿美元的收入。价值较低的美元进一步削弱了苏联的进口能力。苏联的石油和天然气出口以美元计价，而其大部分采购是以其他货币进行的。[②]

二 黄金销售对抗风暴

苏联通过增加对外借款、销售黄金和出口武器来缓解入不敷出的窘境，以防止进口大幅下降。到 1982 年底，苏联黄金储备为 437.9 吨。除此之外，苏联还有 170 亿美元的债务，折算成黄金意味着 1500 吨。至此，苏联进入了经济停滞和低油价双重困难并存的时期。

---

① 〔俄〕E. T. 盖达尔：《帝国的消亡——当代俄罗斯的教训》，王尊贤译，社会科学文献出版社，2008，第 130～132 页。

② U. S. Central Intelligence Agency, Implications of the Decline in Soviet Hard Currency Earnings, NIE 11－23－86, September 1986, CIA Documents.

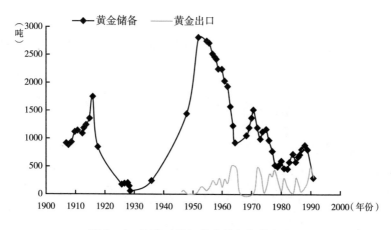

图 5 - 4 苏联（俄）黄金储备与黄金出口

资料来源：https：//golden - inform. ru/dobycha - zolota/rossija - skupaet - zoloto - 2014/。

莫斯科已经连续四年削减进口，较大幅度的削减发生在 1986 年和 1987 年。据估计，1987 年的进口额为 230 亿美元，按美元计算比 1983 年下降了 17%，按实际价值计算可能下降 30%。不过，连续两次粮食大丰收和世界粮食价格的下跌，使得苏联在 1986 ~ 1987 年两年里保持了对西方机械设备的实际购买不变。尽管如此，苏联还是推迟了许多工业项目，缩小了项目规模，或者取消了当前五年计划期间（1986 ~ 1990）的许多工业项目。

苏联在 1986 年向西方出售了创纪录数量的黄金，估计为 330 吨，这使黄金收益增加到 40 亿美元。据估计，1987 年黄金销量下降了近 25%，为 250 吨。

苏联不得不对粮食进口做出了一定的削减。1986 年 2.1 亿吨的收成使苏联削减了大约 40% 的粮食进口量。1987 年，用于购买粮食的美元价值保持稳定。尽管苏联声称当年的粮食产量为 2.11 亿吨，但粮食进口量估计增长了 25%。1987 年的粮食质量不佳——这是由收成期间异常潮湿的天气造成的——刺激了额外的购买。然而，较高的产量带来的效益被较低的世界价格和主要粮食出口国的补贴销售所抵消。①

在石油价格下跌、黄金储备不断下降的情况下，苏联为什么一直不放弃粮食进口呢？

三　波兰的前车之鉴

先看看波兰的前车之鉴——"饥饿游行"。1970年12月7日，西德总理威利·勃兰特在华沙犹太区起义纪念碑前下跪，当天西德与波兰签订了《华沙条约》。勃兰特的这一行动和《华沙条约》对新边界的确定让波兰人民从长期以来对德国收复旧土的恐惧中松懈下来，也让波兰领导人哥穆尔卡的声望日隆。也许是这种民族主义烘托出来的自信让波兰政府在一个星期后的圣诞节之前的12月14日把肉食品价格提高了10%～33%。这种切"肉"之痛让长期忍受经济发展停滞的波兰人民立马把面子上的胜利抛之脑后，波罗的海沿岸的造船基地格但斯克立刻就发生了暴动，并蔓延到其他沿海城市。几天后，波兰政府不得不出动部队开枪来制止暴动。12月20日，爱德华·盖莱克接替哥穆尔卡担任波兰统一工人党中央第一书记，他告诉国民这一切都源自哥穆尔卡在经济政策上的轻率之举，并随后下令将食品价格冻结两年。

20世纪70年代，盖莱克通过高投入高消费的方式着实让波兰的经济得到了提振。但波兰的农业生产力不足和连年歉收让食物消费品供应的压力很大，人民的生活水平不断下降。到了80年代，波兰政府面对经济下行和外债的压力不得不减少为控制食品价格的财政补贴。1980年夏天，政府又一次在没有提前通知的情况下宣布大规模提高消费品价格，这导致肉类价格飞涨。波兰工人听到这个消息的时候非常愤怒，格但斯克当天就开始了罢工。

---

① A. Kaslow, "Soviet Sales of Gold Seen as Sign of Desperation," The Christian Science Monitor, August 23, 1990, http://www.csmonitor.com/1990/0823/agold.html.

为了平息事态，一方面，波兰政府调兵遣将：8 月 14 日波兰统一工人党召开了紧急会议，决定派三个兵团包围运动的中心格但斯克，并安排内务部做出大规模搜捕运动分子的计划。可罢工在全国范围内发展得很快，不到 8 月底罢工就扩展到波兰各个城市，甚至在有些地区发展成了骚乱。

另一方面，波兰也在寻求外部力量的支持，但作为华约核心的苏联却给不出波兰人最需要的粮食和消费品。治不了根就只能治表了，于是波兰政府联系苏联询问其是否能出兵干涉，但是鉴于两国之间的复杂历史，苏联方面并没有做出积极的回应。波兰也在寻求美国的力量，只有这个敌对阵营的首脑才有波兰人最需要的粮食。8 月 25 日，波兰政府向美国提出临时增加粮食进口量，但是被美国拒绝了，美国人的借口是苏联会因此出兵干涉波兰。美国一直在紧密关注波兰的局势，美国人当然不希望苏联重演布拉格的旧事直接出兵，而如何在深层面影响波兰的局势变化是美国人更根本的出发点。当时美国总统卡特的国家安全事务助理正是波兰裔的布热津斯基，他对波兰的工会运动寄予了很大希望，自然希望通过食物危机来对工会运动推波助澜。

内外压力下，8 月 31 日，政府代表不得不和团结工会领导人签署了《格但斯克协议》，除了增加工人福利，还承认了团结工会的合法地位。很快团结工会的组织就在各个城市建立，紧接着团结农会也成立了。政府的让步仍然解决不了经济的核心问题，波兰政府不能对农产品涨价，也没有钱进口农产品，由此导致的结果只能是农产品的短缺。

1981 年的前 6 个月，肉类供应下降了 17%，可全面提价又将面对罢工再起的风险，而且波兰政府还有很大的外债压力，因此，波兰政府不得不采用减少肉类配给量的方法。1981 年 8 月，大多数人的肉类配给量从之前的每月 3.7 公斤降低到了每月 3 公斤。但在波兰工人看来则是大倒退，更何况对比西欧人均 80 公斤以上的年肉类消费量，这更加显现出自身食物供应的窘迫感。食品不提价但减少配给量并不能平息民愤，也不能解决食品危机，当时的传言是食物都被特权阶级藏起来了，人民只能加紧购买市面上的食物。波兰市民要排几天甚至几周的队才能买到生活必需品，到了 1981 年 8 月中旬，市面上的肉类、咖啡、糖和烟都不见了。

图 5 - 5　当时波兰人排队购买食物

图片来源：Wikipedia。

图 5 - 6　波兰实行配给制时的粮票

注：票面为 1 公斤面粉、1 公斤麦片、1.5 公斤的糖、250 克糖果和各种肉类等。
图片来源：http：//Kate Stockton in Pinterest. com。

史称"饥饿游行"的全国运动在这样的背景下开始了。最早是在一个叫库特娜的波兰中部小城有几千人上街游行，游行的标语是"我们已经厌倦了饥饿，我们已经厌倦了排队"。这场"饥饿游行"很快席卷全国，游行中的口号也层出不穷："我们的孩子在挨饿""24 小时都在排队""我们想分面包而不是分波兰""全世界饥饿人民大团结"。运动的组织者团结工会于 9 月 5 日召开了第一次全国代表大会，还发布了《告东欧各国人民书》，要带动整个东欧的工人争取政治权利。

到这个时候苏联人再也坐不住了，苏联高层把波兰领导人召唤到苏波边境，面斥波兰领导人的软弱无能。其他东欧国家政府也感到了威胁，联合苏联向波兰政府施压。跟前几次一样，波兰政府被迫改组，更强硬的亚鲁泽尔斯基上台并宣布军管和宵禁。团结工会被取缔，主要领导人都被关进了监狱。

但是波兰的经济困境和粮食短缺还是没有解决方案，1988年，罢工和抗议的浪潮再次兴起，团结工会再次成立。1989年，波兰执政党被迫召开圆桌会议并在 6 月失去了领导权，团结工会赢得了议会选举。美国的粮食援助也立马赶到，7 月，美国总统布什飞到华沙与团结工会领导人会谈，价值 1.08 亿美元的紧急粮食援助被直接交到了波兰新领导人手里。美国对波兰的经济整体救援计划的价值达到了 8 亿美元，第一期 1 亿美元的经济支援很快到账，美国还推动国际货币基金组织给了波兰 2 亿美元的支持。一个由美国农业部部长克莱顿·耶特领导的包括 4 位内阁成员和私人企业代表的总统特派团到达波兰，指导波兰的新经济政策和美援的使用。1989 年 9 月，波兰新政权正式上台，东欧剧变的第一块多米诺骨牌倒下了。

四 由奢入俭难：肉类供应是苏联经济状况的"晴雨表"

在苏联，饮食是消费者福利的最重要的决定因素。无论是从本国人口的角度还是从苏联和西方的消费比较的角度来看，食物供应与需求、饮食质量以及领导层对食物问题的处理都对社会稳定有重要影响。随着苏联战后的快速发展，苏联人民不再仅仅关心面包，还要吃更多的肉、奶、糖等，其中肉类供应始终是苏联政府要面对的难题。

即使相对短暂地拒绝进口美国饲料，也可能对苏联的牲畜库存造成长期损害，从而影响肉类生产情况。1975 年，在一次与天气有关的歉收之后，苏联被迫在一年内将饲料粮食的使用量减少 17%（从1.07 亿吨减少到 8900 万吨）。在这种情况下，牲畜库存无法维持，在短短 5 个月内，家禽和猪的数量分别被迫减少了 36% 和 26%。这种对禽畜的"痛苦屠宰"导致短期内有更多的肉类可供立即消费，但从长期来看，要持续增加肉类产量却困难重重。"痛苦屠宰"过后，尽管天气好，能不受限制地获得进口粮食，苏联也需要 3 年来重建牲畜库存，使之达到之前的水平。与此同时，肉类总产量从 1975 年的 1500 万吨下降到 1976 年的 1360 万吨。[①]

就人均每日摄入热量而言，苏联是世界上人均每日摄入热量最高的国家之一，为 3200～3500 卡路里（取决于苏联的各种食物来源）。但是就苏联饮食的质量或种类，甚至主要营养物质的平衡而言，苏联与美国甚至东欧的国家相比都很差。在经历了 3 年的歉收后，这些缺陷变得更加严重，再加上包括美国禁运在内的其他因素，情况变得更加复杂。

从 1980 年开始，首都莫斯科的肉类供应总体还算平稳。猪肉、牛肉和家禽在集体农庄市场很容易买到，国营商店的供应也很充足。供应普遍充足的报告与苏联公布的社会化部门的数据相吻合，这些数据显示，在 1980 年的前几个月，牲畜（主要是猪）的屠宰量高于正常水平。

图 5－7 1980 年，首都莫斯科的肉类供应总体还算平稳

图片来源：塔斯社。

---

① R. L. Paarlberg, *Food Trade and Foreign Policy：India*, *the Soviet Union and the United State*, Cornell University Press, 2019, p. 199.

然而，在莫斯科以外，关于肉类供应减少的报道开始出现。截至
5 月，莫斯科以外的某些城市的唯一鲜肉来源是中央农贸市场，其价
格远高于国营商店。在一些州立商店，只有香肠和罐装肉。到了夏
天，类似报道频频出现，在苏联远东地区的省会城市和工业城市，供
应似乎特别紧张。到 6 月，据报道，肉类和乳制品的短缺引发了莫斯
科以外的汽车厂工人的不满和停工。因为在苏联（和大多数国家一
样），汽车工人是薪酬最高的群体之一，而他们参与了与食品相关的
停工，这意味着一定存在严重的食品短缺。

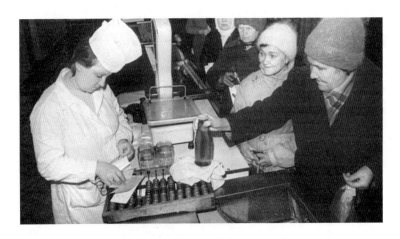

图 5 - 8　苏联的牛排配给出现短缺，人们开始排起长队

图片来源：塔斯社。

情况显然进一步恶化。1981 年 2 月，乔治·费弗在一篇文章中
说，即使在莫斯科，牛奶供应也不再有保证，香肠、奶酪"消失
了"；牛奶中的乳脂含量减少了。费弗将这种情况描述为"比 1971
年糟糕得多，比我从西方报纸上读到的还要糟糕"①。

---

① 〔俄〕E. T. 盖达尔：《帝国的消亡——当代俄罗斯的教训》，王尊贤译，社会科学
文献出版社，2008，第 125 页。

西方报纸驻莫斯科记者报道了 1981 年不断恶化的食品形势。这些报道通常集中在肉类和奶制品商店前排起的长队、出售的食品质量差、牛奶和黄油供应特别短缺、集体农庄市场水果和蔬菜的高成本以及在莫斯科购物的外地购物者的数量多。据报道，购物者排队买肉要排 4~6 个小时；在莫斯科和列宁格勒，农庄市场的鸡肉售价约为每磅 3.3 美元。

西方记者可能更愿意报道苏联的困难，但是苏联媒体也报道了类似的故事。10 月，苏联肉类和奶制品工业部部长报告说：对某些农产品，尤其是肉类的需求没有得到充分满足。消费者对产品质量的抱怨是有道理的。许多产品的包装不符合消费者的需求。食品工业的工人们意识到这些困难和缺点，并将尽一切努力更充分地满足苏联人民对高质量食品的需求。

在格鲁吉亚，谢瓦尔德纳泽的一次讲话中出现了官方对畜产品配给情况的确认。谢瓦尔德纳泽指出，城市地区的配给制会给农村居民带来困难，他们再也不能像过去那样在城市商店里大量购买黄油和肉类了。谢瓦尔德纳泽呼吁党和国家官员打击囤积和投机畜产品的行为。在他发表讲话的两天前，格鲁吉亚日报《人民日报》报道了共和国黄油短缺和一些人因投机黄油而被捕的情况。

在利沃夫（乌克兰）电视台采访中，地区官员提到了该州（即地区）的食品供应情况以及抱怨肉类和黄油供应的信件数量。官员强调，儿童和保健组织以及公共餐饮企业（即工人和学生食堂）将优先配给畜产品。该官员还严厉批评了那些购买不必要的大量面包和糖的人，他们用前者喂养动物，用后者生产自制酒精。该官员注意到"某些种类的食品分配比去年还要多"。他说："人们对食品的需求没有得到充分满足，特别是肉类、意大利香肠和黄油等食品。与此同时，今年面粉、燕麦、人造黄油、糖、糖果、蔬菜罐头、鱼和许多其他食品的分配仍保持在 1980 年的水平。"①

苏联媒体对面包消费给予了不同寻常的关注。随着收获季的临近，《真理报》（1981年7月16日）围绕面包消费发表了社论，列举了面包消费中的铺张浪费情况，认为需要生产更小的面包以减少剩菜以及需要停止生产低于标准的烘焙食品。文章还指出，铺张浪费导致面包被用来喂养个人土地上的牲畜，必须建立严格的监管。

类似的文章出现在1981年8月13日的《乌克兰日报》（基辅）、10月19日的《真理报》上。《真理报》的第二篇文章指出，超过5%的烘焙面包"在垃圾桶里"。根据这篇文章，这个数量足以养活白俄罗斯和亚美尼亚两个共和国，外加两个苏联城市的人口。

1981年，蔬菜（定期）、高品质人造黄油、糖果、糕点、不含酒精的饮料、蛋黄酱和矿泉水等产品的供应量不足。在1981年11月的苏联共产党全体会议上，勃列日涅夫将粮食问题称为"1981～1985年最紧迫的政治和经济问题"。勃列日涅夫指的不是营养不良问题，而是普遍充足但平淡单调的饮食与消费者偏好的更多样、更高质量的饮食（更多肉类、奶制品、水果和蔬菜，就像西方工业化社会所享受的那样）之间的差异。

长期以来，苏联人越吃越富足，改善型的饮食结构变成了新一代人的刚需，这一代人的口味都是小时候的回忆，"由奢入俭难"。如果说以前从农业社会向工业社会转变的过程中要面临的主要是失业等问题，那么工业社会的危机可能是国家不能给社会提供充足的粮食。因为社会人群的主体已经发生变化，从农民到农民－工人的中间态再到工人，工人作为主体的利益更需要得到关注和保障。

---

① 〔俄〕E. T. 盖达尔：《帝国的消亡——当代俄罗斯的教训》，王尊贤译，社会科学文献出版社，2008，第125页。

自 1982 年以来，由于产量的增加和持续的高水平粮食进口，肉类、鸡蛋、植物油、蔬菜和水果的人均供应量有所增长。然而，1983 年牛奶和糖的人均供应量仍低于 1980 年的水平。总的来说，1983 年的人均食品消费量比 1980 年高出近 3%。1984 年人均食品消费量增加了 2%，肉类进口量已达到人均 2～4 公斤。[①] 然而，这种增长仍然无法满足人们购买力增长带来的肉类需求。肉类供应需要数年的快速增长才能满足可支配货币收入持续增长而形成的需求。

而所有这一切，都依赖于粮食进口。

第六节　最后一根稻草：戈尔巴乔夫的本末倒置

> 20 世纪 80 年代的苏联，实质上已经沦落为一个依靠石油换取食物的落后国家。

对大多数观察家来说，米哈伊尔·戈尔巴乔夫于 1984 年担任苏联最高领导人时面临的问题是陈旧的农业体系亟须修复。戈尔巴乔夫负责过农业方面的工作——他于 1978 年被任命为中央委员会国家农业政策的监督者，他可能比许多苏联高级官员更理解农业部门改革的必要性。戈尔巴乔夫已经认识到国内和国际贸易层面的农业问题。

一　戈尔巴乔夫"加速战略"：重点不在农业而在重工业

戈尔巴乔夫很清楚自己的历史使命，雄心勃勃地准备大干一场，彻底改变苏联的发展道路和社会面貌，然而，戈尔巴乔夫的改革却没

---

① U. S. 97th Congress, Soviet Economy in the 1980s: Problems and Prospects Part II, U. S. Government Printing Office, 1983, pp. 46－47.

有取得预期效果，反而导致局势进一步恶化。苏联社会主义体制的问题很多，其中最大的问题，也是最令人民不满的是生活水平长期低下，所以戈尔巴乔夫把经济改革放在第一位是抓住了要害，但第一步迈出的方向却错了。与中国的经济改革不同，苏联的经济改革并没有从农业入手，也就是说，没有从最根本的吃饭问题入手。长期处于集体化体制下的苏联农业，生产效率低下，农作物产量一直徘徊不前。尽管政府不断加大在农业领域的投入，但因体制问题，农业生产并没有得到稳定发展。

以农产品为主的市场供应紧张是苏联长期存在的一个尖锐问题。市场问题主要是消费品供应不足，而消费品供应中最为突出的问题是与居民生活密切相关的食品问题。戈尔巴乔夫执政后，虽然一再提及农业和食品问题，但说的多做的少，而且根本没有意识到应该从苏联当时的经济情况特别是市场供应情况出发，率先进行农业改革。直到1989年苏共中央三月全会时其才做出农业改革的决定，但为时已晚。未从农业入手进行改革的后果是，产业调整得不到农业的有力支撑，而改革过程中社会生活水平未见明显提高，这使人民对改革的热情不高，也无法持久。

不仅如此，戈尔巴乔夫几乎是本末倒置地提出了"加速战略"。由于长期片面发展重工业，特别是军事工业，苏联的国民经济结构严重不合理，成为一种畸形的经济。重工业过重，轻工业过轻，农业长期落后，这是阻碍社会经济正常发展、市场供应不足和人民生活水平低下的一个主要因素。在执政后不久召开的苏共中央全会上，戈尔巴乔夫在分析如何克服经济困难时，没有采取重大战略性措施调整不合理的经济结构，而是提出了"加速战略"。1986年2月，苏共在二十七大上正式提出并通过了这一方针。戈尔巴乔夫虽然强调"加速战略"不是粗放的，不是纯数量和速度上的提高，"加速"要在集约化的基础上实现，但从实践看，"加速战略"的重点仍是发展速度，而不是经济结构和发展模式。由于"加速"的重点仍放在重工业，国民经济比例更加失调、更加不合理。结果，不仅经济增长速度上不去，而且消费品市场更加紧张，基本消费品全面短缺，加上价格上涨，人民生活水平在下坡路上一去不回头。[①]

20世纪80年代的苏联，实质上已经沦落为一个依靠石油换取食物的国家，工业体系完全为军工服务，经济结构非常不合理。到了戈尔巴乔夫改革时期，苏联完全陷入了依靠石油增产维持美元收益的怪圈，经济结构失衡，工业技术工艺落后。

二 粮食博弈的结局：苏联失控

在1972年至1981年美国三次与粮食挂钩的外交实践中，人权、石油和阿富汗问题都没有让苏联妥协；相反，苏联三次都最终达成了粮食进口协议，成功迫使美国放弃了粮食禁运的制裁。

从战术的角度来看，苏联确实在粮食外交的斗争中掌握了主动权，保证了本国粮食进口的稳定性和连续性；相比之下，美国三番五次的尝试都遭遇了失败，以至于当任总统都或多或少因此在选举中败走麦城。然而从长期来看，苏联因一次又一次的"胜利"而不自知地陷入粮食对外依赖的怪圈，随着其自身问题的暴露而陷入困境；美国则在失误的探索中逐渐熟悉了粮食武器的运用规律，并最终使之成为维护霸权的有效工具。两国的胜负易位有着深刻的原因。

20世纪70年代后，苏联并没有充分意识到依赖美国粮食的危险，也没有充分意识到美国将粮食贸易"武器化"的决心。苏联自1981年后，粮食进口量非但没有明显下降反而仍然维持高位甚至还有所上升。尽管有不进口粮食就无法弥补缺口的无奈因素，但三次成

---

① 陆南泉：《戈尔巴乔夫的经济体制改革问题究竟出在哪里》，《苏联东欧问题》1990年第5期。

功或多或少地给了苏联领导人一种暂时的自信：苏联能够继续一次又一次地打破美国人将粮食贸易与其他问题挂钩的企图，维护苏联粮食进口的安全和稳定。

而这种"自信"只在限定条件下才是符合现实的，这一限定条件就是高油价。实际上，美国就是靠打破高油价、削弱苏联粮食购买能力，最终使苏联陷入债务困境和衰退的陷阱的。苏联之所以能够在国际粮食市场上找到美国之外的卖家提供粮食，从而迫使美国放弃对苏粮食贸易的挂钩条件，原因就在于其拥有较强的购买能力。当这种购买能力不复存在之时，苏联也就失去了与美国讨价还价的资本。

在三次粮食贸易博弈中，苏联由被动变为主动的过程同时也是其获得自主购买能力的过程。在1972年的美苏粮食贸易谈判开始时，苏联尚处在相对弱势的地位，它需要美国提供购粮贷款才能购买美国的粮食。然而1973年开始的第一次石油危机和1979年由伊朗霍梅尼革命引发的第二次石油危机使苏联的外汇收入猛增，因此其对于美国提供购粮贷款的需求就降低了，并在此后长期依靠石油创汇来进口粮食。在高油价的支持下，拥有了石油这一外汇支柱之后，苏联才能够自如地利用美国政府与其国内利益集团、粮食企业和国际竞争对手的种种矛盾，破解美国在粮食贸易问题上的三次禁运。当时许多人，包括苏联领导人都认为高油价将成为一种常态而不必担心石油外汇的安全性。可以说20世纪70年代的石油危机成就了苏攻美守的冷战对峙格局，为苏联的对外扩张提供了强有力的经济后盾，但同时掩盖了苏联内部的一系列问题，并形成了苏联单一依赖能源出口的经济模式。至1984年，能源出口的收入已经占到了苏联外汇收入的54.4%；而与此同时，粮食已经占到苏联进口商品的1/4。可以说，苏联的粮食进口极度依赖石油出口的支撑，甚至还出现了这种荒诞的情况：苏联部长会议主席柯西金向秋明石油天然气工业生产管理局局长穆拉夫连科提出请求，内容是"粮食告急——计划外再给我300万吨吧"，以用于出口创汇。"石油—外汇—粮食"构成了苏联粮食贸易的脆弱链条，一旦源头或中间环节出现问题，粮食进口就将受到极大威胁；而苏联对粮食进口的极度依赖，又必将威胁苏联的"国本"。而在经历了 20 世纪 70 年代至 80 年代的石油红利时期后，苏联在这个问题上已经积重难返。

与之形成鲜明的对比，在经历了三次不成功的探索后，美国的政治精英从中学到了如何运用粮食这件武器。由于粮食贸易长期具有买方市场的特性，直接挂钩和制裁的方式都无法杜绝竞争对手向自己的敌人出售粮食，要实现自己的目标，必须直接针对敌人的要害之处即削弱敌人的购粮能力，使长期依赖粮食进口的敌人失去讨价还价的资本。1983 年美国和苏联签订了 5 年期粮食贸易协议，协议的核心要求是苏联每年的粮食采购量不得低于 400 万吨小麦、400 万吨玉米和其他各种谷物的最低采购量。这种长期协议既稳定了美国的国内生产，又将苏联牢牢绑在美国的粮食供给上。

在锁住苏联进口的同时，美国还有对苏联出口的组合拳。1985 年 8 月，里根政府实施了"逆向石油冲击"战略，迫使中东产油大国沙特阿拉伯猛然将产量提高了一倍多。这导致国际油价在不到 5 个月的时间里从每桶 30 美元跌至每桶 12 美元。苏联短期内损失了 100 亿美元的硬通货，并处于油价每下跌 1 美元就要损失 5 亿～10 亿美元的绝境。然而此时苏联来不及通过增加产量来弥补损失，1988 年苏联石油产量达到峰值之后就开始下降；与此同时，苏联也没有其他可以替代石油的外贸产品了。为了维持基本的生存需要，苏联不得不向西方求援以获得粮食援助和贷款，以至于要通过政治改革来满足西方的附加条件，最终走向了改革的失控和解体。[①]

① 本小节关于粮食贸易博弈的论述，引自徐振伟、左锦涛《冷战中后期美国对苏联的粮食外交与美苏博弈》，《当代世界社会主义问题》2019 年第 2 期。

第七节　民生窘境：供应排队，黑市盛行

面包店要么大门紧锁，要么空空如也。这样的情景，也许在莫斯科的整个历史上都前所未见——哪怕在最饥饿的年代。

一　黑市的形成

从1979年末到1980年，畜产品和其他一些食品的供需差距似乎在明显扩大。消费者越来越多地不得不忍受在食品店的长时间等待，通常要等几个小时，而且食品经常在所有人都可以买到之前就缺货。排队人数增加的现象是普遍的，发生在大多数共和国，包括农村和城市地区。在此期间，以下几方面因素在不同程度上扩大了供需差距。

首先，苏联的统计数据显示，从1979年到1980年，记录在案的国营商店和消费合作社出售的肉类和奶制品数量变化不大，但农庄市场销售的肉类、牛奶、蔬菜、土豆和葵花籽的总量在1980年下降了。

其次，在1979年冬季和1980年全年，从国营农场和集体农庄购买的肉类和牛奶的数量普遍低于前一年同期。采购量下降，进口量增加，但这可能导致许多地区的肉类和奶制品供应更加不稳定。在此期间，只有鸡蛋的生产和消费稳步增长。

最后，尽管这期间大多数优质食品的供应不稳定，但1980年人均可支配收入急剧增加，消费者对优质食品的需求从而增加了。消费者对农业生产不景气的报告感到不安，他们开始囤积食品，从而加剧了可用供应的压力。随着国营商店排队的人越来越多，消费者越来越多地转向集体农庄市场，在那里，农民以随供求情况而变化的价格出售他们的剩余产品。此外，为了应对对畜产品的过度需求，黑市活动增加了，这导致对国营商店供应的进一步分流。截至1981年，苏联民众的肉类等的人均消费量已远低于美国及一些欧洲国家（见表5-5）。

表 5 - 5　1981 年部分国家不同食物人均消费量

单位：千克

国家	肉	鱼	蛋	糖	土豆	面包
苏联	53	18	14	44	105	138
美国	110	8	15	36	35	68
联邦德国	98	NA	17	31	81	68
挪威	50	37	11	35	70	80
意大利	77	NA	11	31	41	127
西班牙	75	NA	18	27	113	76
波兰	72	7	13	33	155	128
保加利亚	71	7	12	35	30	159
匈牙利	73	NA	19	36	59	113
捷克斯洛伐克	87	5	19	37	79	109

资料来源：《共同体基本统计》，欧洲共同体统计局，1984；《食品消费、价格和支出，1962~1982》，美国农业部经济研究服务处，1983；《经济互助委员会统计报告》，莫斯科，1983。

1982 年 11 月 7 日是苏联国庆节，莫斯科的多数大型国营食品店都没有黄油和奶酪出售。人们只在小型国营食品部能偶尔买到，但每人限购 400 克，并要排长队。肉、蛋和香肠的供应也是如此。由于食品缺乏，当时苏联每个家庭平均每天需要两小时去排队购买食品，很多国营企业职工会在工作时间脱岗跑出去排队，仅仅是因为听说哪个食品部刚刚到货了少量香肠和鲱鱼。

这样的情况愈演愈烈，到 20 世纪 80 年代末的经济更加困难时期，有市民曾经排队两小时只买到两三公斤发芽的土豆，因为市场上实在没什么东西可买。

二　反酗酒运动

苏联在遭遇出口中占主要地位的商品的价格行情不利之后，国家的财政系统面临三个额外的打击。第一，反酗酒运动减少了预算收入；第二，"加速战略"预计会扩大国家基本建设投资的规模；第三，大众消费工业品的进口数量削减了。

苏联前国家计委主任 H. 拜巴科夫回忆道："4 月举行中央书记处会议，会上讨论了关于缩减含酒精饮料产量的决定。1985 年的计划中伏特加占贸易额的 24%，因此我在会上小心翼翼地提醒说：'同志们，不要匆忙行事——我们会让预算失去平衡的。事情终归牵涉到250 亿卢布呢……''不行，'利加乔夫声称，'我们还是要先大大压缩含酒精饮料的产量，接着再实施禁酒法令……'秋季举行的例会上，中央书记处分析了执行上述决议的过程。大家指出这方面已开展了某些工作，但同时也批评党的边疆区委和州委书记们在降低含酒精饮料生产速度方面行动迟缓。随即提出一条建议，将伏特加的产量减少一半，不过并不是在计划规定的 1990 年之前，而是在 1987 纪念年之前——纪念伟大的十月社会主义革命 70 周年。这次会议之后，更加积极地开展了反酗酒运动。含酒精饮料的生产和销售开始急剧减少，其中包括葡萄酒和白兰地。"按照反酗酒决议之前通过的 1985 年计划，含酒精饮料的销售预计可获得 600 亿卢布利润。决议通过之后，1986 年获利 380 亿卢布，1987 年获利 350 亿卢布，而 1988 年由于停止了反酗酒运动，获得的利润超过 400 亿卢布。

反酗酒运动预计每年削减伏特加和甜烧酒制品生产、销售的10%，5 年间减少一半产量。含酒精的水果饮料应当于 1988 年停止生产。1985～1986 年，含酒精饮料的产量已经减少过半。反酗酒运动之初，苏联领导人希望提高烧酒价格，以此弥补由含酒精饮料销售量减少带来的预算和贸易损失的 80%。事情的发展表明，这只是一种幻想。

苏共第二十七次代表大会上提出 2000 年前将苏联经济潜力增加一倍的任务。"加速战略"预计，机器制造业的发展将超过整个工业

图 5 - 9 反酗酒运动的宣传海报

图片来源：http://Worldwarera.com。

增长速度的 70%，机器制造业产品质量在 20 世纪 90 年代初要达到世界水平。

玩弄一整套手法之后，苏联统计机关便可以证明 1985～1986 年苏联经济的增长速度已经提高了。计算时将酒精产品的销售排除在外，结果这几年国家收入的增长速度提高了将近一倍。然而以统计花招遏止财政危机是不可能的。所采取的那些决定与石油价格下跌相结合，使得国家预算赤字的急剧扩大已成为无可避免之事。[①]

---

① 以上关于苏联反酗酒运动的论述，引自〔俄〕E.T.盖达尔《帝国的消亡——当代俄罗斯的教训》，王尊贤译，社会科学文献出版社，2008，第 175～176 页。

三 愈演愈烈的匮乏

自 1988 年末起，苏联经济形势迅速恶化。石油开采量重新开始下降是一个危险的信号。1989 年 8 月苏联石油天然气工业部报告苏联中央政府："本年度形势变得特别紧张，潜伏着种种难以预料的事件。鉴于已经形成的极其严重的局面，苏联石油天然气工业部认为有必要修改苏联联合石油公司石油开采量的国家定购额，予以减少，确定一个需要付出巨大努力但是能够完成的额度。据此，苏联石油天然气工业部请求削减整个部 1989 年石油开采的国家定额 1550 万吨。"①

石油开采中日益增多的困难加剧了经济危机。苏共中央书记梅德韦杰夫这样描述 1989 年苏联经济的事态发展："……就这个意义而言，1988 年在一定程度上算是最后一个顺利的年头。随后极其严重的麻烦便开始了，爆发了真正的危机，首当其冲的是消费市场。它被推向极不稳定的境地，即便偶然发生的小小错乱也会招致严重的后果，引发投机性的需求。从敞开销售的物品中消逝的时而是食粮和糖果食品，时而是牙膏、肥皂和洗衣粉，时而又是学生练习本、电池和'闪电'牌扣子，更不消说肉、鞋、皮毛制品之类了。经济改革陷入官僚主义的泥潭。六月全会之后在这方面一直没有采取任何重大的步骤……1987 年的经济改革计划事实上已被束之高阁，人们越来越难得想到它。最重要的则是，放弃了对货币存量和居民现金收入的监控，以极大的力量驱动着通货膨胀的螺旋不断旋转，往后要让其停止将会愈来愈难。"② 全苏市场行情需求科学

---

① 〔俄〕E. T. 盖达尔：《帝国的消亡——当代俄罗斯的教训》，王尊贤译，社会科学文献出版社，2008，第 183 页。

② 〔俄〕B. 梅德韦杰夫：《在戈尔巴乔夫的班子里——内幕一瞥》，壮士歌出版社莫斯科版，1994，第 87、103 页。

调查研究所的调查数据表明，1989 年末在 989 种大众消费品之中，在某种程度上敞开出售而又未严重断货的仅占 11%，商店中已看不见电视机、电冰箱、洗衣机、洗涤剂、大部分日用化学品、许多种家具、电熨斗、刮脸刀片、化妆品，1987 年还不间断出售的诸如洗涤剂、学生练习本、铅笔、漆布之类的商品，也都成了脱销商品。

图 5 – 10　1987 年疯抢的苏联糖果店

图片来源：http：//Russiainphoto. ru。

苏联国家银行曾报告过货币流通领域日益增多的问题："1989 年货币流通中的困难继续增加；居民的货币收入与支出之间的脱节现象加剧，货币发行量增加，满足居民对商品和劳务需求方面的情况严重恶化，卢布的购买力下降，这些都引发了负面的社会后果。上述困难是由于国家计划的基本任务未能完成从而导致经济发展比例失调所造成的。1989 年苏联在国家收入、社会劳动生产率、工农业产品的产量、大众消费品产量等方面都未能完成任务。在这样的条件下，居民的货币收入大大超过计划：预计比 1988 年增长 12.9%，而原来预定的 1989 年计划差额为 1.2%，收入高于计划的金额达 570 余亿卢布。居民货币收入的增长速度超过用于购买商品和劳务支付的费用增长速度 40%。居民 1989 年以现款、存款、公债券、国内有奖债券等方式拥有的货币资金余额增加 619 亿卢布，占货币收入总额的 11.1%。居民手中积存的货币资金逐年增加：1988 年为 418 亿卢布或货币收入总额的 8.5%，1987 年为 318 亿卢布或 7%，1986 年为 277 亿卢布或 6.4%，1981～1985 年居民剩余的资金则为平均每年货币资金的 17.3% 或占现金收入总额的 4.4%。居民拥有的货币资金余额的高速增长，是由于商品和劳务不足从而使未能满足的需求不断增长的标志。1990 年初其数额据苏联中央银行估计将近 1100 亿卢布，而 1986 年初则为 600 亿卢布……1988～1989 年国内市场的形势恶化尤其显著，原因是居民现金收入的增长超过大众消费品产量、零售交易额和劳务支出的增长……苏联国家银行并未利用货币发行作为平衡信贷的手段：当时五年计划前四年期间（1986～1989 年）对经济的信贷投资总额减少 1335 亿卢布，其中 1989 年减少 167 亿卢布。同一时期银行的资金继续用于弥补国家预算赤字。预算借用苏联国家银行的资金 1989 年末达 3501 亿卢布，比五年计划开始时（1986 年 1 月 1 日）增加 2434 亿卢布，其中 1989 年即达 824 亿卢布。国家所欠内债 1989 年末为 4000 亿卢布，比 1986 年 1 月 1 日之时增加 3580 亿卢布，其中 1989 年即增加 880 亿卢布。国家支出经常性超过收入是卢布贬值的主要原因之一。"连续不断的财政危机在物价固定的情况下尚未导致公开的高通胀率。通货膨胀仅仅表现为消费市场的日益混乱、消费品的严重短缺。在这种情况下，社会并不理解所发生事情的内在规律。[1]

---

[1] 〔俄〕E.T. 盖达尔：《帝国的消亡——当代俄罗斯的教训》，王尊贤译，社会科学文献出版社，2008，第 184～185 页。

图 5 – 11 消费品严重短缺，苏联民众排队购买食品

图片来源：Peter Turnley。

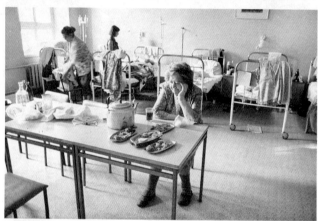

图 5 - 12　1991 年的苏联，食物供给一天天恶化

图片来源：卫星社。

劳动人民在写给苏共中央的信中说："居民供应出了什么问题？日用品都到哪里去了？情况一天天地在恶化。食粮供应定额从每人2公斤降至1.5公斤，我们希望得到原因何在的解释。"（巴甫洛夫市）"……我市的货架上已经见不到肥皂和香皂、洗衣粉。当粮食出现短缺实行票证的时候，我们以理解的态度对待这一决定。可是现在呢，地方政府定了那么少的肥皂和洗衣粉生产定额，我们气愤到了极点。请解释解释，是什么原因使洗涤用品不见了踪影？"（亚历山德罗夫市）"……我没什么东西可供喂养五个月大的叶戈尔卡。无论儿童果汁、果泥还是婴儿用混合营养品，我们城里什么都没有。"（阿帕季特市）①

图 5 - 13　1991 年的苏联儿童

图片来源：Peter Turnley。

---

① 《关于实施根本性经济改革某些问题的劳动人民来信》，《苏共中央公报》1989 年第 8 期，第 150 页。

　　苏联总统戈尔巴乔夫的助理切尔尼亚耶夫在 1991 年 3 月 31 日星期日的日记中写道，"昨天安全会议开会。讨论的是粮食问题……不过现在更具体了——是面包问题。达到平均标准尚缺 600 万吨，莫斯科全城到处都在排队，已经像是两三年前买香肠的情形。要是不能从什么地方搞到粮，到 6 月可就该闹饥荒了。各共和国中只有哈萨克斯坦和乌克兰（勉勉强强）能自己养活自己。国内想要有面包，看起来像神话。刮净粮囤，弄到外汇和贷款到外国去买。可是我们已没有了支付能力。谁都不肯提供贷款：寄望于卢泰愚（米·谢·戈尔巴乔夫同意离开日本途中在济州岛停留，与韩国总统商谈 30 亿贷款之事）……还有就是寄望于沙特阿拉伯。科威特似乎会拒绝，虽然费萨尔应允过，他为支持他们反对伊拉克而对米·谢·戈尔巴乔夫感激不尽……前去见 H.H.，她还在生病，要我买点面包。和米哈伊尔·米哈伊洛维奇乘车跑遍了整个莫斯科，从巴里纳小树林开始：面包店要么大门紧锁，要么空空如也。这样的情景，也许在莫斯科的整个历史上都前所未见——哪怕是最饥饿的年代"。①

---

　　① 〔苏〕A.C. 切尔尼亚耶夫：《1991 年：苏联总统助理的日记》，TEPPA、共和国出版社版，1997，第 124～126 页。

参考文献

一　中文文献

〔美〕丹·摩根：《粮食巨人——一件比石油更强大的武器——国际粮食贸易》，张存节译，农业出版社，1983。

〔美〕詹姆斯·特拉格：《金黄色的麦浪》，北京对外贸易学院三系编译组译，中国财政经济出版社，1975。

〔俄〕E. T. 盖达尔：《帝国的消亡——当代俄罗斯的教训》，王尊贤译，社会科学文献出版社，2008。

〔英〕拉吉·帕特尔：《粮食：时代的大矛盾》，郭国玺译，东方出版社，2017。

〔美〕威廉·恩道尔：《粮食危机：利用转基因粮食谋取世界霸权》（增订版），赵刚等译，中国民主法制出版社，2015。

赵涛、刘挥：《世界贸易战简史》，华文出版社，2019。

〔美〕理查德·尼克松：《领袖们》，施燕华等译，海南出版社，2008。

二　英文文献

D. Morgan, *Merchants of Grain*, Viking Press, 1979.

USAID, AID Project Impact Evaluation Report No. 45.

"The Food Weapon: 'Mightier Than Missiles'" *NACLA's Latin America and Empire Report*, Vol. 9, No. 7, 1975, pp. 12 – 17.

H. Kissinger, "National Security Study Memorandum (NSSM 200): Implications of Worldwide Population Growth for U. S. Security and Overseas Interests", National Security Council, 1974.

H. Kissinger, "A Strong Foreign Policy for a Confident America", State Department-Kissinger Speeches and Statements (2) of the Ron Nessen Papers at the Gerald R. Ford Presidential Library, 1976.

"Kissinger Sees the World On Verge of Historic Era," *New York Times*, October 13, 1974.

U. S. Central Intelligence Agency, Detente and US-Soviet Trade (S – 4208), 1972.

U. S. Central Intelligence Agency, Intelligence Report: The Military Food Ration in the USSR, 1973.

U. S. Central Intelligence Agency, The Soviet Grain Deficit, 1975.

U. S. Central Intelligence Agency, Soviet Economic Problems and Prospects, 1977.

U. S. Central Intelligence Agency, USSR Agriculture: Winter Crop Conditions, 1978.

U. S. Central Intelligence Agency, USSR: Adjusting to the US Grain Embargo, 1981.

U. S. Central Intelligence Agency, Raising Soviet Food Import Costs: Can The West Do It?, 1981.

U. S. Central Intelligence Agency, USSR: Implications of a Fourth Consecutive Poor Grain Crop, 1982.

U. S. Central Intelligence Agency, US-USSR Grain Agreement (Briefing

Paper Prepared for Reagan Administration Discussion), 1982.

U. S. Central Intelligence Agency, Grain Crop Issues, 1982.

U. S. Central Intelligence Agency, Modeling Soviet Agriculture: Isolating the Effects of Weather, 1988.

U. S. Central Intelligence Agency, USSR: Coping with the Decline in Hard Currency Revenues, 1988.

U. S. Central Intelligence Agency, The Republics of the Former USSR: The Outlook for the Next Year, 1991.

G. K. Bertsch & J. R. McIntyre, eds. , *National Security and Technology Transfer: the Strategic Dimensions of East-West Trade*, Westview Press, 1983.

U. S. Embargo of Food and Technology to the Soviet Union: Hearings before the Subcommittee on International Finance of the Committee on Banking, Housing, and Urban Affairs, United States Senate, 96th Congress, 1980.

K. A. Zeimetz, USSR Agricultural Trade, U. S. Department of Agriculture, Economic Research Service, 1991.

K. A. Zeimetz, Effects on the USSR of the 1980 US Embargo on Agricultural Exports, U. S. Department of Agriculture, Economic Research Service, Agriculture and Trade Analysis Division, 1987.

USDA, ERS, "Embargos, Surplus Disposal, and U. S. Agriculture: A Summary," *Agriculture Information Bulletin Number 503*, November 1986.

U. S. Government Printing Office, U. S. Gorbachev's Economic Plans: Study Papers, Volume 2, 1987.

W. M. Liefert, "Food Shortages in the Former USSR: Mainly the Result of Monetary Imbalances," *Choices*, Vol. 7, No. 2, 1992.

C. B. Luttrell, "The Russian Wheat Deal—Hindsight vs. Foresight,"

Federal Reserve Bank of St. Louis Review, Vol. 55, 1973, pp. 2 – 9.

F. N. Kogan, Grain Production in the USSR: Present Situation, Perspectives for Development and Methods for Prediction, SRS Staff Report, U. S. Department of Agriculture, Statistical Reporting Service (USA), 1981.

D. Nuti, "The Polish Crisis: Economic Factors and Constraint," *Socialist Register*, Vol. 18, 1981.

E. Brainerd, "Reassessing the Standard of Living in the Soviet Union: An Analysis Using Archival and Anthropometric Data," *The Journal of Economic History*, Vol. 70, No. 1, 2010, pp. 83 – 117.

M. Suhara, Russian Agricultural Statistics, RRC Working Paper Series No. 67, 2017.

M. I. Sosland, "New Perspectives on Food Prices," Address before the first Midcontinent Perspectives Session, Midwest Research Institute, Kansas City, Missouri, September 27, 1974.

K. E. Wadekin, "Soviet Agriculture's Dependence on the West," *Foreign Affairs*, Vol. 60, No. 4, 1982.

U. S. Congress, Joint Economic Committee, Soviet Economy in the 1980's: Problems and Prospects: Selected Papers Submitted to the Joint Economic Committee, Congress of the United States, 1983.

D. J. Sedik, "A Note on Soviet Per Capita Meat Consumption," *Comparative Economic Studies*, Vol. 35, No. 3, 1993, pp. 39 – 48.

R. B. MacDonald, F. G. Hall & R. B. Erb, "The Use of Landsat Data in a Large Area Crop Inventory Experiment (LACIE)," *LARS Symposia*, 1975, p. 46.

R. B. MacDonald, The Large Area Crop Inventory Experiment (LACIE) (paper represented at Ann. William T. Pecora Memorial Symp., January 1976).

L. R. Brown, *U. S. and Soviet Agriculture: The Shifting Balance of Power*, De Gruyter, 1986, pp. 414 – 421.

K. R. Gray, *Soviet Utilization of Food: Focus on Meat and Dairy Processing*, Iowa State University Press, 1990, pp. 94 – 115.

G. Allen, "USSR Grain Imports: Past and Future," *Food Policy*, Vol. 12, No. 2, 1987, pp. 90 – 93.

P. Schweizer, *Victory: The Reagan Administration's Secret Strategy that Hastened the Collapse of the Soviet Union*, Atlantic Monthly Press, 1994, p. 225.

G. Grossman & R. Solberg, *The Soviet Union's Hard-Currency Balance of Payments and Creditworthiness in 1985*, Rand Corporation, 1983.

W. Lord & H. Kissinger, *Kissinger on Kissinger: Reflections on Diplomacy, Grand Strategy, and Leadership*, All Points Books, 2019.

I. Filatochev & R. Bradshaw, "The Soviet Hyperinflation: Its Origins and Impact throughout the Former Republics," *Soviet Studies*, Vol. 44, No. 5, 1992, pp. 739 – 759.

H. Kissinger, *"Diplomacy"*, Simon and Schuster, 1994.

A. Hale-Dorrell, "The Soviet Union, the United States, and Industrial Agriculture," *Journal of World History*, Vol. 26, No. 2, 2015, pp. 295 – 324.

G. Thatcher, "In USSR, More Meat is not Enough," the Christian Science Monitor, November 21, 1984, https://www.csmonitor.com/1984/1121/112123.html.

A. Hale-Dorrell, Khrushchev's Corn Crusade: The Industrial Ideal and Agricultural Practice in the Era of Post-Stalin Reform, 1953 – 1964 (Ph. D. Dissertation, University of North Carolina at Chapel Hill, 2014).

Abraham S. Becker, *U. S. -Soviet Trade in the 1980s*, Rand Corporation, 1987.

后　记

　　2020 年新冠肺炎疫情突袭而至，笔者困居斗室，偶然阅读了一些冷战时期关于粮食的报道，无意中发现粮食贸易问题在几十年前的冷战时代一直占据着热门话题的位置。从"粮食大劫案"发生的 20 世纪 70 年代到苏联解体前的 90 年代初，粮食问题始终是国际政治的热门问题。关于这一问题既有国际关系战略层面的学术讨论，也有政府和专业机构的各种调研报告，还有有关粮食统计与调查的专业技术文章，观点可谓层出不穷、异彩纷呈。这段历史涉及的内容既有故事性又有策略性，笔者在书稿撰写中引用了很多中外文资料，但限于作者的能力和时间，为了保证阅读的连续性，在文中不便做大量的注释，这使得本书有太多的体例不当之处，尚够不上学术著作的范畴。为了方便对于这段历史有兴趣的读者深入了解相关背景材料，笔者专门作此后记来大略梳理一些重要的原始资料来源，并列明资料的出处以备读者查询。

　　这股热潮的起点是 1972 年苏联通过隐秘交易的方式大规模订购美国粮食的事件，这件事不仅仅让美国政府在国际关系层面吃了亏，苏联的大批量采购导致美国国内粮价上升，最终引发了社会各群体的讨论与不满。这一事件也被当时美国的很多媒体描述为"粮食大劫案"。这一关于粮食贸易的事件给历来粮食充裕的美国人带来了很大冲击和不解。美国为何作为粮食出口国反而在贸易中吃了大亏？为了还原整个事件的来龙去脉，美国著名记者 D. Morgan 撰写了 *Merchants of Grain*① 一书，这本书从国际粮食贸易的缘起开始，介绍了国际粮贸中的大企业和苏美之间粮食贸易的过往，以及"粮食大劫案"的具体经过，还包括粮食贸易与国际政治之间复杂的关系纠葛。此书是作者经过无数次艰难采访和长期研究后取得的成果，调查非常深入且内容翔实、层层深入，很快成为当年的畅销书。笔者 40 年后再读此书，尤感亲临其境，颇有相见恨晚之感，本书的"粮食大劫案"事件的叙述部分大多参考自此。后来笔者才了解到，早在 1983 年，农业出版社就出版了张存节根据此书的法文版本译出的中文节选版《粮食巨人——一件比石油更强大的武器——国际粮食贸易》，遗憾的是有些章节没有译全且该书没有再版，希望本书能稍补这段过往之缺漏。

如果说"粮食大劫案"的情节本身引人入胜，那么探讨其对粮食贸易和国际关系政策的影响则更令人着迷。笔者于是开启了一段对美国粮食贸易政策的寻踪之旅，首先是 20 世纪 70 年代的政策寻踪。这一阶段一位广为中国人熟知的人物——亨利·基辛格跃上舞台。作为彻底反对美国理想主义外交策略的欧洲裔犹太人新移民，基辛格处于尼克松时期美国对外关系政策制定的核心位置，给美国国际政策带来旧大陆的智慧："美国太过理想主义，不能基于国家利益制定其政策，又在战略理论上太过执着于普遍战争的条件，以至于不能掌握它不熟悉的可又是政治、军事目标缠结在一起的战略目标。"②

在基辛格之前，美国人对其粮食武器的使用往往是基于理想主义的，且过程简单直接。战后美国粮食更多地作为援助的"胡萝卜"来使用，这就是有名的 PL 480 法案，这个定向援助法案对美国认为

---

① D. Morgan, *Merchants of Grain*, Viking Press, 1979.
② H. Kissinger, "*Diplomacy*", Simon and Schuster, 1994.

的在国际关系中处于重要地位的少数国家如日本、韩国、埃及等开展由美国政府资助的粮食援助。这个援助项目降低了由美国国内粮食产量快速提升带来的粮价下跌以致农民破产的风险，是一项美国政府购买国内农民的粮食，然后出口给特定友好国家用以支持美国的国际政策。作为这个援助项目的受助国自然是直接受益者，同时这些国家也成为美国粮食的重要销售市场，甚至饮食结构都发生了变化。① 当"胡萝卜"成为必需品，"胡萝卜"突然撤走也可以当作"大棒"来使用，最有名的例子就是美国在对智利的粮食出口上随智利政权变更而演出的翻云覆雨的好戏。② 这种直接的制裁方式因为美国在粮食生产资源和国际关系中的优势地位屡试不爽，直到遇到苏联人之前。

"粮食大劫案"就是一个美国原本具有粮食生产优势却在国际贸易中被苏联人蒙蔽和采用商业网络来获得实惠，从而使美国自己既丢了面子又丢了里子的惨痛实例。③ 这也给时任国家安全事务助理的基辛格提供了把粮食贸易纳入整个美国国际关系战略体系的契机。当记者问到如何应对全球饥饿问题的时候，基辛格直接把话题转到美国要建立自己的全球粮食体系："我们不能容忍每几个月临时性地向苏联出口粮食，对苏粮食贸易直接影响到我们的国际关系和自身农业。"④

"粮食大劫案"后，基辛格借这个事件，把此前由农业部负责的粮食贸易中的出口大权更多地揽入自己手中，也是在他任上，美国政

① D. Morgan, *Merchants of Grain*, Viking Press, 1979.

② "The Food Weapon: 'Mightier Than Missiles'," *NACLA's Latin America and Empire Report*, Vol. 9, No. 7, 1975, pp. 12 – 17.

③ C. B. Luttrell, "The Russian Wheat Deal—Hindsight vs. Foresight," *Federal Reserve Bank of St. Louis Review*, Vol. 55, 1973, pp. 2 – 9.

④ "Kissinger Sees the World On Verge of Historic Era," *New York Times*, October 13, 1974.

府对国际粮食贸易于美国国际政策的意义与应用有了更系统的想法。基辛格在多年之后回忆自己的策略，论述如下："尽管现在难以想象，但在 1973 年第四次中东战争及其引发的石油禁运之后，我们在努力推动苏联在公开市场上出售石油，使得苏联变为欧佩克的威胁。我一直尝试各种可能让苏联人通过出售石油来换取他们所需的粮食。"① 即对于敌对的苏联保持贸易上的通道畅通，通过这些关键性物资的供需变化和价格调控最终消耗敌方的势力。基辛格非常自信地指出，只要控制了这些资源的关键点，在核威慑的压力下，苏联就必定在生活水平和生产增长上败于美国。②

包括美国政府内部，很多人指责基辛格把那种欧洲大陆的密室外交的阴谋风气带到了更为民主公开和充满理想主义的美国，特别是事关粮食这种在全球人道主义角度上非常敏感的话题。这种指责甚至扩展成了民间对基辛格粮食政策灭绝人类的种种阴谋论式的批评，但基辛格已经在美国外交关系方面留下了浓墨重彩的一笔。③ 基辛格那句让理想主义者特别刺耳的"谁控制了石油，谁就控制了所有国家，谁控制了粮食，谁就控制了人类"的论断逐渐成为美国的国际政策指导方针之一，某种意义上这与中美苏大三角等策略一起构成了基辛格的"阳谋"。④

随着时间的推移，美国政府文件 30 年保密期的解除让我们更

① W. Lord & H. Kissinger, *Kissinger on Kissinger：Reflections on Diplomacy, Grand Strategy, and Leadership*, All Points Books, 2019.

② H. Kissinger, "A Strong Foreign Policy for a Confident America", State Department-Kissinger Speeches and Statements (2) of the Ron Nessen Papers at the Gerald R. Ford Presidential Library, 1976.

③ H. Kissinger, "National Security Study Memorandum (NSSM 200): Implications of Worldwide Population Growth for U. S. Security and Overseas Interests", National Security Council, 1974.

④ W. Lord & H. Kissinger, *Kissinger on Kissinger：Reflections on Diplomacy, Grand Strategy, and Leadership*, All Points Books, 2019.

能看清当年美国政府的分析与决策过程。20 世纪 70 年代，美国中央情报局开始密切关注美苏粮食贸易①和苏联农业生产②。美国人很快就搞清了国际贸易领域的苏联进出口情况，毕竟当时控制国际粮食贸易的大粮商们都是仰美国政府的鼻息的，这也看出"粮食大劫案"发生之时美国对于自身粮食贸易的控制尚未提升到国际关系层面。③ 通过要求这些大粮商提供相关信息，美国政府也有了全球性粮食进出口评估数据。但苏联自身的农业生产、流通与消费情况则成为美国政府最大的未知。一个历史上多次经受饥饿考验的国家到底需多少粮食？苏联自身的真实准确的粮食生产情况始终是美国人难以用传统情报手段获得的。④ 于是美国开始采用新的太空科技来支持粮食政策，将最先进的遥感卫星投入估算苏联粮食产量的尝试。⑤

　　1977 年民主党的卡特当选总统，这让理想主义死灰复燃，以布热津斯基为代表的民主党外交团队更关注意识形态层面的竞争，于是粮食贸易政策也改弦更张。美国决定针对入侵阿富汗的"坏人"苏联直接进行粮食贸易禁运，还意图推动盟友一起对苏联粮食

① U. S. Central Intelligence Agency, Detente and US-Soviet Trade (S – 4208), 1972.

② U. S. Central Intelligence Agency, Detente and US-Soviet Trade (S – 4208), 1972; U. S. Central Intelligence Agency, Intelligence Report: The Military Food Ration in the USSR, 1973; U. S. Central Intelligence Agency, Soviet Economic Problems and Prospects, 1977; U. S. Central Intelligence Agency, USSR Agriculture: Winter Crop Conditions, 1978.

③ M. I. Sosland, "New Perspectives on Food Prices," Address before the first Midcontinent Perspectives Session, Midwest Research Institute, Kansas City, Missouri, September 27, 1974.

④ U. S. Central Intelligence Agency, Soviet Economic Problems and Prospects, 1977; U. S. Central Intelligence Agency, USSR Agriculture: Winter Crop Conditions, 1978.

⑤ R. B. MacDonald, F. G. Hall & R. B. Erb, "The Use of Landsat Data in a Large Area Crop Inventory Experiment (LACIE)," *LARS Symposia*, 1975, p. 46; R. B. MacDonald, The Large Area Crop Inventory Experiment (LACIE) (paper represented at Ann. William T. Pecora Memorial Symp., January 1976).

禁运。但美国并没有完全建立起对苏贸易禁运的联合阵线，阿根廷、加拿大等国反而补上了美国贸易禁运后的出口空缺。全球粮食市场的高度流动性让这次禁运在对苏联的打击上成效甚微，美国国内农民反而成为真正的输家，这发展成为"全社会的关切"①。于是 20 世纪 80 年代初，一系列讨论禁运政策影响的文章涌现，比如 K. A. 泽梅兹（K. A. Zeimetz）的文章和美国农业部的分析②，这些讨论的结论是大体一致的，即美国单方面对苏粮食禁运不仅成效有限而且自损极大。美国这段实行对苏大宗商品禁运的经历也不能说全无用处，这是一次试验的过程，由其引发的讨论和研究让美国决策层对如何有效地利用粮食武器有了更深入的思考，并开始部署下一阶段更加成熟的政策。

1981 年共和党的里根总统走马上任，这个以强硬著称的人物搭建了一个罕见的包括中情局局长在内的强硬内阁，且内阁里面很多是基辛格的门生和故旧。一方面，虽然里根政府在口号上日渐强硬，但粮食出口政策很快出现了巨大的转折，不到半年美国对苏联的粮食禁运就解除了。③ 同一时期，美国中情局开足马力，加紧研究苏联的粮食和外汇情况④，另外也通过作物模型和卫星监控等方式

---

① U. S. Embargo of Food and Technology to the Soviet Union: Hearings before the Subcommittee on International Finance of the Committee on Banking, Housing, and Urban Affairs, United States Senate, 96th Congress, 1980.

② USDA, ERS, "Embargos, Surplus Disposal, and U. S. Agriculture: A Summary," *Agriculture Information Bulletin Number 503*, November 1986.

③ P. Schweizer, *Victory: The Reagan Administration's Secret Strategy that Hastened the Collapse of the Soviet Union*, New York: Atlantic Monthly Press, 1994, p. 225.

④ U. S. Central Intelligence Agency, USSR: Adjusting to the US Grain Embargo, 1981; U. S. Central Intelligence Agency, Raising Soviet Food Import Costs: Can The West Do It?, 1981; U. S. Central Intelligence Agency, USSR: Implications of a Fourth Consecutive Poor Grain Crop, 1982; U. S. Central Intelligence Agency, US-USSR Grain Agreement (Briefing Paper Prepared for Reagan Administration Discussion), 1982; U. S. Central Intelligence Agency, Grain Crop Issues, 1982.

来获取苏联粮食的产量信息[①]。很快里根政府确定了新的对苏粮食贸易政策，将对苏粮食禁运转换为长期的美苏粮食贸易协议，即苏联每年须认购不少于一定数量的美国粮食。[②] 另一方面，里根政府则寻求在对苏高科技出口等方面和盟友一起形成更严密的封锁圈，并同时与海湾国家的新盟友一起打压国际油价。一场从20世纪70年代基辛格就开始策划的通过贸易控制石油和粮食等大宗商品的价格并结合高科技产品禁运等方式的针对苏联及其盟国的经济绞杀战全面启动。[③]

反观苏联，其从二战结束后就一直致力于提高国内的农业供给水平。苏联快速工业化的成就让苏联人赢得了二战胜利，但如何在战后提升人民群众生活水平的和平竞赛中胜出则成了苏联人的老大难问题。无论是革命之初的余粮收集还是工业化过程中的乌克兰大饥荒，苏联在解决农业问题上都步履蹒跚。乌克兰农场家庭出身的赫鲁晓夫上台后致力于推广玉米和开发处女地运动[④]，提高了苏联人的饮食水平[⑤]。短期的成绩让赫氏一时大权在握，而不科学的农业规划导致的

---

① U. S. Central Intelligence Agency, Modeling Soviet Agriculture: Isolating the Effects of Weather, 1988; F. N. Kogan, Grain Production in the USSR: Present Situation, Perspectives for Development and Methods for Prediction, SRS Staff Report, U. S. Department of Agriculture, Statistical Reporting Service (USA), 1981.

② Abraham S. Becker, *U. S. -Soviet Trade in the 1980s*, Santa Monica, California: Rand Corporation, 1987.

③ U. S. Congress, Joint Economic Committee, Soviet Economy in the 1980's: Problems and Prospects: Selected Papers Submitted to the Joint Economic Committee, Congress of the United States, 1983; G. K. Bertsch & J. R. McIntyre, eds., *National Security and Technology Transfer: The Strategic Dimensions of East-West Trade*, Boulder, Colorado: Westview Press, 1983.

④ A. Hale-Dorrell, Khrushchev's Corn Crusade: The Industrial Ideal and Agricultural Practice in the Era of Post-Stalin Reform, 1953 – 1964 (Ph. D. Dissertation, University of North Carolina at Chapel Hill, 2014); A. Hale-Dorrell, "The Soviet Union, the United States, and Industrial Agriculture," *Journal of World History*, Vol. 26, No. 2, 2015, pp. 295 – 324.

⑤ D. J. Sedik, "A Note on Soviet Per Capita Meat Consumption," *Comparative Economic Studies*, Vol. 35, No. 3, 1993, pp. 39 – 48.

握苗助长也成为赫氏下台的助推力。勃列日涅夫时期，苏联尝到了搅动中东后油价上升给苏联增加硬通货的甜头，除了延续不科学的农业投入，一个更简单的解决粮食问题的思路出现了——扩大进口。凭借着信息的封闭和独家进出口权，苏联粮食进出口公司在国际粮食贸易市场上呼风唤雨，还给美国人制造了"粮食大劫案"。然而苏联却并没有深入研究粮食贸易的总体政策和国内粮食问题的解决方案，一方面始终寄希望于不变革现有农业体制，仅通过单纯加大投入来增加国内粮食产量以解决食品供给问题，然而实践一再证明不改革体制只会不断降低投入效率，而总体上人口数量增加和饮食结构调整带来的需求远大于国内的平均供给[①]；另一方面又感觉通过垄断的进出口公司可以用战术上的多变从国际粮食贸易中取得优势，而忽略了对粮食、石油等的国际贸易的战略布局，一次次战术胜利最终让苏联陷入资源换粮食的"荷兰病"陷阱。这里要说明一点，相对于美国方面较为充足的资料，笔者对苏联领导层的相关文献掌握不足，相关战略决策过程更多的是从苏联领导层事后的回忆录中推测出来的，苏联领导层在战略上的缺失亦可能是笔者对材料掌握不足造成的偏见。

无论是什么导致的苏联战略上的迟钝，该发生的食物危机还是发生了，最早是暴露在苏联的卫星国波兰。这个东欧的传统农业大国，始终解决不了人民的吃肉问题，面对不断累积的外债，波兰政府不得不提升肉类供给价格，不满的波兰人上街了。[②] 波兰政府向苏联求助，苏联人有着震慑世界的武器装备，却不能从根本上帮助波兰解决

---

① E. Brainerd, "Reassessing the Standard of Living in the Soviet Union: An Analysis Using Archival and Anthropometric Data," *The Journal of Economic History*, Vol. 70, No. 1, 2010, pp. 83 – 117.

② D. Nuti, "The Polish Crisis: Economic Factors and Constraint," *Socialist Register*, Vol. 18, 1981.

肉类供给问题。随着美国人拉拢海湾国家增产以降低油价后，苏联也开始捉襟见肘，很快苏联人自己的肉也要涨价了。① 戈尔巴乔夫从工业而不是农业开始的激进式改革进一步加剧了苏联人供给的短缺。② 二战后的一代人成为社会的主体，他们生下来就享受着新的饮食结构和新生活，"由奢入俭难"，生活水平提升后再降回去的后果是不堪设想的③，"大家都吃不好"后，苏联的解体来得既突然又意料之中④。

遗憾的是笔者不通俄文，苏联内部的经济数据只能借助于中文译本和互联网上的中英文信息。我们现在看到更多的是俄罗斯人在苏联解体的归因中提到这些问题，比如曾任俄罗斯代总理的盖达尔所写的《帝国的消亡——当代俄罗斯的教训》以及多年后俄罗斯人类似的反思⑤。本书中关于 20 世纪 80 年代苏联经济的内部数据多出于《帝国的消亡——当代俄罗斯的教训》这本书。

所幸美国这边一直对苏联的贸易情况高度关注，特别是里根政府中的中情局，那时候美国中情局就已经高度关注苏联的外汇和粮食流通情况，甚至对其黑市情况都有所了解，可惜雾里看花，终究信息模糊。

美国学界也一直在研究苏联粮食的需求、供给和贸易的各种动向

---

① U. S. Central Intelligence Agency, Modeling Soviet Agriculture: Isolating the Effects of Weather, 1988.

② U. S. Government Printing Office, U. S. Gorbachev's Economic Plans: Study Papers, Volume 2, 1987.

③ G. Thatcher, "In USSR, More Meat Is Not Enough," the Christian Science Monitor, November 21, 1984, https://www.csmonitor.com/1984/1121/112123.html.

④ U. S. Central Intelligence Agency, The Republics of the Former USSR: The Outlook for the Next Year, 1991.

⑤ 如 M. Suhara, Russian Agricultural Statistics, RRC Working Paper Series No. 67, 2017; I. Filatochev & R. Bradshaw, "The Soviet Hyperinflation: Its Origins and Impact throughout the Former Republics," Soviet Studies, Vol. 44, No. 5, 1992, pp. 739 - 759。

和政策。美国学界关于苏联的粮食进口与对策的讨论也异常热烈[①]，而且兰德公司等智库关注到因为苏联出口石油的减少，粮食问题也越来越多地消耗着苏联人手中的硬通货[②]。然而，1991 年后这股美国研究粮食贸易在国际关系中作用的热潮随着苏联解体突然烟消云散了，之后仅有少量的总结性文章[③]，颇有些"刀枪入库，马放南山"之意。

直到最近，国际粮食贸易又与国际关系产生了紧密的联系，笔者觉得有必要快速整理这段往事，前事不忘，后事之师。当然时过境迁，国际粮食贸易与国际关系当中的核心关系已不是当年的美苏对位，但粮食贸易与粮食安全乃至国家安全的关系的核心逻辑没有发生变化。中国在"十四五"时期经济社会发展主要指标中已将粮食安全作为国家安全体系中重要的一部分，笔者仓促成文也是想多提供一些可供参考的资料和内容。前文已经提到，受限于笔者能力和实效性要求，本书没有因循科学论文的体例，对资料的总结归纳还远远不够，比如大量的美国国会外交委员会的讨论记录未被纳入本书。笔者期待以本书抛砖引玉，唤起大家对此经年旧事的关注和兴趣，从而有更多人更深入地挖掘相关史料。

---

① K. E. Wadekin, "Soviet Agriculture's Dependence on the West," *Foreign Affairs*, Vol. 60, No. 4, 1982; L. R. Brown, *U. S. and Soviet Agriculture: The Shifting Balance of Power*, De Gruyter, 1986; G. Allen, "USSR Grain Imports: Past and Future," *Food Policy*, Vol. 12, No. 2, 1987, pp. 90 – 93; K. R. Gray, *Soviet Utilization of Food: Focus on Meat and Dairy Processing*, Iowa State University Press, 1990, pp. 94 – 115; K. A. Zeimetz, USSR Agricultural Trade, U. S. Department of Agriculture, Economic Research Service, 1991.

② G. Grossman & R. Solberg, *The Soviet Union's Hard-Currency Balance of Payments and Creditworthiness in 1985*, Rand Corporation, 1983.

③ W. M. Liefert, "Food Shortages in the Former USSR: Mainly the Result of Monetary Imbalances", *Choices*, Vol. 7, No. 2, 1992.

图书在版编目（CIP）数据

饥饿的巨人：美苏粮食贸易博弈：1945~1991 /
迟有度，董一方著 . -- 北京：社会科学文献出版社，
2023.12（2024.1 重印）
　ISBN 978 - 7 - 5228 - 2745 - 2

　Ⅰ . ①饥…　Ⅱ . ①迟…　②董…　Ⅲ . ①美俄关系 - 粮
食 - 国际贸易 - 研究 - 1945 - 1991　Ⅳ . ①F757. 126. 521
②F755. 126. 521

　中国国家版本馆 CIP 数据核字（2023）第 219151 号

饥饿的巨人：美苏粮食贸易博弈（1945~1991）

著　　者 / 迟有度　董一方

出 版 人 / 冀祥德
组稿编辑 / 任文武
责任编辑 / 李　淼
文稿编辑 / 邹丹妮
责任印制 / 王京美

出　　版 / 社会科学文献出版社 · 城市和绿色发展分社（010）59367143
　　　　　地址：北京市北三环中路甲 29 号院华龙大厦　邮编：100029
　　　　　网址：www. ssap. com. cn
发　　行 / 社会科学文献出版社（010）59367028
印　　装 / 北京盛通印刷股份有限公司

规　　格 / 开　本：787mm × 1092mm　1/16
　　　　　印　张：15.75　字　数：211 千字
版　　次 / 2023 年 12 月第 1 版　2024 年 1 月第 2 次印刷
书　　号 / ISBN 978 - 7 - 5228 - 2745 - 2
定　　价 / 78.00 元

读者服务电话：4008918866